「찬미받으소서」의 녹색 십계명

조슈트롬 아이작 쿠레타담 지음

하유경 옮김

파스카

조슈트롬 아이작 쿠레타담 Fr. Joshtrom Isaac Kureethadam

로마 교황청립 살레시오 대학교의 과학철학 학과장이자 사회정치과학연구소 소장이다. 2017년부터 2023년까지 바티칸의 온전한 인간 발전 촉진을 위한 부서에서 '생태 및 창조' 분야 코디네이터로 활동했으며, 현재도 '우리 공동의 집을 돌보라'는 프란치스코 교황의 열정적인 호소에 응답하는 세계 교회의 대응을 돕고 있다. 특히 「찬미받으소서」(Laudato Si')의 연구와 보급에 힘써 왔으며, 그의 회칙에 대한 해설서는 지금까지 12개 이상의 언어로 출판되었다.

저서로 *Creation in Crisis: Science, Ethics and Theology* (Orbis Books, 2014), *The Philosophical Roots of the Ecological Crisis* (Cambridge Scholars, 2017), *The Ten Green Commandments of Laudato Si'* (Liturgical Press, 2019), *Laudato Si' Reader* (ed.) (Libreria Editrice Vaticana, 2021), *Per Una Conversione Ecologica* (Castelvecchi, 2023) 등이 있다.

하유경

서강대학교 신학대학원에서 『회칙 「찬미받으소서」(*Laudato Si'*)의 통합 생태론과 그리스도교 영성의 요소』라는 논문으로 신학 석사 학위를 받았다.
한국CLC 회원이며, 서울대교구 환경사목위원회 생태영성연구소 연구위원, 서울대교구 환경사목위원회 운영위원, 서울대교구 평신도사도직단체협의회 생태환경위원회 위원, 서강대학교 신학연구소 생태포럼 회원으로 활동하고 있다.

일러두기

1. 이 책의 원 제목은 『「찬미받으소서」와 「하느님을 찬미하여라」에서 추린 녹색 십계명』(The Ten Green Commandments from Laudato Si' to Laudato Deum)입니다.
『「찬미받으소서」의 녹색 십계명』(The Ten Green Commandments from Laudato Si')이 초판으로 출판되었고
「하느님을 찬미하여라」 반포 후에 그 내용을 포함한 개정판이 편집되었습니다. 한국어판은 개정판을 번역한 것인데, 편의상 「찬미받으소서」의 녹색 십계명으로 명명했으나 「하느님을 찬미하여라」의 내용을 포함하고 있습니다.

2. 본문 중 「찬미받으소서」와 「하느님을 찬미하여라」에서 인용된 문구의 각주는 한국천주교중앙협의회에서 출판한 문헌의 표기에 따라 표기했으며,
그 이외의 각주는 저자의 원문 각주 표기에 따랐습니다.

「찬미받으소서」의
녹색 십계명

TEN GREEN COMMANDMENTS OF *LAUDATO SI'*
Joshtrom Isaac Kureethadam

Copyright @ 2016 Joshtrom Isaac Kureethadam
Published in 2016 by Kristu Jyoti Publications. Bangalore, India.
Korean Translation Copyright @ 2025 by PASCHA, Seoul, Korea.
Korean edition is published by arrangement with Kristu Jyoti Publications.

All right reserved.

우리의 공동의 집을,
그리고 서로서로를 돌보라고
끊임없이 초대하시는
프란치스코 교황님께
바칩니다.

차 례

추천사 … ix
서문 … xv
들어가는 말 … 1
"프란치스코야, 가서 폐허가 되어 가는 나의 집을 다시 세워라"

제1부 관찰 _ 공동의 집의 위기를 이해하기 … 15

녹색 계명 I 위험에 빠진 공동의 집을 돌보라 … 19
1. '우리 공동의 집' : 패러다임의 전환 … 20
2. 지구, 생명체들의 고유한 집 … 24
3. 우리 공동의 집은 위험에 처해 있다 … 27
4. 미래 세대에게 살 수 없는 집을 물려주는 두려움 … 35

녹색 계명 II 가난한 이들의 울부짖음을 들어라 … 39
1. 가난한 이들의 관점에서 바라본 공동의 집의 위기 … 40
2. 지구의 울부짖음과 가난한 이들의 울부짖음 … 44
3. 생태적 빚 : 사회 정의와 환경 정의 … 48
4. 생태 정의 : 공동의 그러나 차등적 책임 … 52

제2부 판단 _ 공동의 집의 위기를 식별하기 … 57

녹색 계명 III 자연 세계의 신학적 전망을 재발견하라 … 61
1. 「찬미받으소서」의 신학 : '복음'으로서의 창조 … 62
2. 창조에 담긴 하느님의 자기 계시 … 70
3. 보편적 친교로 나아가라는 창조 세계의 요청 … 74
4. 예수님의 시선 … 78

녹색 계명 IV 창조 세계의 남용은 생태적 죄임을 인식하라 … 81
1. 관계의 파괴로 나타나는 생태적 죄 … 82
2. 세 겹의 생태적 죄 … 86
3. 인간의 죄가 자연 세계에 미치는 영향 … 90
4. 생태적 죄에 대한 응답 : 회개와 화해 … 95

녹색 계명 V 인간이 초래한 생태 위기의 근원들을 인정하라 … 99
1. '인간'이 초래한 위기의 근원 … 100
2. 기술 지배 패러다임에서 생태 위기의 근원 … 103
3. 위기의 더 깊은 근원 :
   현대 인간 중심주의와 자연 세계에 대한 기계론적 관점 … 108
4. 새로운 휴머니즘을 향한 대담한 문화 혁명 … 114

제3부 실천 _ 공동의 집의 위기에 대응하기 … 117

녹색 계명 VI 통합 생태론을 발전시켜라 … 123
1. 「찬미받으소서」의 근원인 관계 형이상학 … 124
2. 공동의 집의 위기를 이해하고 대응하기 위한 통합적 접근법 … 128
3. 인간 생태론 … 132
4. 사회 생태론 … 136
5. 통합 생태론의 모범인 프란치스코 성인 … 140

녹색 계명 VII 공동의 집에서 사는 새로운 생활 양식을 배워라 … 141

1. 세계 공동체로서 공동의 집을 돌보는 일에 함께 행동하기 … 142
2. 공동의 집을 관리하는 새로운 경제를 향해 … 145
3. 공동의 집을 돌보기 위한 새로운 정치 문화 … 153
4. 공동선의 더 넓은 지평 … 156

녹색 계명 VIII 생태 시민 의식을 교육하라 … 159

1. 만연한 소비주의에 맞서는 새로운 생활 양식의 도전 … 160
2. 지구 집과 새로운 계약을 맺기 위한 생태 교육 재고하기 … 163
3. 생태 교육에 있어서의 전체론적인 이해 … 167
4. 생태 교육을 위한 환경 설정 … 171
5. 생태 시민 의식을 위한 교육의 중요성 … 175

녹색 계명 IX 생태 영성을 받아들여라 … 179

1. 생태적 회개에 대한 요청 … 180
2. 육화의 영성 … 187
3. 자연 세계 안에 있는 성사적 전망 … 192
4. 삼위일체적 각인과 모든 피조물의 종말론적 운명 … 197

녹색 계명 X 생태적 덕을 함양하라 … 201

1. 찬미 … 204
2. 감사 … 209
3. 돌봄 … 213
4. 정의 … 219
5. 노동 … 224
6. 절제 … 228
7. 겸손 … 233

나가는 말 … 239
"당신 집에 대한 열정이 저를 집어삼킬 것입니다"

추 천 사

마일스 앨런
환경변화연구소 교수
영국 옥스퍼드 대학교

「찬미받으소서」의 출간은 기후와 환경의 미래에 대한 전 세계적인 담론에서 매우 시의적절하고 중요한 전환점이 되었다는 점에서 환영할 만합니다. 조슈트롬 아이작 쿠레타담이 프란치스코 교황의 「찬미받으소서」에 대해 사려 깊고 열정적이며 깊이 있는 의견을 제시한 이 해설서에 제가 추천사를 쓰게 되어 매우 기쁘게 생각합니다.

일부 학자들은 오래전부터 일반적으로 환경에 대한 결정이, 특히 기후 문제가 강력한 윤리적 차원을 포함한다고 지적하고 있지만, 너무 오랫동안 단순히 실용적이고 기술적인 문제로만 여겨져 왔습니다. 저는 특히 프란치스코 교황이 회칙을 발표하자 많은 논평가들이 기후 변화 논쟁은 교황이 '개입할 문제가 아니라는' 반응을 보인 것에 충격을 받았습니다. 만일 어떤 경제적 문제가 서로 다른 세대, 특히 아직 태어나지 않은 세대의 권리를 저울질해야 하는 경우, 우리는 과연 어디에서 조언을 구해야 할까요?

기후 정책은 순전히 기술적인 문제로 정치인과 그들이 임명한 전문가들에게 맡겨져야 한다는, 제 생각엔 별로 바람직하지 않은 견해가 널리 퍼져 있습니다. 여기에 '안전한 기후'를 보장하는 것은 마치 '안전한 식수'를 제공하는 것과 비슷하다고 주장하는 학계의 목소리가 더해지기도 합니다. 그런데 이 비유는 논의에서 매우 중요한 목소리를 배제하는 데 사용될 수 있기 때문에 위험합니다. 프란치스코 교황은 가난한 이들의 안전한 식수권 지원에 개입할 모든 권리를 가지고 있습니다(그리고 「찬미받으소서」에서 매우 효과적으로 개입하고 있습니다). 하지만 특정 수원(水源)이 안전한지 여부를 평가하는 문제는 전문가와 그들의 진단 키트, 세계보건기구 가이드라인에 따르게 됩니다.

'안전한 기후/안전한 물'이라는 잘못된 비유는 아마도 의도치 않게 기후 논쟁의 양측 모두에 의해 조장되어 왔습니다. 일부 학자와 환경 운동가들이 '티핑 포인트(tipping points)', '안전 장벽(guardrails)', '지구 경계(planetary boundaries)'와 같은 개념에 초점을 맞추면서, 마치 우리와 지구 전체가 감당할 수 있는 기후 변화의 견고한 물리적인 한계가 정해져 있는 것처럼 보이게 만들었습니다. 그러다 보니 기후 문제는 이 한계가 무엇인지 알아내기 위해 일차적으로 고성능 컴퓨터, 집중 관찰, 그리고 (물론!) 고액 연구 자금이 필요한 기술적인 문제로 축소되었습니다. 기후 정책이 어떤 대가를 지불하고 과학적으로 결정된 한계를 지켜내는 문제로 축소되었으며, 우리가 한계를 지키는 데 성공한다면 걱정할 필요가 없다는 결론에 쉽게 도달하게 됩니다. 기후 정책은 과학에 근거해야 하지만 과학에 의해 결정될 수는 없는데, 바로 이 점에서 「찬미받으소서」가 중요한 역할을 합니다.

이 회칙은 '우리 공동의 집을 돌보는 것'이라는 개념을 통해 환경 보호가 단순히 과학적으로 결정된 한계 내에서만 이루어지는 문제가 아니라, 돌봄과 협력의 문제임을 분명히 하고 있습니다. 프란치스코 교황은 서문에서 "모든 이가 참여하는 대화가 필요합니다. 우리가 당면한 환경 문제와 인간이 일으킨 그 근원은 우리 모두에게 관련이 있고 영향을 미치기 때문입니다."라고 말합니다. 쿠레타담은 해설서에서 기술 지배적 해결책을 거부하고 공동의 책임을 수용한다는 「찬미받으소서」의 핵심 주제를 올바르게 짚어내고 있습니다. 우리는 소비자가 아닌 시민으로서만이 "당장의 경제적 이익을 초월하는 목표를 고려"할 수 있습니다.

하지만 지구상의 80억 명이 넘는 시민이 참여하는 대화가 어떻게 결론에 도달할 수 있을까요? 바로 여기에서 프란치스코 교황과 다른 종교 지도자들의 도덕적 리더십이 중요한 역할을 합니다. 저는 제 경력의 대부분을 바쳐 지난 25년간 기후 변화 연구를 해 오면서 (우울하게도 그간 지구는 거의 0.5도나 따뜻해졌습니다) 온실가스 배출이 기후 시스템에 미치는 영향을 정량화하는 것이 아마도 기후 변화에 대처하는 데 가장 쉽고 가장 덜 중요한 문제일 수 있다는 점을 겸허히 깨닫게 되었습니다. 이것은 기후 변화 문제를 평가할 때 윤리적 차원을 포함하지 않는 유일한 단계라고 할 수 있습니다. 대신 다양한 수준의 온난화의 영향을 정량화하는 것과 그 가치를 평가하는 것은 훨씬 더 어렵고 궁극적으로 더 중요한 문제이며, 거기에는 이미 윤리적 문제가 개입되기 시작합니다.

더 나아가 현재 세대가 입은 피해와 또 미래 세대, 그리고 더 먼 미래 세대에 미칠 피해를 어떻게 평가할까요? 지난 10년간 물리적 기후 과학에서 얻은 주요 통찰 중 하나는 (우리 과학자들이 이 논의에 전적으로 부수적인 존재라는 인상을 주고 싶지는 않습니다) 화석 연료에서 배출된 탄소가 매우 오래 지속된다는 점입니다. 한번 이산화탄소를 대기 중으로 방출하면 그 영향은 무기한 지속되어 수천 년 동안 날씨와 기후에 계속 영향을 미칩니다. 따라서 현재 우리가 배출하는 이산화탄소는 몇 세대 후까지 영향을 미칠 것입니다. 이를 되돌리려면 미래 세대가 이산화탄소를 대기에서 다시 펌핑하여 '재화석화'(refossilize)해야 하는데, 이 과정은 막대한 비용이 들고 실현성조차 불확실합니다. 그런데 사회적, 경제적, 환경적으로 우리와 매우 다른 세상에서 살게 될 먼 후손들에 대한 책임과 현재 살아 있는 가난한 사람들에 대한 책임을 어떻게 저울질할 수 있을까요?

이러한 질문은 윤리적 문제이며 과학자나 경제학자에게 맡길 수 없는 문제입니다. 「찬미받으소서」에서 프란치스코 교황은 그리스도교의 핵심 메시지인 '모든 형태의 자기 중심성과 자기 몰두에 대한 거부'가 중요하다고 강조하며, 우리에게 필요한 도덕적 틀을 제공합니다. 이 회칙은 이미 전반적인 환경 논쟁과 특히 기후 변화에 대한 대응 논의에 큰 영향을 미쳤습니다. 2015년 12월에 열린 유엔기후변화협약 파리 회의 준비 과정에서 보다 상향식(bottom-up)이고 포괄적인 '높은 야망 연합'(High Ambition Coalition)과 같은 이니셔티브가 강조되었고, 그 결과 2009년 코펜하겐의 극명한 불협화음과는 대조적으로 훨씬 긍정적이고 희망적인 결론이 도출되었습니다.

처음으로 전 세계 모든 국가가 이 전 지구적 도전에 대처하겠다는 의지를 확인하고, 놀랍게도 자발적으로 야심찬 목표를 설정했습니다. 제2조에서 그들은 "지속 가능한 발전과 빈곤 퇴치 노력의 맥락에서 기후 변화의 위협에 대한 전 지구적 대응을 강화하고 … 지구 평균 기온 상승을 산업화 이전 수준 대비 평균 2°C보다 현저히 낮은 수준으로 유지하고, 기온 상승을 1.5°C로 제한하기 위해 노력한다."는 공동의 목표를 설정했습니다. 더 나아가, 제4조에서 그들은 이 목표를 달성하기 위해서는 "전 지구적 온실가스 배출 최대치가 가능한 한 빨리 정점에 도달"해야 하며 "금세기 하반기에 온실가스의 배출원에 의한 인위적 배출과 흡수원에 의한 제거 간에 균형을 달성"해야 한다는 것을 인식했습니다.

「찬미받으소서」는 우리가 함께 이 여정을 시작할 수 있는 영감과 도덕적 나침반을 제공합니다. 조슈트롬 아이작 쿠레타담의 책은 통찰력 있는 안내서로서 독자들에게 환영받을 것입니다. 하지만 이 책도 기술 지배적인 방식으로 지구를 관리하는 방법을 설명하는 지침서는 아닙니다. 쿠레타담의 책에서 재확인된 「찬미받으소서」의 가장 중요한 통찰은 아마도 이러한 도전에 대한 개인적인 대응이 중요하다는 것이며, 인류가 함께 '새로운 시작을 모색'할 수 있다는 희망을 보여 준 점입니다. 저는 학계와 신자들 간의 지속적인 대화를 기대하며, 여러분도 저처럼 이 책을 「찬미받으소서」를 위한 유용한 길잡이로 삼으시기를 바랍니다.

서문

프란치스코 교황의 회칙 「찬미받으소서」의 첫 구절이자 우리 공동의 집을 돌보는 일에 관한 회칙의 제목인 "Laudato Si' mi' Signore"("주님, 찬미받으소서")는 이 책을 완성하면서 개인적으로 느낀 깊은 감사의 마음을 잘 표현해 줍니다. 저는 지난 25년간 생태적 문제를 다루는 기쁨과 고뇌를 동시에 경험하며 지냈습니다. 1990년대 초반 학부생에게 우주론을 가르치기 시작한 이래, 지난 수십 년간 과학계에서 쏟아져 나온 경고로 입증된 것처럼 저는 우리 공동의 집인 지구가 점점 더 위태로운 상태에 처하고 있다는 점을 특히 우려했습니다. 따라서 저는 지난 수년간 학생들에게 무한히 광활한 우주의 웅장함과 장엄함 앞에서 느끼는 경외감과 경이로움을 전달하는 동시에 점점 더 취약해지는 우리 공동의 집에 대한 깊은 우려를 전하고자 노력해 왔습니다. 따라서 우리 공동의 집을 돌보라는 프란치스코 교황의 회칙 「찬미받으소서」는 저에게 깊은 위로를 주었습니다. 이 회칙은 우리가 너무 오랫동안 외면해 온, 오늘날 인류가 당면한 가장 큰 도전에 응답하고 있기 때문입니다. 프란치스코 교황은 최근 교황 권고 「하느님을 찬미하여라」(Laudate Deum)에서 우리 공동의 집과, 특히 우리 가운데 가장 취약한 이들을 돌보라는 예언자적 목소리를 다시 한번 높였습니다. 교황은 "우리가 충분히 행동으로 대응하지 않고 있음을 알게되었다."면서 "우리가 살아가는 세상이 무너져 가고 어쩌면 한계점에 가까워지고 있기 때문"(「하느님을 찬미하여라」 2항)이라고 경고합니다.

저는 일찍이 교황 즉위 미사에서 창조 세계와 우리 공동의 집, 특히 가난하고 취약한 이들을 보호하는 것이 로마 주교의 소명이라고 말씀하신 프란치스코 교황에 대해 주님께 찬미드리고 싶습니다. 프란치스코 교황의 전임자인 요한 바오로 2세 교황과 베네딕토 교황이 생태 문제에 대해 정기적으로 목소리를 내고 어떤 면에서 「찬미받으소서」의 길을 마련한 것에 대해서도 주님께 찬미드립니다. 전 세계의 종교 지도자들, 특히 오랜 세월 동안 하느님의 창조 세계를 수호하기 위해 분명하고 꾸준한 목소리를 내온 동방 정교회 바르톨로메오 1세 총대주교에 대해서도 주님께 찬미드립니다. 또한 더 늦기 전에 우리의 위태로운 공동의 집을 돌봐야 할 필요성을 일깨우기 위해 그동안 지칠 줄 모르고 헌신해 온 수많은 과학자, 학자, 지역사회 지도자, 환경 운동가, 풀뿌리 활동가 등 수많은 사람들에 대해 주님께 찬양과 감사를 드립니다.

「찬미받으소서」는 교황 회칙 중 가장 긴 회칙입니다. 기후 변화에서 창조 신학, 빈민가에서 산호초에 이르기까지 광범위한 주제를 다루고 있습니다. 그만큼 많은 문제를 포함하고 있어서, 비록 구어체의 쉬운 언어로 쓰였음에도 불구하고 본문을 더 깊이 들여다보는 데 부담을 느낄 수 있습니다. 이 책은 프란치스코 교황의 획기적인 회칙을 보다 쉽게 접근할 수 있도록 핵심 내용을 정리하는 데 목적이 있습니다. 이를 위해 우리 공동의 집을 돌보기 위한 '녹색 십계명'을 중심으로 내용을 구성했습니다. 이 녹색 계명은 회칙의 여섯 개 장의 주요 흐름을 따르며 사회과학에서 점점 더 많이 사용되는 관찰-판단-실천의 방법론에 따라 배열되어 있습니다.

이 책에서는 회칙 「찬미받으소서」의 주요 주제에 대한 해설과 함께 교황 권고 「하느님을 찬미하여라」의 몇 가지 내용을 보완하여 통합했습니다. 하지만 회칙에 대한 평가나 비판적 분석은 담고 있지 않으며, 그러한 논의는 더 적절한 자리에서 이루어져야 할 것입니다. 여기서는 회칙을 더 잘 이해하는 데 도움이 될 수 있도록 작은 길잡이를 제공하고자 했습니다. 또한 생태학과 환경 관련 논의를 참고하여 프란치스코 교황의 성찰을 더 넓은 맥락에서 그려 보려고 노력했습니다. 프란치스코 교황의 말씀을 독자들이 직접 접할 수 있도록 회칙의 내용을 광범위하게 인용했습니다.

이 책의 아름다운 추천사를 기꺼이 써 주신 옥스퍼드 대학교 환경변화연구소의 기후 변화 그룹 책임자인 마일스 앨런 교수님께 깊은 감사의 말씀을 드리고 싶습니다. 저는 그분과 또한 지난 기간 동안 교류해 온 다른 많은 과학자들에게서 프란치스코 교황을 향한 깊은 존경심과 오늘날 인류가 직면한 중요한 도전에 대해 교황께서 보여 준 도덕적 리더십에 대한 진정한 감사를 느낄 수 있었습니다.

이 소박한 책이 많은 이들의 마음에 우리 공동의 집을 돌보려는 열정의 불을 지피기를 간절히 기도합니다.

"당신 숨을 내보내시면 그들은 창조되고 당신께서는 땅의 얼굴을 새롭게 하십니다"(시편 104,30 참조).

2024년 3월 31일 부활절

들어가는 말

"프란치스코야,
가서 폐허가 되어 가는 나의 집을 다시 세워라"

    1205년 어느 날, 아시시의 부유한 옷감 상인의 아들인 한 청년이 인생의 진정한 목표를 찾아 불안한 마음으로 방황하던 중 마을 외곽에 있는 다 허물어져 가는 성 다미아노 성당에 들어섰다. 그곳에서 그의 인생과 교회의 생명, 나아가 세상까지도 근본적으로 바꿀 사건이 일어났다. 다음은 그 사건에 대한 가장 초기의 기록 중 하나이다. 보나벤투라의 유명한 전기 『프란치스코의 생애』에서 인용한 것이다.

    어느 날 프란치스코는 들판으로 명상을 하러 나갔다가 낡아서 무너질 위기에 처한 성 다미아노 성당을 지나가게 되었다. 성령의 영감을 받은 그는 기도하기 위해 성당 안으로 들어갔다.
    십자가에 못 박히신 성상 앞에 무릎을 꿇고 기도하는 동안 그는 큰 열정과 위로로 충만해졌다. 눈물로 가득 찬 눈으로 주님의 십자가를 바라보는 동안, 그는 육신의 귀로 십자가에서 들려오는 음성을 세 번 들었다. "프란치스코야, 가서 내 집을 수리하여라. 네가 보다시피 무너지려 한다."

2 「찬미받으소서」의 녹색 십계명

프란치스코는 두려움에 떨며 이 경이로운 소리에 깜짝 놀랐다. 성당 안에 혼자 있었기 때문이다. 그리고 그는 신성한 말씀의 힘을 마음에 받아 황홀경에 빠졌다. 마침내 정신을 차린 그는 받은 명령에 순종하기 위해 온 마음을 다할 준비를 했다. 그리고 열심히 물질적인 교회를 재건하기 시작했다. 비록 그 말씀의 주된 의도는 그리스도께서 자신의 피로 세우신 교회를 언급한 것이었지만 그것은 나중에서야 성령으로 말미암아 깨닫게 되었다.[1]

하느님께서는 아시시의 프란치스코에게 지나친 부의 축적, 세속적인 영광 추구, 성직자들 사이에 만연한 무지와 부도덕, 그 밖의 여러 가지 문제로 인해 황폐해진 교회를 다시 세우라고 요청하셨다. 이 신비 체험을 통해 깊이 변화된 프란치스코는 인생의 방향을 근본적으로 바꾸었다. 그는 빈 동굴과 시골의 작은 성당에서 하느님의 뜻을 식별하기 위해 긴 시간을 기도하며 보내기 시작했다. 그는 자연 안에서 하느님의 아름다움에 대해 관상하기 시작했는데, 자연에서는 꽃 한 송이, 풀잎 하나, 작은 새 한 마리까지도 하느님의 무한한 사랑과 영광에 대해 말해 주었다. 그는 또한 가난하고 궁핍한 사람들을 돌보기 시작했는데, 특히 도시 변두리에서 버림받은 채 살던 나병 환자들을 돌보았다. 얼마 지나지 않아 많은 제자가 그를 따르게 되었다. 이들은 함께 온화하면서도 혁신적인 혁명을 교회 안에 일으켰다. 그들의 무기는 단순했지만 강력했다. 그것은 바로 복음적 청빈, 단순함, 겸손, 보편적 사랑이었다. 오늘날 역사가들은 아시시의 가난뱅이(poverello)와 그의 추종자들이 시작한

---

1 Bonaventure, *Leggenda maggiore (Vita di san Francesco d'Assisi)*, Fonti francescane(Padua: Editrici francescane, 2004), 1038.

겸손한 혁명이 이후 수 세기에 걸쳐 교회 쇄신에 중요한 기여를 했다는 데 대체로 동의하고 있다. 프란치스코는 분명 그 시대에 하느님의 집을 새롭게 하기 위해 하느님의 섭리에 의해 일으켜진 사람이었다.

2013년 3월 13일 저녁, 영원한 도시의 맑은 하늘 위로 겨울 해가 지고 있을 무렵, 성 베드로 광장에 모인 수많은 인파는 열광했다. 교회 종소리가 계속 울리면서 시스티나 성당의 굴뚝에서 하얀 연기가 뿜어져 나오기 시작했다. 그들은 새 교황이 선출되는 역사적인 순간을 목격하고 있었다. 주변 거리와 골목에서 사람들이 몰려들고 텔레비전 제작진이 유리한 위치에 자리를 잡기 시작하자 광장은 순식간에 가득 찼다. 모든 시선은 새 교황이 등장할 예정인 성 베드로 대성당의 웅장한 정면 중앙에 있는 바로크 양식의 발코니에 쏠려 있었는데, 이곳은 행사를 위해 붉은 벨벳으로 치장되어 있었고, 이곳에 새 교황이 등장할 예정이었다.

몇 분 후, 수줍은 듯한 미소를 짓고 흰색 옷을 입은 사람이 발코니로 걸어 나왔다. 잠시 침묵의 시간이 흘렀다. 그는 신문 칼럼과 텔레비전 채널에서 콩클라베 전 며칠 동안 소위 '교황 후보'(papabili)로 오르내리던 그 누구도 아니었다. 교황으로 선출된 부에노스아이레스 대주교 호르헤 마리오 베르골리오는 국제 언론보다는 대도시의 빈민가에서 더 잘 알려져 있었다. 군중은 곧 우레와 같은 박수를 터뜨리며 새 교황 자신이 선택한 사랑스러운 이름인 '프란치스코'를 큰 소리로 외치기 시작했다.

많은 사람은 프란치스코 교황의 선출을 일련의 스캔들과 사고의 여파 뒤에 남은 가톨릭 교회를 '재건'하기 위한 하느님의 개입으로 보았으며, 이러한 스캔들과 사고 중 몇몇은 전임 베네딕토 16세 교황이 사임한 요인이기도 했다. 무너져 가는 하느님의 '집'을 재건할 새로운 프란치스코가 여기에 있었다. 프란치스코 교황은 기대를 저버리지 않았다. 교황은 진정성과 용기를 가지고 교회 내에서 대담한 개혁을 시작했고, 이미 즉각적이고 긍정적인 결과를 거두고 있는 것으로 보인다. 그러나 프란치스코 교황의 사명이 교회라는 '집'만 재건하는 것이 아니라 훨씬 더 큰 집, 즉 우리 공동의 집을 재건하는 것이라는 사실을 아는 사람은 거의 없었다.

**"프란치스코야,
가서 폐허가 되어 가는 나의 집을 다시 세워라."**

프란치스코 교황의 회칙 「찬미받으소서」에는 공동의 집을 돌보는 것에 관한 회칙이라는 부제가 붙어 있다. 이 회칙이 다루는 것은 단순한 '환경'이 아니라 바로 우리 집의 운명에 관한 것이다. 실제로 회칙의 첫 장은 "공동의 집에 무슨 일이 벌어지고 있습니까?"라는 제목을 달고 있다.

오늘날 우리 공동의 지구는 파멸로 치닫고 있다. 우리는 지구 공동체의 지속 가능성에 관해 전례 없는 세계적 도전에 직면해 있으며, 인류 문명의 미래 자체에 의문을 제기하고 있다. 적어도 우리가 아는 한 우주에서 복잡한 생명체가 살 수 있는 유일한 거주지인 우리의 집 지구의 파괴라는 공포 영화가 이제 우리 눈앞에서 펼쳐지기 시작할 수 있다. 우리에게는 시간이 얼마 없고 거의 마지막

순간에 와 있다. 우리는 앞으로 수십 년, 수백 년 동안 온난화, 무더운 기온, 녹아내리는 빙하, 침수된 해안선을 겪어야 할 운명에 처해 있는 것 같다. 우리는 미래 세대를 폐허가 된 공동의 집으로 내몰고 있는지도 모른다.

우리는 우리의 공동의 집, 궁극적으로는 우리 자신의 운명과 생존을 걸고 무모한 도박을 하고 있다. 오늘 우리의 행동은 현 세대의 미래뿐 아니라 수천 년 동안 미래 세대의 미래도 결정할 것이다. 숀 맥도나가 지적했듯이, "이 세대가 행동하지 않으면, 미래 세대는 이 세대가 지구에 끼친 피해를 되돌릴 수 없을 것이다."[2] 우리는 실제로 공동의 집에서 살 수 있는 거주 가능성과 인류의 미래를 결정할 중차대하고 결정적인 순간에 살고 있다.

프란치스코 교황이 이 현장에 발을 들여놓은 것은 이러한 배경에서 비롯된 것으로 보인다. 또한 그가 이름을 따 온 수 세기 전의 성인과 마찬가지로, "가서 나의 집을 다시 세워라."라는 주님의 명령에 귀를 기울인 것으로 보인다. 프란치스코 교황은 가톨릭 교회, 전 세계 그리스도교 공동체, 다른 종교 전통을 따르는 신자들, 선의의 모든 사람이 무너지기 시작한 우리 공동의 집을 돌보는 데 귀를 기울일 것을 촉구한다.

프란치스코 교황은 회칙 전체를 우리 공동의 집을 돌보는 문제에 헌정한 최초의 교황이다. '회칙'은 교황 교도권의 가장 높은 형식 중 하나이자 교황령(Apostolic Constitution)에 이어 두 번째로

---

2 Seán McDonagh, *The Death of Life: The Horror of Extinction* (Dublin: Columba Press, 2004), 151.

중요한 문서이다. 프란치스코 교황은 전 세계적으로 많은 사랑을 받으며 "권위 중의 권위자"[3]로 널리 인정되듯이 카리스마 넘치는 지도자이며, 높은 도덕적 위상과 특별한 자질을 갖추고 있어 우리 공동의 집의 위기 해결과 대응에 리더십을 발휘할 수 있는 독보적인 위치에 있다. 그러나 교황은 혼자가 아니며, 이와 관련하여 수많은 증인이 그를 지지하고 있다. 교황 자신이 회칙에서 밝혔듯이, "많은 과학자들, 철학자들, 신학자들과 시민 단체들"의 성찰은 "이 문제와 관련하여 교회의 사유를 풍요하게"(7) 했다.

교황은 회칙 서문에서 우리 공동의 집의 관리 문제와 관련하여 그리스도교 공동체 안에 계셨던 뛰어난 증인들을 언급한다. 교황은 우선 자신의 전임자들을 언급하는데, 바오로 6세 교황부터 선대 교황들의 교도권을 개관하기 시작한다. 바오로 6세 교황은 "생태 문제가 무절제한 인간 행위의 '비극적 결과'라고 말씀"(4)하셨고, 이미 1971년에 "자연을 불법 사용함으로써 자연을 파괴할 위험에 직면하고 인간 스스로가 도리어 이런 타락의 희생물이 될 위험도 없지 않음을 느끼게 되었습니다."(4)라고 말씀하셨다.[4]

성 요한 바오로 2세 교황은 생태 문제에 특히 관심을 기울였으며, 1979년에 이미 아시시의 프란치스코 성인을 생태학자들의 모

---

[3] Daniel R. DiLeo, "*Laudato Si'*, Interest, and Engagement: An Account via Catholic Public Theology and Authority," *Environment: Science and Policy for Sustainable Development* 57/6 (2015), 7.

[4] 바오로 6세, 교황 교서 「팔십주년」,(*Octogesima Adveniens*),1971.5.14., 21항, 『교회와 사회』, 한국천주교중앙협의회, 2003(제1판 2쇄), 『사도좌관보』(*Acta Apostolica Sedis: AAS*) 63(1971), 416-417.

범으로 선포한 바 있다.[5] 성 요한 바오로 2세는 인류와 자연 세계의 관계에 관한 풍부한 가르침을 남겼다.[6] 프란치스코 교황은 「찬미받으소서」에서 이를 간결하게 요약했으며, 여기서는 그중 일부를 인용하겠다.

> 성 요한 바오로 2세 교황께서는 이 문제에 점점 더 많은 관심을 보이셨습니다. 당신의 첫 회칙에서 인간이 자주 "자연환경을 놓고서 즉각적 이용과 소비에 유익한 것 말고는 다른 의미를 발견하지 못하는 듯"[7] 보인다고 경고하셨습니다. 나중에 교황께서는 세계적인 생태적 회개를 요청하셨습니다.[8] 또한 "참다운 인간 생태론의 윤리적 환경을 보호하려는"[9] 노력이 제대로 이루어지지 않았음을 지적하셨습니다. 하느님께서 우리 인간에게 세상을 맡기셨기 때문만이 아니라 인간 생명 자체가 많은 타락으로부터 보호되어야 하는 선물이기에 인간 환경의 파괴는 매우 심각한 문제가 됩니다. 우리의 세상을 보호하고 증진하려는 모든 노력은 "생활 양식, 생산과 소비 양식 그리고 오늘날 사회를 다스리는, 이미 확립된 권력 구조의 변화를 요청합니다."[10](5)

또한 1990년 세계 평화의 날에 발표된 요한 바오로 2세의 중요

---

5 Pope John Paul II, Apostolic Letter *Inter Sanctos* (1979): *AAS* 71 (1979), 1509-1510.
6 Marybeth Lorbiecki, *Following St. Francis: John Paul II's Call for Ecological Conversion* (New York: Rizzoli Ex Libris, 2014).
7 요한 바오로 2세, 회칙 「인간의 구원자」(*Redemptor Hominis*), 1979.3.4., 한국천주교중앙협의회, 2001(제2판 1쇄), 15항, *AAS* 79 (1979), 287.
8 요한 바오로 2세, 「교리 교육」(*Catechesis*), 2001.1.17., 4항, 『요한 바오로 2세의 가르침』(*Insegnamenti di Giovanni Paolo II*), 41/1(2001), 179 참조.
9 요한 바오로 2세, 회칙 「백주년」(*Centesimus Annus*), 1991.5.1., 38항, 『교회와 사회』, 한국천주교중앙협의회, *AAS* 83 (1991), 841 참조.
10 윗글, 58항.

한 메시지인 "창조주 하느님과의 평화, 모든 피조물과의 평화"는 생태 문제를 다룬 최초의 교황 문서였다. 간결하면서도 강력한 이 문서에서 교황은 생태 위기를 도덕적 문제로 규정하고 위기를 극복하기 위해 우리의 생활 방식을 근본적으로 변화시킬 것을 촉구했다.

베네딕토 16세 교황은 재임하는 동안 '녹색 교황'이라는 별칭에 걸맞게 꾸준히 자연 보호를 위한 목소리를 내왔다.[11] 교황은 바티칸의 주 강당인 바오로 6세 홀 지붕 위 태양광 패널 설치와 같은 상징적인 행동에 그치지 않고 자연 보호를 위해 다양한 방식으로 개입했다. 프란치스코 교황은 베네딕토 교황의 생태적 질문들에 대한 통합적인 접근 방식을 다음과 같은 말로써 증명하고 있다. "베네딕토 16세 교황께서는 세상을 그 일부 요소들만 따로 떼어 분석할 수 없다고 보셨습니다. '자연이라는 책은 하나이고 나눌 수 없는 것으로' 환경, 생명, 성, 가정, 사회관계를 포함하고 있습니다"(6). 베네딕토 16세 교황은 "우리가 우리 자신보다 더 높은 법정이 있다는 것을 더 이상 인식하지 못하고 우리 자신 이외에 아무것도 보지 못한다면 피조물의 착취가 시작됩니다"[12](6)라고 말한다. 전 성공회 캔터베리 대주교였던 로완 윌리엄스(Rowan Williams)는 「찬미받으소서」가 어떤 면에서 베네딕토 교황의 신학, 특히 『진리 안의 사랑』에서 발견되는 그리스도교적 인간주의의 자연스러운 발전이라

---

11 Woodeene Koenig-Bricker, *Ten Commandments for the environment: Pope Benedict XVI Speaks Out for Creation and Justice* (Notre Dame, IN: Ave Maria Press, 2009), 1-10 참조.
12 베네딕토 16세, 볼차노-브레사노네 교구 성직자들에게 한 연설 (Address to the Clergy Of the Diocese of Bolzano- Bresanone), 2008.8.6., *AAS* 100 (2008), 634.

고 보고 있다.[13]

프란치스코 교황은 거의 25년 동안 생태 문제에 헌신해 '녹색 총대주교'로 알려진 동방 정교회의 바르톨로메오 1세 총대주교의 공헌도 중요하다는 점을 「찬미받으소서」의 서문에서 강조하고 있다.[14] 프란치스코 교황은 생태 문제에 대한 총대주교의 리더십을 인정할 뿐만 아니라 이를 적극 활용하여 인용한다. 교황은 두 개의 긴 항을 할애하여 생태적 죄의 개념, 회개의 필요성, 문제의 영적 및 신학적 뿌리, 위기에 대응하는 데 있어 금욕주의의 중요성 등 바르톨로메오 총대주교의 주요 생태적 통찰을 소개한다. 생태적 죄의 개념에 대한 총대주교의 가르침, 즉 인류의 창조물 남용은 진정으로 인류와 창조주께 대한 죄라는 점을 매우 중요하게 강조한다. "자연 세계에 저지른 죄는 우리 자신과 하느님을 거슬러 저지른 죄"[15](8)이기 때문이다.

교황 자신의 직전 교황들과 '녹색 총대주교' 바르톨로메오 1세의 교도권 외에 프란치스코 교황이 폭넓게 참고한 또 다른 중요한 자료가 있다. 그것은 현재의 생태 파괴 문제와 창조물 보호의 중요성에 대해 지난 수십 년 동안 발표된 풍부하고 다양한 전 세계 가

13　Rowan Williams, "Embracing Our Limits: The Lessons of *Laudato Si'*," Commonweal (9 October 2015), 13.
14　동방 정교회의 맥락에서 회칙에 대한 논의는 정교회 신학 자문인 John Chryssavgis의 기고문을 참조. "Pope Francis' *Laudato Si'*: A Personal Response, An Ecumenical Reflection," *Phromena* 31 (2016), 17–21.
15　바르톨로메오 총대주교, 미국 캘리포니아주 산타 바바라시에서 한 연설, 1997.11.8.; John Chryssavgis, *On Earth as in Heaven: Ecological Vision and Initiatives Of Ecumenical Patriarch Bartholomeaw* (New York: Fordham University Press, 2012) 참조.

톨릭 주교회의의 성명서이다. 1980년대 이래로 많은 주교회의가 각 지역의 당시 생태적 위험과 공동의 삶의 터전인 지구의 악화 상태에 대한 성명을 발표했다. 프란치스코 교황은 창조 세계의 돌봄에 관한 회칙에서 전 세계 형제 주교들의 가르침, 이른바 '지역 교도권'을 적극 받아들여 교황 교도권을 풍요롭게 만들었다.[16] 이는 전례가 없는 일이며, 보다 공동체적이고 참여적인 교회를 만들고자 하는 교황의 열망을 반영한 것이다. 「찬미받으소서」에는 5개 대륙에 걸쳐 21개에 달하는 여러 국가 및 지역 주교회의의 인용문이 실려 있다.

프란치스코 교황의 회칙은 가톨릭과 그리스도교 공동체, 다른 종교, 그리고 다양한 경험과학, 인류학, 사회과학 분야에서의 생태적 성찰에 관한 방대한 자료를 바탕으로 작성되었다. 이는 선의를 가진 모든 이들과 대화하기를 열망하는 회칙에 적합한 접근 방식이다.

「찬미받으소서」의 풍부하고 다양한 출처 덕분에 회칙은 기후 변화에서 창조 신학, 빈민가에서 산호초에 이르기까지 광범위한 문제를 개괄하는 포괄적이고 광범위한 텍스트가 되었다. 역대 회칙 중 가장 길며, 생태, 사회, 정치, 경제, 신학, 인류학, 문화 및 관련 질문을 광범위하게 다루고 있다. 사실 회칙은 너무 많은 내용을 담고 있어서 읽고 적용하기가 쉽지 않다. 이 책의 목적은 우리 공동의 집을 돌보는 것에 관한 프란치스코 교황의 획기적인 회칙의 주요 메시지를 보다 쉽게 이해할 수 있도록 정리하는 것이다. 이를 위해 회칙의 '10가지 녹색 계명'을 제시하고자 한다.

---

16 Clemens Sedmark, "Traditional Concerns, New Language? Reflections on *Laudato Si'*," *The Heythrop Journal* 58 (2017), 942.

회칙의 주요 메시지는 프란치스코 교황의 '녹색 십계명'으로 요약할 수 있다. 다음은 그 내용이다.

- I. 우리 공동의 집인 지구가 위험에 처해 있다. 지구를 돌보라.
- II. 우리 공동의 집의 위기에서 불균형하게 희생된 가난한 사람들의 외침에 귀를 기울여라.
- III. 복음으로서의 자연 세계에 대한 신학적 비전을 재발견하라.
- IV. 창조 세계의 남용은 생태적 죄임을 인식하라.
- V. 우리 공동의 집의 위기가 가진 뿌리 깊은 인간적 근원을 인정하라.
- VI. 우리 모두는 상호 연관되어 있고 상호 의존적이기 때문에 통합 생태론을 발전시켜라.
- VII. 새로운 경제와 새로운 정치 문화를 통해 공동의 집에 거주하는 새로운 방법을 배우고 더 책임감 있게 관리하라.
- VIII. 생활 양식의 변화를 통해 생태 시민 의식을 교육하라.
- IX. 하느님의 모든 피조물과의 친교로 이끄는 생태 영성을 받아들여라.
- X. 찬미, 감사, 돌봄, 정의, 노동, 절제, 겸손의 생태적 덕목을 함양하여 우리 공동의 집을 돌보라.

「찬미받으소서」의 녹색 십계명은 제2차 바티칸 공의회 이후 교회에서 널리 사용되는 '관찰-판단-실천'의 방법론으로 가장 잘 이해할 수 있다. '관찰-판단-실천'의 틀 안에서 위에 열거된 녹색 십계명을 간략하게 요약하면 다음과 같다. 이는 회칙을 보다 깊이 있게 이해하는 데 도움이 될 수 있는 일종의 '3차원적' 관점일 수 있다.

「찬미받으소서」의 첫 두 녹색 계명은 우리 공동의 집의 위태로운 상황을 '관찰'하는 것과 관련된다. "공동의 집에 무슨 일이 벌어지고 있습니까?"라는 제목의 회칙 1장이 이 부분에 해당된다. 프란치스코 교황은 여기서 두 가지 부르짖음, 즉 지구의 부르짖음과 가난한 이들의 부르짖음에 대해 말한다. 교황은 공동의 집이 처한 위기를 물리적으로 설명하는 것으로 시작한다. 이 회칙은 최고의 과학적 증거를 활용하여 현재 지구의 상태를 살펴본다. 이는 과학계의 많은 저명한 인사들이 회칙에 대한 초기 반응에서 인정한 사실이다. 그리고 오염과 기후 변화, 생물 다양성 상실, 물 등 천연자원 고갈, 인간 삶의 질 저하, 사회 붕괴 등 우리 공동체가 직면한 도전과제에 대한 경험적 설명을 제시한다. 두 번째 녹색 계명은 가난한 사람들의 부르짖음에 대해 서술한다. 생태 위기는 단순한 물리적 문제가 아니라 심각한 도덕적 위기이기도 하다. 위기가 전 세계 가난한 사람들과 지역사회에 미치는 불균형적인 영향 때문이다. 따라서 생태 정의라는 윤리적 틀 안에서 생태적 문제를 고려해야 한다.

다음 세 가지 녹색 계명은 공동의 집의 위태로운 상황을 '판단'하는 것과 관련이 있다. 세 번째 녹색 계명은 공동의 집의 위기를 판단할 수 있는 신학적 근거를 제시한다. 프란치스코 교황은 회칙의 두 번째 장 제목인 "창조의 복음"을 자연 세계에서 되새기며 종교적 관점에서 세상을 바라보도록 우리를 초대한다. 프란치스코 교황이 지적한 것처럼 신자들에게 세상은 단순한 자연이 아니라 창조물이다. 우리가 사는 세상은 창조주의 사랑과 아름다움, 영광을 드러내는 참으로 '기쁜 소식(복음)'이다. 프란치스코 교황은 네 번째 녹색 계명에서 분명하게 드러나듯이 우리 공동의 집을 파괴하는 것을 죄라고 말하며, 이와 관련하여 동방 정교회의 바르톨로메오 1세 총대주교의 풍부한 교도권을 인용하기도 한다. 생태적 죄는 자연 세계, 동료 인간, 창조주와의 관계가 단절된 것으로 인류의 회개를 촉구한다. 회개는 다섯 번째 녹색 계명이 주장한 것처럼, 공동의 집을 더럽힌 인간의 책임을 인정하는 것에서 시작된다. 실제로 회칙의 세 번째 장은 "인간이 초래한 생태 위기의 근원들"이라는 제목으로 되어 있다. 위기의 가장 깊은 근원은 인간이 우주의 중심에 자신을 두고 창조주의 우위를 빼앗고 나머지 피조물을 무자비하게 약탈하는 현대의 인간 중심주의에서 찾을 수 있다.

마지막 다섯 가지 녹색 계명은 공동의 집인 지구의 심각한 위기를 보고 판단한 후의 '실천'에 관한 것이다. 교황은 회칙의 마지막 세 장을 위기에 대응할 수 있는 방법과 수단을 논의하는 데 할애한다. 교황은 여섯 번째 녹색 계명에서 볼 수 있듯이 우리가 공동의 집의 위기를 이해하고, 평가하고, 대응하기 위해서는 통합적인 접근 방식이 필요하다고 주장한다. 프란치스코 교황은 하나의 장 전체를 통합 생태론에 할애하고 있다. 일곱 번째 녹색 계명은 프란치스코 교황이 회칙에서 우리 공동의 집에 거주하고 더 책임감 있게 관리하는 새로운 방식을 강조한 부분이다. 이는 회칙의 다섯 번째 장인 "접근법과 행동 방식"에서 다뤄진다. 교황은 공동의 집을 지키기 위해 국제적, 국가적, 지역적 차원에서 함께 행동하는 것의 중요성에 대해 이야기한다. 교황은 또한 공동선을 위해 봉사해야 하는 새로운 경제와 새로운 정치 질서를 요구한다. 회칙의 마지막

장에서 프란치스코 교황은 공동의 집을 돌보는 데 필수적인 생태 교육과 생태 영성이라는 두 가지 기본 영역에 대해 말한다. 프란치스코 교황은 인류와 자연 사이에 새로운 계약을 맺을 수 있는 생태 교육을 촉구한다. 또한 교황은 학교, 가정, 미디어, 교리 교육, 수도원 등 다양한 환경에서 생태적 시민 의식을 교육할 수 있다고 말한다. 교황은 또한 우리 시대를 위한 생태적 영성의 윤곽을 그린다. 이러한 영성은 매우 육화적이며, 신적 현존이 스며든 자연 세계에 대한 성사적 비전을 제시한다. 교황이 밝혔듯이, 모든 피조물은 궁극적으로 하느님의 무한한 사랑에 의해 창조되고 끊임없이 유지되는 하느님의 작품이기 때문에 삼위일체적 각인(imprint)을 지니고 있다.

「찬미받으소서」의 마지막 녹색 계명은 우리 공동의 집의 창의적이고 책임감 있는 관리자가 되기 위해 우리가 배양해야 하는 생태적 덕목에 관한 것이다. 생태적 덕은 회칙 안에서 특별한 대접을 받지는 않지만 회칙 전체에 걸쳐 반복적으로 언급된다. 이 덕은 지구라는 공동의 집을 돌보는 데 있어 우리가 가야 할 길을 알려 주는 이정표이다. 여기서는 '찬미, 감사, 돌봄, 정의, 노동, 절제, 겸손'이라는 7가지 생태적 덕에 주목해 보겠다.

위에서 언급한 10가지 녹색 계명 각각에 대한 자세한 설명을 통해 우리는 이제 프란치스코 교황의 우리 공동의 집을 돌보는 데 관한 회칙을 공부하고 묵상하는 여정을 시작하겠다.

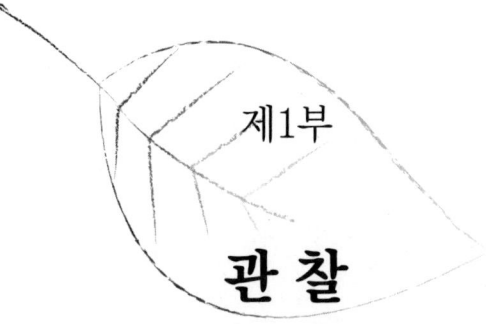

제1부

관찰
공동의 집의 위기를 이해하기

녹색 계명 Ⅰ

위험에 빠진 공동의 집을 돌보라

녹색 계명 Ⅱ

가난한 이들의 울부짖음을 들어라

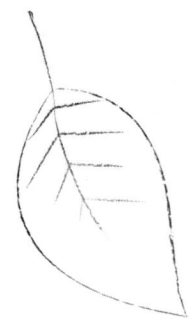

첫 번째 두 녹색 계명은 현재 우리 공동의 집이 파괴되고 있는 상황을 '관찰'하고 '이해'하는 것에 관한 내용이다. "공동의 집에 무슨 일이 벌어지고 있습니까?"라는 제목의 회칙 제1장에서 프란치스코 교황은 현대의 생태적 위기에 대해 보다 전체론적인 이해를 제안하고 "지구의 울부짖음과 가난한 이들의 울부짖음"(49)에 귀 기울이도록 초대한다. 그에 따르면 생태 위기는 실제로 "사회적인 동시에 환경적인 하나의 복합적인 위기"(139)이다.

첫 번째 녹색 계명은 신뢰할 수 있는 과학적 증거를 바탕으로 공동의 집이 처한 위기에 대해 물리적으로 이해하는 데 중점을 둔다. 먼저 '공동의 집'이라는 표현에 대한 성찰로 시작할 텐데, 이는 프란치스코 교황이 과거에 생태적 문제가 주로 다루어졌던 '환경'이라는 틀을 넘어서고자 하는 의지를 분명히 보여 준다. 그런 다음 회칙에서 강조한 생태 위기의 주요한 물리적 징후에 대해 논의하겠다. 여기에는 오염과 쓰레기, 기후 변화와 그 영향, 천연자원의 고갈, 깨끗한 식수 부족, 종의 멸종과 생물 다양성 손실 문제 등이 있다. 우리가 함께 사는 지구가 직면한 위기는 정말로 전 지구적이며 전례가 없는 일이다.

두 번째 녹색 계명에서는 오늘날의 생태 위기가 단순히 물리적 문제일 뿐만 아니라 도덕적 위기이기도 하다는 것을 알려 준다. 가난한 사람들이 공동의 집의 위기에서 가장 먼저 그리고 불균형하게 희생되기 때문이다. 회칙은 지구의 부르짖음과 가난한 이들의 부르짖음을 불가분의 관계로 연결한다. 프란치스코 교황은 회칙에서 가난한 공동체, 토착민, 미래 세대가 직면한 생태적 위험에 특별한 관심을 기울이고 있다. 생태 위기는 생태 정의의 문제를 제기하고, 선진국과 부유한 지역사회가 전 세계 가난한 국가와 지역사회에 진 생태적 빚과 같은 까다로운 문제를 다룬다.

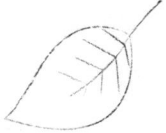

녹색 계명 I
위험에 빠진 공동의 집을 돌보라

「찬미받으소서」의 녹색 계명 중 첫 번째 계명은 지구는 우리의 공동의 집이며, 우리는 지구를 돌봐야 한다는 것이다. 지구의 위태로운 상태는 교황이 가톨릭 사회교리 역사상 처음으로 회칙 전체를 공동의 집을 돌보는 것에 대해 헌정한 근본적인 이유이다. 이는 회칙의 부제에서도 잘 드러난다. 교황이 "모든 이들과 대화를 나누고자"(3) 하는 주제는 '공동의 집'에 관한 것이다. 우리의 공동의 집이라는 표현이 회칙에서 여러 번 등장하며, 이를 돌보아야 한다는 것이 이 회칙 전체의 중심 주제이다.

지난 수십 년간 생태 담론을 지배해 온 '환경'에 대한 논의를 넘어서서 공동의 집이라는 표현을 사용함으로써 프란치스코 교황이 제안한 패러다임의 전환을 살펴보겠다. 또한 무한히 광활한 우주에서 생명체를 위한 유일한 '집'으로서 지구의 고유성에 대해 살펴볼 것이다. 이어서 회칙에 요약된 오염과 쓰레기, 기후 변화와 그 영향, 천연자원의 고갈, 특히 깨끗한 식수의 부족, 전례 없는 생물 다양성 손실 규모 등 공동의 집이 처한 위기의 주요 물리적 징후를 살펴볼 것이다. 교황은 우리가 현 문명의 흐름을 근본적으로 바꾸지 않으면 미래 세대에게 살 수 없는 지구를 물려 줄 위험이 있다고 경고한다.

1. '우리 공동의 집' : 패러다임의 전환

프란치스코 교황은 지구를 우리 공동의 집이라고 말하면서 패러다임의 대전환을 불러왔다. 오늘날 인류가 직면한 위기는 바로 우리 공동의 집의 위기이다. 오늘날의 생태 위기는 일반적으로 생각하는 것처럼 단순히 하나의 '환경' 문제, 또는 일단의 환경 문제들이 아니다. 그것은 바로 우리 공동의 집인 지구의 위기이다.

너무 오랫동안 생태 위기는 일련의 환경 문제로 치부되어 왔다.[1] 우리는 신문 칼럼, 텔레비전, 서점 진열대, 심지어 학교 및 대학 커리큘럼에서 환경 문제에 더 많은 부분을 할애하는 것을 보는 것으로 만족해 왔다. 그 결과 대부분의 사람들에게 **환경**은 단지 외부적이고 자신과 무관한 것으로 여겨져 주변적이고 부차적인 관심사로 남아 있었다. 우리는 약간의 재활용과 형광등 사용이 **친환경**을 실천하는 데 전부라는 믿음에 안주해 있다. 우리는 환경 문제를 지역 차원에서는 녹색당과 열성적인 환경 운동가들에게 맡기고, 세계적 차원에서는 유엔의 후원으로 매년 열리는 고위급 정상회담에 맡기는 것으로 만족해 왔다. 그동안 우리는 점점 더 탐욕스러운 욕

---

1 Joshtrom Isaac Kureethadam, *Creation in Crisis: Science, Ethics, Theology* (New York: Orbis Books, 2014), 1-2.

망으로 물질을 소비하고 광고 산업의 화려한 약속에 매혹되어, 환경 문제는 결국 주변적이고 지엽적인 문제일 뿐이라는 기업 업계와 주요 미디어가 교묘하게 주입한 믿음에 잠식당한 채 일상적인 삶을 이어 왔다.

「찬미받으소서」에서 프란치스코 교황은 우리가 아무 의식 없이 어디로 향해 가고 있는지를, 즉 공동의 집의 구성원들에게 심각한 영향을 미치게 될 바로 우리 집의 붕괴로 나아가고 있음을 상기시켜 준다. 이 회칙은 지구가 직면한 위기를 이해하고 대처하는 데 있어 일종의 패러다임 전환을 제안한다. 사실, 어원적 경로를 따져 보면, 위기는 우리 공동의 집(오이코스 oikos)을 중심으로 한 담론(로고스 logos)과 관련이 있다. 이는 생태적(eco-logical) 위기이며, 우리 삶의 터전인 지구의 운명과도 관련이 있다. 지구는 우리를 둘러싸고 있는 단순한 환경 그 이상의 의미를 지닌 우리의 '집'이다. 지구는 우리를 낳고 우리를 지탱하는 고향이다. 지구는 우리가 살고 있는 행성이 회복할 수 없을 정도로 황폐해졌을 때 공상과학 소설이나 테크노 미디어에 등장하는 것처럼 단순히 다른 곳으로 이주하여 바꿀 수 있는 환경이 아니다. 지구는 우리의 집, 우리의 유일한 집이다. 우리는 지구인이다. 지구의 먼지로부터 형성된 이마고 문디(Imago Mundi)인 우리는 지구라는 공동의 집에 사는 거주자이다.

환경 전문 용어에서 벗어나 생태 위기를 우리 공동의 집이 붕괴될 수 있는 상황으로 표현하면 전체 논의에 깊은 '실존적 차원'이

추가된다. 이런 식으로 볼 때 우리는 우리에게 외부적이고 주변적인 질문에 대해 말하는 것이 아니다. 우리는 인류가 직면해야 하는 수많은 도전 중 하나에 대해 이야기하는 것이 아니다(그리고 그 도전이 충분히 크다는 것도 알고 있다). 그게 아니라, 우리는 우리 공동의 집, 즉 인류의 공동 운명, 그리고 나머지 생명 공동체의 운명에 대해 고민하고 있다. 공동의 집이 없다면 우리는 살아갈 수 없고 잘 살 수도 없다. 우리가 공동의 집을 오염시키고 황폐화시키면, 우리 자신과 지구상의 다른 생명체뿐만 아니라 미래 세대, 곧 우리 자녀와 그들의 자녀의 삶의 질이 위험에 처하게 된다. 분명한 것은 우리는 우리 공동의 집과 공동의 가정의 위기에 무관심할 수 없으며 오히려 적극적으로 대처해야 한다는 것이다.

베네딕토 16세 교황은 이 중요한 진리를 2008년 세계 평화의 날 메시지에서 매우 통찰력 있게 "인류 가족에게 이 집은 지구"이며 "지구가 우리 공동의 집이라는 것을 인식하는 것이 필수적"이라고 말씀하셨다.[2]

프란치스코 교황은 「찬미받으소서」에서 지구는 공동의 집이라는 인식을 회복하는 것이 핵심적이라고 말한다. 생명, 인간의 삶, 문명, 종교, 철학, 예술, 음악, 문학, 과학 기술 등 수많은 인류 문화의 산물들은 우리가 거주할 지구라는 공동의 집이 있었기에 가능했던 것이며, 그 반대의 경우는 있을 수 없다! 사실, 이런 의미에서 가장 중요한 것은 이 집에 있는 것이다. 나머지는 아무리 중요하더라

2　Pope Benedict XVI, *The Human Family, A Community of Peace* (Message for the World Day of Peace, 1 January 2008), nn. 7 & 8. 강조한 것은 저자의 표기임.

도 부차적인 것이다. 전자가 없으면 후자는 존재하지도 않고 존재할 수도 없기 때문이다. 우리의 공동의 집이 없다면 우리는 존재하고 번영할 수 없다. 지구는 현대인 없이도 존재할 수 있다. 그러나 우리는 우리 공동의 집 없이는 존재할 수 없다.

이제 생태 위기를 진정한 의미의 위기라고 부를 때가 왔다. 곧 우리 집이 붕괴될 수 있고 우리 공동의 집 구성원들에게 심각한 영향을 미칠 수 있다. 프란치스코 교황은 「찬미받으소서, 공동의 집을 돌보는 것에 관한 회칙」에서 이렇게 말한다. 또 회칙의 첫 문단에서는 누이이자 어머니라는 매우 친밀하고 '가정적인' 용어로 우리 공동의 집에 대해 말한다. 교황은 자신이 따 온 이름을 언급하며 "아시시의 프란치스코 성인은 이 아름다운 찬가에서 우리의 공동의 집이 우리와 함께 삶을 나누는 누이며 두 팔 벌려 우리를 품어 주는 아름다운 어머니와 같다는 것을 상기시켜 줍니다."(1)라고 썼다. 또한 "우리의 공동의 집이 심하게 손상되었다는 현실을 직시하는 것만이 필요합니다."(61)라고 말한다. 교황은 "하느님께서 지구에 선사하신 재화들이 우리의 무책임한 이용과 남용으로 손상을" 입었다고 하면서, 우리가 큰 해를 끼친 공동의 집이 "'탄식하며 진통을 겪고'(로마 8,22)" 있다고 지적한다(2). 교황이 회칙 서문에서 말했듯이, 우리 공동의 집을 보호하는 것은 "긴급한 과제"(13)이다.

「찬미받으소서」의 패러다임 전환은 프란치스코 교황이 인류에게 우리 공동의 집이 실제로 위험에 처해 있으며, 더 늦기 전에 이를 돌보기 시작해야 한다는 사실을 상기시키기 위함이다. 최근 발표된 교황 권고 「하느님을 찬미하여라」에서, 프란치스코 교황은 "상황이 더욱 긴급해지고"[3] 있다고 기술한다.

> 회칙 「찬미받으소서」(Laudato Si')가 반포된 지 벌써 8년이 흘렀습니다. 그때 저는 고통받는 우리 지구의 형제자매들인 여러분 모두와 함께 우리 공동의 집을 돌보는 일에 관한 저의 진심 어린 염려를 나누고자 하였습니다. 그런데 시간이 지나면서, 저는 우리가 충분히 행동으로 대응하지 않고 있음을 알게 되었습니다. 우리가 살아가는 세상이 무너져 가고 어쩌면 한계점에 가까워지고 있기 때문입니다.[4]

2. 지구, 생명체들의 고유한 집

지구를 우리의 공동의 집으로 이해하는 것은 사실 창세기의 첫 구절이 우리를 창조의 시작으로 안내하는 것만큼이나 오래된 이야기이다.[5] 6일에 걸친 장엄한 우주 드라마로 펼쳐지는 창조 이야기는 인간을 포함한 모든 생명체를 위한 '집'을 마련하는 것을 중심으로 전개된다. 하늘이라는 천장 안에서 조물주는 형체 없는 땅을 아름다운 집으로 사랑스럽게 만들어 마른 땅과 물을 분리하고 나무와 초목, 꽃과 과일로 장식하고 새, 물고기, 동물을 포함한 모든 종류의 생명체를 그곳에 살게 한다. 사실 동물과 인간은 마지막 날에야 비로소 그들을 위한 적절한 거주지, 즉 거처할 집이 준비된 후에야

---

3 프란치스코 교황, 교황 권고 「하느님을 찬미하여라」, 한국천주교중앙협의회, 2023, 4항.
4 윗글, 2항.
5 Kureethadam, *Creation in Crisis*, 4.

창조된다! 창조 이야기의 순서는 우연이 아니다. 집이 준비된 후에야 인간을 포함한 생명체가 그곳에서 살 수 있다. 지구는 인류와 그 밖의 생명체를 위한 집이다.

중요한 것은 최근 천문학과 생명과학의 발전으로 오늘날 우리에게 익숙한 지구가 생명의 '집'이 된 장엄한 과정을 밝혀냈다는 점이다.[6] 우리 공동의 집을 짓는 데 필요한 구성 요소는 태초에 탄생한 후 수십억 년에 걸쳐 우주의 용광로에서 생겨나고 서서히 형성되었다. 고향별에서 적당한 거리, 적당한 틈새에서 우주를 순항하는 특권을 누리던 우리 지구는 처음에는 기체 물질과 무거운 원소의 먼지로만 이루어진 가마솥에 불과했지만, 점차 진화하여 생명의 터전이 되었다.

지구가 생명의 터전이 된 데에는 무수히 많은 요인이 복합적으로 작용했다.[7] 우선 태양계 내 지구의 위치가 태양으로부터 1억 5천만 킬로미터 떨어져 있어 생명체가 존재하고 번성하기 위한 기본 요건인 물이 액체 상태로 유지될 수 있는 최적의 온도를 유지하기에 적합한 거리라는 점이 가장 먼저 꼽힌다. 또한 지구의 현재 위치는 태양으로부터, 그리고 지구를 정확한 속도와 각도로 자전하게 해서 현재의 낮과 밤의 주기와 바다의 조수에 영향을 미치는 달로부터, 게다가 지구 궤도의 안정성에 묘하게 영향을 미치는 목성과 같은 동료 행성으로부터 적절한 중력을 받도록 보장해 준다. 태

---

6 윗글, 16-21 참조.
7 윗글, 22-23.

양에 대한 지구의 23.5도 기울기는 계절을 만들고 농업을 가능하게 한다. 지구는 또한 적절한 중력을 유지할 수 있는 질량을 가지고 있어 대기를 품을 수 있는 조건이 된다. 달에는 대기가 없고 결과적으로 지구에서와 같이 생명체가 결코 진화할 수 없다. 지구는 액체 상태의 철/니켈 핵에서 생성되는 보호 자기장 덕분에 표면에 대기와 물을 유지한다. 또한 자기장은 태양풍의 위험한 전리방사선으로부터 보호막 역할을 하며, 대기권 상층의 오존층은 유해한 자외선을 차단한다. 지구의 대기권에는 질소, 산소, 이산화탄소 등 생명체에 도움이 되는 가스가 적절하게 구성되어 있다. 또한 지구는 대기를 최적의 온도로 따뜻하게 하는 온실 효과의 혜택을 누리고 있다.

지구는 실제로 우주의 '정원 행성'[8]으로서, 단일 세포에서 오늘날의 복잡한 생명체까지 장엄하게 진화했다. 단일 행성이 수백만 년 동안 복잡한 과정을 거쳐 단세포에서 우리처럼 의식 있는 존재로 진화한 생명의 '집'이 되었다는 장엄한 대하소설에 우리는 놀라움을 금치 못한다. 2011년 교황청 과학원 문서에서는 지구를 "생명의 선물로 축복받은 행성"이라고 표현했다.[9] 이 회칙 초안을 작성할 때 프란치스코 교황의 주요 과학 자문위원으로 참여한 저명한 과학자 그룹은 다음과 같이 썼다.

> 우리는 모두 같은 집에 살고 있다. 공통적이지만 차별화된 책임

---

[8] *The Cry of the Earth: A Pastoral Reflection on Climate Change by the Irish Catholic Bishops' Conference* (2009), 7 참조.

[9] Pontificia Academia Scientiarum, *Fate of the Glaciers in the Anthropocene: A Report by the Working Group Commissioned by the Pontifical Academy of Science* (5 May 2011), 2, 15.

의 정신으로 지금 행동에 나섬으로써, 우리는 서로에 대한 의무와 **생명의 선물로 축복받은 지구에 대한 관리자의 의무를 받아들인다.** 우리는 정의와 평화를 원한다면 우리를 지탱하는 서식지를 보호해야 한다는 것을 알고 있기 때문에 지구상의 모든 주민이 일용할 양식, 숨 쉴 신선한 공기, 깨끗한 물을 얻을 수 있도록 최선을 다하고 있다.[10]

「찬미받으소서」는 생명이라는 선물로 축복받은 특별한 공동의 집 지구의 위태로운 상태에 대해 우려하고 있다.

3. 우리 공동의 집은 위험에 처해 있다

「찬미받으소서」는 프란치스코 교황이 회칙 전반에 걸쳐 채택한 관찰– 판단– 실천 방법론에 따라 우리 공동의 집에 어떤 일이 일어나고 있는지 살펴보는 것으로 시작한다. 회칙의 첫 번째 장 제목은 "공동의 집에 무슨 일이 벌어지고 있습니까?"이다. 따라서 회칙의 출발점은 우리가 처한 완전히 "전례가 없었던"(17) 공동의 집의 상황이다. "오늘날 얻을 수 있는 최고의 과학적 연구 결과를 활용"(15)하였다고 말한 것처럼 교황은 탄탄한 과학적 증거와 엄선된 경험적 데이터에 근거하여 공동의 집이 처한 위기에 대해 물리적으로 설명하기 시작한다. 그는 인간의 삶의 질과 전 세계 인류 공동체의 안정성에 해로운 영향을 미치는, 공동의 집이 직면하고 있는 주요 도전들을 열거한다. 그는 인류를 "오늘날 우리를 불안하게 만들고 더 이상 감추어 둘 수 없는 이러한 문제들"(19)에 직면하도록 초대한다.

---

10   윗글. 강조는 저자의 표현임.

프란치스코 교황이 지적한 바와 같이, 문제는 바로 인간 활동이 지구의 지속 가능성에 일으키는 변화의 '신속화'에 있다. "비록 변화가 복잡계의 역학에 속하는 것이기는 하지만, 인간 활동이 발전해 온 속도는 생물학적 진화의 자연스러운 느린 흐름과 대비됩니다"(18). 예를 들어, 현재 종의 멸종 속도가 과거의 멸종 속도를 몇 배나 능가한다는 사실을 상기해 볼 수 있다. 과학자들에 따르면, 일반적인 자연 멸종률은 연간 100만 종당 약 0.1~1.0종이다.[11] 그러나 '밀레니엄 생태계 평가'(Millennium Ecosystem Assessment)의 한 보고서에 따르면, "지난 수백 년 동안 인간은 지구 역사상 전형적이었던 자연 멸종률에 비해 종의 멸종률을 1,000배까지 증가시켰다."[12] 실제로 과학자들은 향후 수십 년 동안 멸종 속도가 자연 멸종률의 1,000배에서 10,000배까지 증가할 것으로 우려하고 있다.[13] 인간 활동이 생태계를 변화시키는 속도는 실로 놀라울 지경이다. 비슷한 방식으로, 기후 변화를 일으키는 인간 활동으로 인한 온실가스 배출은 자연 속도보다 최소 100배 이상 빠르다.[14]

「찬미받으소서」에서 프란치스코 교황은 오염과 쓰레기, 기후 변화, 천연자원, 특히 수자원의 고갈, 생물 다양성 손실 등 현대 생태 위기의 다양한 양상, 즉 우리 삶의 터전인 지구의 여러 위기를 탁월하게

---

11 Millennium Ecosystem Assessment, *Ecosystem and Human well being: Biodiversity Synthesis* (Washington: World Resources Institute, 2005), 21.
12 윗글, 3.
13 윗글, 43. Henrique M. Pereira et al., "Scenarios for Global Biodiversity in the 21st Century," *Science* 330 (2010), 1497 참조.
14 Pontificia Academia Scientiarum, *Fate of Mountain Glaciers in Anthropocene*, 4.

종합하고 있다. 프란치스코 교황은 이러한 "현재 생태 위기의 여러 측면"(15)을 "우리가 살고 있는 지구에 난 흠집"(163)이라고 부른다.

교황은 오염과 쓰레기로 인해 공동의 집이 더럽혀지는 것에 대한 설명으로 시작한다. 사실, 우리 지구의 위태로운 상태에 대한 우리의 인식은 정확하게 50여 년 전, 오염 문제에서 시작되었다. 그것은 레이첼 카슨이 1962년에 쓴 고전적인 저작인 『침묵의 봄』에 의해 부각되었는데, 『침묵의 봄』은 오염이 건강에 미치는 영향에 대한 경각심을 불러일으켰다.[15] 환경 오염은 산업혁명의 시작과 함께 촉발된 명백한 '현대적' 현상으로, 지난 수십 년간의 경제 확장기에 정점을 찍었다. 사실 현대의 경제 성장과 산업 발전에는 지구 환경 오염이라는 무거운 대가가 뒤따랐다. 인간의 활동, 특히 현대의 산업 및 농업 활동은 공기, 땅, 물 등 공동의 삶의 터전인 지구의 거의 모든 영역을 오염시킨 것으로 보인다. 교황은 "교통, 공장 매연, 토양과 물의 산성화 물질, 비료, 살충제, 살균제, 제초제, 일반적인 농업용 독극물"(20) 등 오염을 일으키는 물질을 열거한 긴 목록을 제시한다. 회칙은 심지어 인터넷 통신 시대의 정보 과부하로 인해 나타나는 '정신적 오염'에 대해 언급하는데, 이는 흔히 "다른 사람이나 자연과 맺는 관계보다는 기계와 그 화면을 통해서 맺는 관계"(47)가 더 큰 경우이다.

프란치스코 교황은 현대 소비 문화의 해로운 잔재물인 쓰레기

---

15 Rachel Carson, *Silent Spring* (Boston: Houghton Mifflin, 1962).

문제를 특히 비판하는데, "해마다 엄청난 양의 쓰레기들이 발생하고 있으며, 대부분 생물학적으로 분해가 되지 않고 맹독성이며 방사능이 있습니다. 여기에는 가정과 기업, 건설과 철거 현장에서 나오는 쓰레기와 더불어 의료 폐기물, 전자 폐기물, 산업 폐기물이 있습니다."(21)라고 말한다.

그는 또한 "생산된 식량 전체의 거의 3분의 1이 버려지고 있다"고 지적하며 "음식을 버릴 때마다, 그 음식은 마치 가난한 이들의 식탁에서 훔쳐 온 것과 같은 것"[16](50)이라고 비난한다. 그는 쓰레기 문제의 실제적이고 더 깊은 원인인, 물건을 쉽게 쓰레기로 만들어 버리는 '버리는 문화'를 지적한다. 프란치스코 교황은 인간의 오염과 무분별한 쓰레기가 우리의 아름다운 집에 끼치는 해악을 명쾌하게 요약한다. "우리의 집인 지구가 점점 더 엄청난 쓰레기 더미처럼 보이기 시작합니다!"(21).

회칙은 오늘날 우리 공동의 집이 직면한 가장 중요한 도전 과제, 즉 기후 변화에 대해 다룬다. 프란치스코 교황은 기후를 "모든 이의, 모든 이를 위한 공공재"(23)로 보고 있다. 교황은 기후 변화 문제에 대한 과학적 합의와 관련하여 "매우 확실한 과학적 견해들은 우리가 현재 기후 체계의 심상치 않은 온난화를 목격하고 있다는 사실을 보여 줍니다."(23)라고 솔직하게 말한다. 그는 또한 "최근 수십 년간의 지구 온난화가, 대부분 인간 활동의 결과로 배출되는 온실가스, 곧 이산화탄소, 메탄, 산화 질소와 같은 화학 물질들

---

16 프란치스코 교황, 「교리 교육」, 2013.6.5., 『프란치스코의 가르침』(*Insegnamenti di Francesco*), 1/1(2013), 280.

의 농도가 매우 짙어졌기 때문에 주로 발생하게 되었다는"(23) 과학적으로 합의된 의견을 지지한다. 교황은 또한 기후 변화의 몇 가지 주요한 원인을 지적한다. "세계적 에너지 체계의 중심인 화석 연료의 엄청난 사용을 기반으로 하는 개발 방식 때문에 문제가 더욱 악화됩니다. 토지 사용 변화, 특히 농사를 목적으로 한 삼림 파괴의 증가 또한 이에 영향을 주고 있습니다"(23).

또한 교황은 회칙에서 기후 변화의 눈에 띄는 영향 몇 가지를 더 언급한다. "심각한 기상 이변 현상", "해수면의 지속적인 상승"(23), "온난화된 지역의 물과 에너지와 농산물과 같은 필수적인 자원의 이용", "지구 생물 다양성의 손실", "극지방과 고지대의 빙하 해빙", "열대림의 감소", 해양 생태계의 먹이 사슬이 위태로워지는 "해양의 산성화"(24)와 같은 것이다. 교황은 "현재의 추세가 지속된다면, 21세기는 예사롭지 않은 기후 변화와 전례 없는 생태계 파괴로 우리 모두에게 심각한 결과가 초래되는 것을 목격하게 될 것"(24)이라고 경고한다. 예를 들어, 교황은 "세계 인구의 4분의 1이 해안이나 그 근접 지역에 살고 있고, 대부분의 거대 도시가 해안 지역에 위치해 있다는 점을 고려할 때, 해수면의 상승은 매우 심각한 상황을 초래할 수 있습니다."(24)라고 지적한다.

프란치스코 교황은 교황 권고 「하느님을 찬미하여라」에서 기후 위기를 감추거나 무시하려는 모든 노력에도 불구하고 기후 위기의 영향이 우리를 빠르게 따라잡고 있다고 지적하며 다음과 같이 말한다.

아무리 부정하고 숨기며 위장하거나 상대화하려고 하여도, 기후 변화의 표징들은 갈수록 점점 더 뚜렷해지고 있습니다. 최근 몇 년 동안 우리가 극단적인 현상들, 잦은 이상 고온, 가뭄 그리고 지구의 다른 부르짖음들을 목격하였다는 사실을 그 누구도 무시할 수가 없습니다. 이것들은 우리 모두에게 덮친 소리 없는 질병을 감지할 수 있게 하는 몇 가지 표현일 뿐입니다.[17]

교황에 따르면 기후 위기의 영향 중 일부가 이미 돌이킬 수 없을 정도로 심각한 상황에 이르렀고, 이는 생명체 전체에 재앙적인 결과를 초래할 것으로 보인다. 교황 권고에서 인용한다.

지구 해양 온도의 상승, 산성화와 산소 농도 감소와 같이 기후 위기를 드러내는 몇 가지 징후들은 이미 앞으로 최소 수백 년 동안 돌이킬 수 없습니다. 대양의 물은 열관성을 지니고 있는데, 온도와 염도를 정상화하려면 수 세기가 걸립니다. 이는 많은 종의 생존에 영향을 끼칩니다. 이것은 이 지구의 다른 피조물들이 우리 여정의 동반자로 존재하기를 그치고 우리의 희생자가 된다는 사실의 많은 표징 가운데 하나입니다.[18]

회칙은 현재 공동의 집이 처한 놀라운 상황에 대한 설명에 이어 천연자원의 빠른 고갈에 대한 문제로 넘어간다. 우리는 공동의 집을 파괴하고 있을 뿐만 아니라 우리 공동의 집의 유한한 자원을 낭비하며 빠르게 고갈시키고 있다. 교황은 수용 가능한 한계를 넘어선 우리 지구의 착취를 초래한 현재 부자들의 소비 수준에 대한 비판을 숨기지 않는다. "낭비와 버리는 습관이 지금까지 볼 수 없었

---

17 프란치스코 교황, 「하느님을 찬미하여라」, 5항.
18 윗글, 15항.

던 차원에 이른 선진국들과 사회의 부유 계층의 현재 소비 수준이 유지될 수 없다는 사실을 우리는 알고 있습니다"(27).

회칙은 특히 생명의 원천이자 모든 천연자원 중에서 가장 중요한 담수에 대한 문제를 다룬다. "깨끗한 식수가 가장 중요한 문제입니다. 이는 인간의 삶 그리고 육상과 수생 생태계를 보존하는 데에 반드시 필요하기 때문입니다. 깨끗한 물의 원천은 보건과 농업과 산업 부문에서 반드시 필요합니다"(28). 교황은 특히 수인성 질병과 심지어 사망으로 이어지는 "가난한 이들이 이용할 수 있는 물의 질"(29)에 대해 우려하고 있다. 「찬미받으소서」에서 프란치스코 교황은 식수에 접근할 수 있는 보편적 권리를 확인하고, "어떤 지역에서는 이 부족한 자원을 민영화하려는 추세가 나타나 물이 시장 논리에 지배되는 상품"(30)으로 변한 것에 대해 비판한다. 이 회칙은 "서둘러 조치를 취하지 않으면 몇 년 안에 극심한 물 부족 현상이 발생하게 될 것"(31)이라는 점을 인식하면서, 물 부족 도시나 대규모 다국적 기업에 의한 물 통제가 금세기에 주요 분쟁의 원인이 될 수 있다는 위험성도 지적하고 있다.[19] 우리는 "안전하게 마실 수 있는 물에 대한 접근권은 기본적이며 보편적인 인권입니다. 물은 인간의 생존에 필수적인 것이며, 바로 그래서 다른 인권들을 행사하는 데에 전제 조건이 됩니다."(30)라는 교황의 확언으로 결론을 내릴 수 있다.

회칙에서 상대적으로 많은 지면을 할애한 생물 다양성 손실은 공동의 집인 지구가 처한 위기의 마지막 물리적 징후이다. 오늘날

---

19 Pope Francis, *Greeting to the Staff of FAO* (20 November 2014): *AAS* 106 (2014), 985 참조.

과학계에서 지구가 여섯 번째 대량 멸종과 그에 따른 생물 다양성 손실 직전에 있다는 만장일치의 합의가 어떻게 이루어졌는지 상기해 볼 수 있다. 교황 역시 생물 다양성 위기의 심각성을 인식하는 것에서 시작한다. "해마다 수천 종의 동물과 식물이 사라지고 있습니다. 이것들은 영원히 사라져 버려서 우리가 전혀 모르게 되고 우리 후손들은 전혀 보지 못하게 될 것입니다"(33).

생물종들이 영양, 의약품과 같은 인간의 필요를 충족시키고 생태계를 조절하는 데 중요한 자원이지만, "그 고유한 가치를 간과해서는 안"(33) 된다고 회칙은 권유한다. 사실, 지구 생태계와 우리 공동의 집 전체가 제대로 기능하기 위해서는 "균류, 해조류, 벌레 무리, 파충류, 그리고 셀 수 없이 다양한 미생물들이 필요합니다. 개체수가 많지 않은 종들은 눈에 잘 뜨이지는 않지만 특정 지역의 생태 균형 유지에 중요한 역할을 합니다."(34)라고 강조한다. 회칙은 또한 생물 다양성에 대해 논의하면서 "대양은 우리 지구의 대부분의 물을 담고 있을 뿐 아니라 또한 엄청나게 다양한 생명체도 품고 있습니다. 그 생명체의 상당수는 여전히 미지의 것으로 남아 있으면서도 여러 가지 이유로 생존의 위협을 받고"(40) 있다고 언급한다. 교황은 "일부 플랑크톤과 같이 우리가 간과하기 쉬운 해양 생명체가 특히 위협을 받고 있습니다. 그러한 생명체는 바다 먹이사슬의 중요한 요소이며, 우리가 먹는 어류는 궁극적으로 그것에 의존합니다."(40)라고 말한다. 교황은 특히 전 세계 산호초의 심각한 상황에 민감하게 반응하며, 필리핀 주교들의 사목 교서의 내용을 적절하게 인용한다.

열대와 아열대 바다에서 우리는 육지의 거대 삼림에 비교되는 산호초를 찾아볼 수 있습니다. 이러한 산호초는 물고기, 갑각류, 연체동물, 해면동물, 조류와 같이 거의 백만 종에 달하는 생명체를 보호합니다. 오늘날 세계 산호초의 대부분은 이미 황폐화되거나 지속적인 감소 상태에 있습니다. "누가 아름다운 해양 세계를 광채나 생기가 없는 바다 묘지로 만들어 버렸습니까?"[20](41)

현대 생태 위기의 여러 가지 물리적 징후를 제시하면서, 「찬미받으소서」는 공동의 집이 처한 위태로운 상황에 대해 강력한 메시지를 전달한다. 우리 공동의 집의 위기는 기후 변화나 다른 어떤 개별적인 현상이 아니다. 우리 공동의 집은 여러 가지 서로 연결된 물리적 위기로 인해 무너져 내리고 있다.

4. 미래 세대에게 살 수 없는 집을 물려주는 두려움

오늘날 지구는 모든 인류와 모든 생명체를 위한 진정한 집이 될 수 있는 능력이 점점 더 위태로워지고 있다. 프란치스코 교황이 지적했듯이, "우리가 지난 200년 동안 우리의 공동의 집을 아프게 하고 잘못 다룬 것처럼 그렇게 한 적은 일찍이 없었습니다"(53). 우리는 우리 자신의 공동의 집을 파괴하고 있다! 우리는 또한 지구라는 공동의 집과 동료 인간, 특히 미래 세대, 그리고 공동의 집의 구성원인 동료 생물종들의 미래를 걸고 거대하고 무모한 도박을 하고 있다. 2010년 런던 지질학회에서 발표한 기후 변화에 관한 보고서의 마지막 문장을 기억해 두는 것이 적절할 것이다. "많은 기

---

20 필리핀 주교회의, 사목 교서 '아름다운 우리 땅에 무슨 일이 벌어지고 있는가?'(*What is Happening to our Beautiful Land?*), 1988.1.29.

후 변화 과정은 시차가 오래 걸리기 때문에 미래 세대가 그 결과를 감당해야 할 것이다. 완화 조치가 없을 경우 지구의 기후를 회복하는 데 10만 년 이상이 걸릴 수 있으며 이는 참으로 끔찍한 가능성이다."[21] 프란치스코 교황은 기후 위기에 관한 교황 권고 「하느님을 찬미하여라」에서 "더 크고 비극적인 피해를 피할 수 있는 시간이 얼마 남지 않았습니다."[22]라고 경고한다. 우리는 더 이상 되돌아올 수 없는 임계점에 빠르게 다가가고 있다.

> 관성적인 요인들 때문에, 작은 변화들이 예상하지 못한 중대한 변화를 일으킬 수 있고, 어쩌면 이미 돌이킬 수 없는 변화를 불러올 수도 있습니다. 이는 결국 일련의 사건들이 눈덩이처럼 불어나는 도화선이 될 것입니다. 이러한 일이 벌어진다면, 언제나 이미 너무 늦습니다. 어떤 개입도 이미 시작된 과정을 멈출 수 없기 때문입니다. 그 지점에서는 다시 돌아갈 수가 없습니다.[23]

비슷한 맥락에서, "향후 천만 년 동안 지구상의 생물 다양성의 운명은 향후 50년에서 100년 동안 자신과 지구상의 다른 대부분의 종의 운명에 직접적인 영향을 미칠 수 있는 능력을 자신도 모르게 획득한 호모 사피엔스 한 종의 활동에 의해 거의 확실히 결정될 것이다."[24] 우리는 실제로 우리 공동체의 미래를 가지고 도박을 하고

---

21 The Geological Society, *Climate Change: Evidence from the Geological Record: A Statement from the Geological Society of London* (November 2010), 7.
22 「하느님을 찬미하여라」, 16항.
23 윗글, 17항.
24 Paul Ehrlich and Robert M. Pringle, "Where Does Biodiversity Go from Here? A Grim Business-as-usual Forecast and a Hopeful Portfolio of Partial Solutions," *Proceedings of the National Academy of Sciences* 105 (2008), 11579.

있다. 숀 맥도나가 쓴 것처럼, "위험성은 매우 높다. 사실, 이보다 더 높을 수는 없다!"[25] 프란치스코 교황은 공동의 집이 처한 위기를 부정하거나 무관심한 태도를 보이는 사람들에 대해 비판한다. 교황은 그러한 태도가 지극히 무책임하다고 판단한다.

> 담대한 결단이 요구되는 심각한 위기의 시기에 종종 그러하듯이, 우리는 현재 무슨 일이 벌어지고 있는지 확실히 모른다고 생각하게 되는 유혹에 빠집니다. 겉으로 보기에는 오염과 훼손에 관한 몇 가지 피상적 표징을 제외하고는 상황이 그리 심각해 보이지 않고 지구도 한동안 현재 상태를 유지할 것처럼 보입니다. 이러한 회피적 태도는 우리가 현재의 생활 양식과 생산과 소비의 방식을 유지하게 해 줍니다. 이는 악행들을 알아채고 인식하지 않으려 하고, 중요한 결정을 뒤로 미루고, 아무 일도 벌어지지 않을 것처럼 행동하는 것과 같은 인간의 자기 파괴적인 악행들을 조장하는 길입니다.(59)

우리 공동의 집이 처한 경고의 상황에 대해 프란치스코 교황은 단호하게 묻는다. "우리 후손들, 지금 자라나는 어린이들에게 어떤 세상을 물려주고 싶습니까?"(160) 교황이 강조했듯이, "살 수 없는 지구를 미래 세대에게 물려주는 것"(160)은 참으로 우리 현 세대가 남길 수 있는 끔찍한 유산이다.

> 종말에 대한 예언은 더 이상 비웃거나 무시할 수 없습니다. 우리는 다음 세대에게 엄청난 잔해와 황무지와 쓰레기를 남겨줄 수

25　Seán McDonagh, *On Care For Our Home Laudato Si'*: *The Encyclical of Pope Francis on the Environment* (New York: Orbis books, 2016), 142.

있습니다. 소비, 낭비, 환경 변화의 속도는 지구의 한계를 넘어섰습니다. 그래서 현재의 생활 방식은 더 이상 유지될 수 없기에, 이미 세계의 여러 지역에서 주기적으로 발생하고 있는 것처럼 재앙으로 치달을 수밖에 없습니다.(161)

프란치스코 교황은 최근 발표한 교황 권고 「하느님을 찬미하여라」에서도 우리가 미래 세대에게 남겨 줄 유산에 대해 똑같이 가슴 아픈 성찰을 하고 있다. 교황은 다음과 같이 상기시킨다. "우리에게 가장 요구되는 것은, 우리가 이 세상을 떠난 뒤에 남길 유산에 대한 특정한 책임입니다."[26] 그는 다음과 같이 말한다.

> 각자의 양심 안에서 그리고 그들의 행동이 끼친 피해에 대한 대가를 치르게 될 자녀들 앞에서 의미에 관한 다음과 같은 질문이 제기됩니다. 내 삶의 의미는 무엇인가? 내가 이 지상을 지나가는 의미는 무엇인가? 궁극적으로 나의 노동과 노력의 의미는 무엇인가?[27]

2021년 10월 4일 바티칸에서 열린 종교 간 회의에서 밝혔듯이 "우리가 이 소중한 기회를 낭비한다면 미래 세대는 결코 우리를 용서하지 않을 것이다. 우리는 정원을 물려받았으니 우리 아이들에게 사막을 물려주어서는 안 된다."[28]

---

26 「하느님을 찬미하여라」, 18항.
27 「하느님을 찬미하여라」, 33항.
28 Joint Statement issued at the Meeting on "Faith and Science: Towards COP26" (Vatican, 4 October 2021). 원문의 내용대로 문장 강조함.

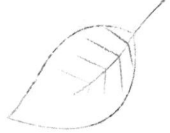

녹색 계명 II
가난한 이들의 울부짖음을 들으라

두 번째 녹색 계명은 우리 공동의 집이 파괴되면서 불균형하게 희생된 가난한 이들의 외침에 귀를 기울이도록 초대한다. 프란치스코 교황 회칙의 중요한 공헌 중 하나는 지구의 문제와 가난한 이들의 문제를 통합한 것이다. 교황은 생태 위기는 북극곰과 판다의 멸종에 관한 이야기가 아니라 수백만 명의 불운한 형제자매, 우리 공동체 구성원들의 곤경에 관한 것임을 상기시킨다. 프란치스코 교황은 "그러나 오늘날 우리는 참된 생태론적 접근은 언제나 사회적 접근 방식이 된다는 것을 깨달아야 합니다. 그러한 접근은 정의의 문제를 환경에 관한 논의에 결부시켜 지구의 부르짖음과 가난한 이들의 부르짖음 모두에 귀를 기울이게 해야 합니다."(49)라고 말한다. 1990년 요한 바오로 2세 교황이 이미 지적했듯이 현대의 생태 위기는 물리적 문제일 뿐만 아니라 심각한 도덕적 위기이기도 하다.[1] 위기가 전 세계 가난한 이들과 지역사회에 미치는 불균형적인 영향

---

1 Pope John Paul II, *Peace with God the Creator, Peace with All of Creation* (Message for the World Day of Peace, 1 January 1990), nn. 7-8, 15.

이 바로 그것이다. 따라서 지구의 외침은 가난한 이들의 외침이 되어 생태 정의를 촉구한다.

이 장에서는 우선 우리 인류 가족의 가난한 구성원이 어떻게 공동의 집 훼손의 주요 희생자가 되는지를 살펴볼 것이다. 생태 파괴가 빈곤층과 개발도상국에 미치는 불균형적인 영향은 「찬미받으소서」의 거의 모든 장에서 강조된다. 프란치스코 교황은 가장 큰 희생자인 가난한 이들의 관점에서 우리 공동의 집의 위기를 바라본다. 둘째, 회칙이 지구의 울부짖음과 가난한 이들의 울부짖음을 어떻게 연결하는지 살펴볼 것이다. 교황은 특히 여성, 토착민 공동체, 미래 세대와 같이 생태 위기에 취약한 희생자들에게 주목하고 있다. 셋째, 회칙에서 제기한 생태 정의의 문제에 대해 논의한다. 현대 생태 위기의 핵심에는 기후 변화의 경우처럼 심각한 윤리적 딜레마가 가로놓여 있다. 공동의 집에 해를 끼치는 것은 주로 부유층에 의해 발생하지만, 그 초기 및 불평등한 피해자는 인류 공동 가족의 가난하고 취약한 구성원이라는 사실 때문이다. 교황은 선진국이 전 세계 가난한 국가와 지역사회에 진 생태적 빚에 대해 언급한다.

1. 가난한 이들의 관점에서 바라본 공동의 집의 위기

「찬미받으소서」에서 프란치스코 교황은 과학, 종교, 경제, 정치, 문화 등 다양한 관점에서 우리 공동체의 위기를 바라본다. 그런데 한 가지 눈에 띄는 관점이 있다. 바로 윤리적 관점이며 또한 가난하고 취약한 사람들과 공동체의 입장에서 바라보는 관점이다. 프란치스코 교황은 불균형한 피해자의 관점에서 바라보는 "아래로

부터의 역사"²의 관점을 취한다. "가장 가난한 이들을 위한 우선적 선택은 … 공동선의 효과적인 실현에 근본이 되는 윤리적 요청이라는 사실"(158)이다.

프란치스코 교황이 회칙 서문(16)에서 회칙의 중요하고 반복되는 주제를 개괄적으로 설명하면서, 그중 첫 번째로 "가난한 이들과 지구의 취약함의 긴밀한 관계"를 열거한 것은 매우 중요하다. 이 문제에 부여된 중요성은 결코 우연이 아니다. 교황이 "억압받고 황폐해진 땅도 가장 버림받고 혹사당하는 불쌍한 존재가 되었습니다."(2)라고 언급했듯이 가난한 이들에 대한 관심은 회칙의 핵심이며, 프란치스코 교황의 개인적 비전과 보편적 사명의 핵심이기도 하다. 「찬미받으소서」는 사실 기후 변화에 관한 내용을 넘어선 사회 회칙이다. 본문에서 기후는 14번 언급된 반면, 가난한 이들은 59번 언급되어³ 창조라는 단어가 66번 언급된 것만큼 많은 횟수를 차지한다.⁴

회칙의 첫 장에서 프란치스코 교황은 오염, 기후 변화, 천연자원 고갈, 생물 다양성 상실 등으로 인해 우리 공동의 집이 처한 걱정스러운 상황을 설명한 다음, 전 세계 많은 동료 자매와 형제들이 처한

---

2 Gustavo Gutierrez, "Theology from the Underside of History," in *The Power of the Poor in History: Selected Writings* (London: SCM Press, 1983), 169-221 참조.
3 Mike Hulme, "Finding the Message of the Pope's Encyclical," *Environment: Science and Policy for Sustainable Development* 57/6(2015), 17 참조.
4 Maria Teresa Davila, "The Option for the Poor in *Laudato Si*': Connecting Care of Creation with Care for the Poor," in *The Theological and Ecological Vision of Laudato Si : Everything Is Connected,* ed. Vincent J. Miller, 149 (London: Bloomsbury, 2017).

구체적인 생활 환경도 똑같이 우려스러운 상황이라고 말한다. 그는 비인간적인 도시 경관과 "사회에서 소외된 이들"(45)인 가난한 이들이 살고 있는 많은 도시의 열악한 환경에 대해 언급한다.

> 오늘날 우리는 많은 도시들이 불균형적이고 무분별하게 확대되고 있다는 것을 알고 있습니다. 이러한 도시들은 유독 가스 배출에 따른 오염뿐 아니라 도시의 혼잡, 열악한 교통, 시각 공해, 소음으로 건강하게 살 수 없는 곳이 되고 있습니다. 많은 도시들은 거대하고 비효율적인 체계를 갖고 있으며 에너지와 물을 지나치게 낭비하고 있습니다. 최근에 건설된 지역들마저도 혼잡하고 혼란스러우며 녹지 공간이 부족합니다. 우리는 시멘트, 아스팔트, 유리, 금속으로 넘쳐 나는 세상에 살면서 자연과 물리적 접촉이 차단되는 것을 바라지는 않았습니다(44).

프란치스코 교황은 "환경과 사회의 훼손은 특히 이 세상의 가장 취약한 이들에게 영향을 미칩니다."(48)라고 말한다. 교황은 볼리비아 주교회의와 독일 주교회의의 사목 교서에서 인용한 문구로 이 메시지를 다시 강조한다.

> "일상생활의 체험과 과학 연구는 가장 가난한 이들이 모든 환경 훼손의 가장 심각한 영향을 받는다는 것을 보여 줍니다."[5] 예를 들어, 물고기 개체수의 감소는 다른 생계 수단이 마땅치 않은 영세 어민들에게 특히 어려움을 주게 됩니다. 수질 오염은 특히 생수를 살 수 없는 가난한 이들에게 영향을 미칩니다. 해수면 상승은 주로 해안 주변에 사는 달리 갈 곳이 없는 가난한 사람들에게 영향을

---

5 볼리비아 주교회의, 볼리비아 환경과 인간 발전에 관한 사목 교서 '세상, 생명을 위하여 하느님께서 주신 선물'(El universo, don de Dios para la vida), 2012.3.23., 17항.

미칩니다. 현재의 이러한 불균형의 영향은 많은 가난한 이들의 이른 사망, 자원의 결핍으로 일어나는 분쟁, 국제적 논의에서 제대로 다루어지지 않는 많은 다른 문제들에서 나타납니다[6](48).

교황은 세계 무대에서 "특히 소외된 이들에게 영향을 미치는 문제들을 사람들이 제대로 이해하지 못한다"(49)고 비난한다. 가난한 사람들은 세계 문제를 다루는 고위급 회담에서 편의에 따라 잊히거나 무시된다. 하지만 교황은 "소외된 이들은 수십억 명에 이르러 인류의 대다수를 차지"(49)한다고 말하며, 매우 강력한 어조로 세계 경제와 정치를 주도하는 부유하고 힘 있는 소수 엘리트들의 가난한 사람들에 대한 망각 또는 태만에 대해 지적한다.

사실, 모든 것이 정리되고 나서 보면 소외된 이들의 문제는 가장 뒷전으로 밀려나 있습니다. 부분적으로 그 이유는 많은 전문가, 여론 선도자, 통신 매체, 권력의 핵심들이 부유한 도시 지역에 위치하여 가난한 이들로부터 멀리 떨어져 가난한 이들의 문제에 거의 직접적으로 관여하지 않기 때문입니다. 그들은 높은 수준의 발전에 따른 편안한 위치에서 세상의 대부분 사람들이 범접하지 못하는 삶의 질을 누리며 생활하고 생각합니다.(49)

---

6 독일 주교회의 사회 문제 위원회, '기후 변화, 세계적, 세대 간, 생태적 정의의 핵심 문제'(*Der Klimavandel: Brennpunkt globaler, intergenerationeller und ckologischer Gerechtigkeit*), 2006.9., 28-30항 참조.

2. 지구의 울부짖음과 가난한 이들의 울부짖음

지구의 위태로운 상태는 취약한 인간 공동체에 재앙과 같은 영향을 미친다. 프란치스코 교황은 이 위기가 가난한 사람들에게 최악의 영향을 미칠 것을 진심으로 우려하고 있다. 이는 교황이 회칙에서 가장 먼저 언급한 생태적 질문 중 하나인 다음의 내용에서 분명하게 드러난다. "대기오염 물질에 대한 노출은 건강에, 특히 가난한 이들의 건강에 광범위한 악영향을 끼쳐서 수많은 사람들이 일찍 사망하게 됩니다. 예를 들어 요리와 난방에 사용하는 연료에서 배출되는 다량의 연기를 흡입하면 병에 걸리게 됩니다"(20). 교황이 요리와 난방을 위해 나무나 석탄을 사용하는 전 세계 수많은 가난한 가정이 건강에 악영향을 받고 있다는 사실에 주목한 것은 감동적인 일이다.

프란치스코 교황은 전 세계 기후 변화가 가난한 이들에게 미치는 영향에 특별한 관심을 기울인다. "대부분 가난한 이들은 온난화와 관련된 현상에 특별한 영향을 받는 지역에서 살고 있으며, 그들의 생계는 자연 보호 지역과, 농업과 어업과 삼림업과 같은 생태계에 관련된 일에 크게 의존합니다. 이들은, 기후 변화에 적응하거나 자연재해에 대처할 수 있는 자금이나 자원을 확보하지 못하고, 사회 복지나 사회 보장 제도의 혜택을 받지 못합니다"(25).

이 회칙은 전 지구적 기후 변화의 도덕적 비극을 폭로한다. 가난한 사람들은 화석 연료의 혜택을 가장 적게 받았는데도, 지구 온난화의 영향이 심화될수록 가장 먼저 고통을 받고 있다. 전 세계 빈곤층은 지구 온난화에 거의 영향을 주지 않는 것으로 알려져 있다. 파르타 다스굽타와 비라바드란 라마나탄에 따르면, "상위 10억 명이 온실가스 배출량의 50%에 책임이 있고, 그다음 30억 명이 45%, 저렴한 화석 연료도 구할 수 없는 하위 30억 명의 책임은 5%에 불과하다."고 한다.[7] 저자들은 "우리 모두가 곧 기후 변화의 영향을 받게 되겠지만, 비극적으로 최악의 결과를 경험하는 것은 후자의 30억 명이다. 그들은 자연 자본에 대한 직접적인 의존도가 불균형적으로 클 뿐만 아니라 극심한 기상 이변으로부터 보호받을 여력이 훨씬 적다."[8]라고 분명하게 지적한다. 빈부 격차는 점점 더 벌어지고 있다. 기후 변화에 관한 정부 간 협의체의 2023년 보고서에 따르면, 상위 10%의 부유층이 전 세계 소비 기준 가계 온실가스 배출량의 34~45%를 배출하는 반면, 하위 50%는 13~15%를 배출하는 것으로 나타났다.[9] 전 세계에서 가장 부유한 1%에 해당하는 6,300만 명의 사람들이 배출하는 온실가스 양은 최하위 50%보다 2배 이상 많은 것으로 나타났다.[10]

회칙에서 교황은 기후 변화의 최악의 영향은 가장 가난한 사람들에게 가해지고 있지만, "더 많은 자원과 경제적, 정치적 힘을 지

---

7 Partha Dasgupta and Veerabhadran Ramanathan, "Pursuit of the Common Good: Religious Institutions May Mobilize Public Opinion and Action," *Science* 345 (19 September 2014), 1457.

8 윗글.

9 Intergovernmental Panel on Climate Change (IPCC), 2023: *Summary for Policymakers,* Hoesung Lee et al., in *Climate Change 2023: Synthesis Report of the IPCC Sixth Assessment Report* (AR6), Hoesung Lee et al, eds., (Cambridge, UK and New York, NY: Cambridge Univeristy Press, 2023), 5.

10 Oxfam, *Confronting Carbon Inequality: Putting Climate Justice in the Heart of the Covid-19 Recovery* (21 September 2020), 2.

닌 이들은 대부분 문제를 호도하거나 증상을 감추는 데에 관심을 두고 있는 것으로 보입니다."(26)라며 안타까워한다. 프란치스코 교황은 교황 권고 「하느님을 찬미하여라」에서 아프리카를 특별히 언급하며 온실가스 배출에 관한 북반구와 남반구 간의 큰 격차를 강조했다.

> 현실에서는 세계 인구의 낮은 비율을 차지하는 가장 부유한 이들이 가난한 인구의 50퍼센트보다 더 많은 오염을 일으킵니다.[11] … 세계에서 가장 가난한 사람들의 절반 이상이 살고 있는 아프리카는 이 역사적인 탄소 배출량에서 극히 일부만 책임이 있다는 사실을 어떻게 잊을 수 있겠습니까?[12]

프란치스코 교황은 「찬미받으소서」에서 기후 변화의 영향을 논하면서 특히 국제 협약의 보호를 받지 못하지만 그 수가 지속적으로 증가하고 있는 '기후 난민'의 어려움에 주목했다.

> 유감스럽게도 자연 훼손으로 악화된 빈곤 상태에서 벗어나려는 이주가 증가하고 있습니다. 이들은 국제 협약에 따른 난민으로 인정받지 못하기 때문에 어떠한 법적 보호도 받지 못한 채, 자신이 포기한 삶에 따른 손실을 고스란히 부담하고 있습니다. 안타깝게도 온 세상에서 벌어지는 이러한 비극에 대한 무관심이 만연하고 있습니다. 우리의 형제자매가 관련된 이 비극에 대한 우리의 부실한 대응은 모든 시민 사회의 기초인, 우리 이웃에 대한 책임감의 상실을 가리키고 있습니다.(25)

---

11 United Nations Environment Programme, *The Emissions Gap Report 2022:* https://www.unep.org/resources/emissions-gap-report-2022 참조.
12 「하느님을 찬미하여라」, 9항.

생태 위기가 가난한 사람들에게 미치는 영향에 대한 교황의 우려는 물 부족 문제를 논의할 때에도 여실히 드러난다. 교황은 부유한 국가에서는 거의 생각하지 않는 문제이지만 깨끗한 식수에 대한 접근성을 "가장 중요한 문제"(28)라고 말한다. "특별히 심각한 문제는 가난한 이들이 이용할 수 있는 물의 질입니다. 날마다 많은 이들이 비위생적인 물 때문에 죽어 가고 있습니다. 수인성 질병과 더불어 미생물과 화학 물질이 일으키는 질병에 시달리는 가난한 이들이 많이 있습니다. 위생 불량과 물 부족으로 생기는 이질과 콜레라가 어린이의 고통과 사망의 주요 원인입니다"(29).

프란치스코 교황은 공동의 집의 위기로 인해 불균형한 희생자가 된 특정 집단을 옹호하는 목소리를 높였다. 그러한 집단 중 하나가 토착민 공동체이다.

> 이러한 의미에서, 토착 공동체와 그들의 문화 전통에 각별한 관심을 기울이는 것이 중요합니다. 그들은 단지 여러 소수 집단 가운데 하나가 아니라 주요 이해 당사자가 되어야 합니다. 그들이 사는 지역에 영향을 미치는 대규모 사업이 진행될 때 특히 그러합니다. … 그들이 자기 땅에 머무를 때 그 땅을 가장 잘 돌봅니다. 그러나 세계 여러 지역에서 자연과 문화의 훼손을 도외시한 채 자행되는 광업, 농업, 축산업 개발 계획에 밀려 그들은 자신의 땅을 버리고 떠나라는 압력을 받고 있습니다.(146)

현재의 생태 파괴로 인한 비용을 불균형적으로 부담하게 될 또 다른 집단은 미래 세대이다. 프란치스코 교황은 "우리는 다음 세대에게 엄청난 잔해와 황무지와 쓰레기를 남겨줄 수 있습니다."(161)라고 경고한다. 또한 교황은 현 세대가 미래 세대에게 살 수 없는 지구를 물려주는 것(160)은 지극히 부도덕한 행위임을 분명히 한다.

3. 생태적 빚 : 사회 정의와 환경 정의

「찬미받으소서」는 사회 정의와 환경 정의 사이를 연결한다. 프란치스코 교황은 "정의의 문제를 환경에 관한 논의에 결부시켜"(49)야 한다는 점을 상기시킨다. 그에 따르면, "환경에 대한 참된 배려가 없는 논리는 사회의 가장 취약한 이들의 통합에 대한 관심이 없는 논리"(196)이다.

현대 생태 위기의 서글픈 역설은 생태 위기가 주로 부유한 소수에 의해 발생하지만, 그 초기의 무고하고 불균형적인 희생자는 공동의 집의 가난하고 취약한 구성원이라는 점이다. 이러한 인식은 생태 위기를 정의로운 각도에서 바라볼 것을 요구한다. 프란치스코 교황은 현재 세계에서 벌어지고 있는 생태적, 사회적 불의에 대한 몇 가지 사례를 제기한다. 그중 가장 중요한 것은 '생태적 빚'의 문제이다. 이러한 빚은 지구 온난화와 그에 따른 기후 변화를 일으킨 부유한 나라들의 천연자원 착취와 불평등한 소비, 그리고 불균형적인 온실가스 배출로 인해 발생한다.

> 현실적인 '생태적 빚'은 특히 남반구와 북반구 사이에 발생한 것으로 환경에 영향을 미치는 상업적 불균형, 그리고 특정 국가들이 장기간에 걸쳐 천연자원을 지나치게 이용한 사실과 관련됩니다. 산업화된 북반구의 시장을 충족시키려고 천연자원을 수출한 결과로 금광 지역의 수은 오염과 동광 지역의 아황산 오염과 같이 지역적 피해가 발생하였습니다. … 일부 부유한 국가들의 엄청난 소

비로 야기된 온난화는 세계의 가장 가난한 지역, 특히 아프리카에 영향을 미칩니다. 아프리카에서는 기온 상승이 가뭄과 맞물려 농업에 막대한 피해를 주고 있습니다.(51)

크리스천 에이드가 지적했듯이 기후 변화의 원인과 그 악영향에 대한 불균형한 원인 제공으로 인해 선진국들은 두 배의 기후 빚을 지고 있다.

> 선진국은 개발 과정에서 온실가스 배출을 가장 필요로 하는 개발도상국에게는 온실가스 배출을 허용하지 않으면서 자신은 온실가스를 과도하게 사용하고 지구의 온실가스 흡수 능력을 크게 감소시켰기 때문에 개발도상국에 '배출 부채'를 지고 있다. 이러한 과도한 배출로 인한 부작용과 더불어 개발도상국이 직면한 손실, 피해 및 개발 기회 상실로 인해 개발도상국에 '적응 부채'도 지게 되었다. 이러한 부채들, 즉 배출 부채와 적응 부채의 합계가 선진국의 '기후 부채'를 구성한다.[13]

기후 변화는 개인의 책임이라는 관점을 통해서도 바라보아야 한다. 기후 변화에 대한 역사적 책임은 과거에 배출한 온실가스에서 비롯되지만 기후 변화에 대한 개인의 책임은 현재 1인당 온실가스 배출량에서 분명하게 드러난다. 개인의 1인당 온실가스 배출량은 매우 불공평하고 충격적인 불균형을 보여 준다. 또한 이러한 배출 패턴은 지구 대기의 수용 능력을 고려할 때 전혀 지속 가능하지 않다는 점을 기억해야 한다. 개발도상국에 사는 모든 사람의 탄소

---

13 Christian Aid, *Community Answers to Climate Chaos: Getting Climate Justice from the UNFCCC* (September 2009), 9.

발자국이 고소득 국가의 평균과 같다면, 우리는 6개의 지구만큼의 대기를 필요로 할 것이다. 전 세계 1인당 탄소 발자국이 호주 수준이라면 7개의 지구가 필요하고, 캐나다와 미국의 수준이라면 9개 지구의 대기가 필요하다![14]

지구 공동의 위기에 대한 시민 개개인의 개인적 책임을 강조하는 것은 또 다른 이유에서 중요하다. 같은 국가 내에서도 부자와 가난한 이들 간의 배출량과 소비 수준에는 큰 차이가 있다. 예를 들어, 기후 변화와 관련하여 일부 개발도상국에서는 엘리트층이 매우 많은 온실가스를 배출하는 반면 선진국에도 온실가스를 적게 배출하고 극도로 가난한 사람들이 있다. 지구의 자원을 지나치게 소비하고 대기를 과도하게 오염시키는 부유층은 선진국에만 국한된 것이 아니다. 대부분의 개발도상국에서는 빈부 격차가 두드러지게 나타나고 있다. 인도의 금융 중심지인 뭄바이에는 하수구가 드러나 있고 비좁은 움막이 빼곡히 들어차 100만 명이 넘는 사람들이 살고 있는 아시아 최대 슬럼가 다라비가 있는데, 거기에는 억만장자 무케시 암바니의 27층짜리 대저택이 거북하게 나란히 자리하고 있다. 궁극적으로 생태 위기에 대한 책임은 인간 사회를 구성하는 공동체, 가정, 개인에게 있다. 예를 들어 기후 변화의 경우, 기본적으로 우리 공동의 집 구성원 가운데 약 10억 명에 달하는 고배출자들이 내뿜는 높은 온실가스 배출량 때문에 일어난다. 프린스턴 대학교의 쇼이발 차크라바티가 주도한 한 과학 연구에 따르면 11억 3

---

14 United Nations Development Programme, *Human Development Report* 2007/2008, 48.

천만 명의 고배출자가 배출 감소에 참여한다면 전 세계 예상 배출량을 대폭 줄일 수 있다는 사실이 밝혀졌다.[15]

'생태적 빚'을 측정하는 또 다른 메커니즘은 국가와 개인의 '생태 발자국'이다. 생태 발자국은 인류의 천연자원 소비, 생태 서비스 사용, 오염 및 폐기물 생산 측면에서 물리적 세계에 대한 인류의 압력을 나타내는 지표이다. 전 세계적으로 천연자원 소비에 큰 격차가 존재하며, 이는 개인과 지역사회의 생태 발자국에 엄청난 차이를 드러낸다. 2022년 지구 과충전의 날 분석(Earth Overshoot Day Analysis)에 따르면, 모든 사람이 카타르 사람들처럼 살면 지구 9개가 필요하고, 미국, 캐나다, 아랍에미리트의 경우 5.1개, 호주 4.5개, 독일 3개, 중국 2.4개, 브라질 1.6개, 인도 0.8개, 방글라데시 0.6개, 세계 전체로는 1.7개가 필요할 것으로 예측된다.

생태 발자국 분석은 소수의 사람들이 지구의 공동 자원을 과도하게 소비하는 것이 우리의 공동의 집, 특히 더 취약한 구성원을 어떻게 위태롭게 하는지를 보여 준다. 또한 부유한 사람들이 지구의 자원을 약탈하는 반면 가난한 사람들은 일상적인 필요를 충족하기 위해 고군분투하는 생태적 인종 차별을 드러낸다. 현대 생태 위기의 가장 큰 윤리적 비극은 소수의 탐욕스러운 행동으로 인해 대다수의 일반 구성원이 고통받는다는 점이다. 브라질의 헬더 카마라

---

15 Shoibal Chakravarty, et al., "Sharing Global CO$_2$ Emission Reductions among One Billion High Emitters," *Proceedings of the National Academy of Sciences* 106 (2009), 11884-11888.

대주교가 비난한 것처럼, 생태 위기의 원인은 "탐욕스럽고 사려 깊지 못한 사람들이 모두의 것을 파괴하기 때문"이다.[16] 프란치스코 교황은 「하느님을 찬미하여라」에서 아프리카 주교들의 말을 인용하며 특히 생태 위기와 기후 변화는 "구조적 죄의 충격적인 하나의 본보기"[17]라고 지적한다.

4. 생태 정의 : 공동의 그러나 차등적 책임

현재의 생태적 위기 상황에서 모든 인류는 지구라는 위험에 처한 공동의 집을 지키기 위해 함께 노력해야 한다. 모두가 지구의 현재 상태에 대해 공동의 책임이 있으며 지구를 구하기 위해 함께 노력해야 하지만, 이러한 책임은 정의, 형평성, 연대의 전체적인 틀 안에서 각자의 과거와 현재의 책임, 현재의 재정적, 기술적 역량에 따라 차별화된다.

특히 기후 변화 협상에 있어 프란치스코 교황은 인간이 발생시킨 기후 변화 완화를 위해 각국이 채택해야 할 정책의 문제와 관련하여 "차등적 책임"(52)이라는 원칙을 거듭 강조한다. 교황은 온실가스의 미래 배출권과 관련하여 "지난 200년 동안 쌓여 온 가스 분진을 처리하려고 전 세계의 자연 공간의 사용을 계산해야 하는 긴급한 사정이 생겼습니다. 이는 전 세계 모든 나라에 영향을 미치는 일입니다."(51)라고 단언한다. 교황은 가난한 사람들에게 부당하게

---

16 Helder Camara, *Sister Earth: Creation, Ecology and the Spirit* (New York: New City Press, 2008), 7.
17 아프리카와 마다가스카르 주교회의 심포지움(Symposium of Episcopal Conferences of Africa and Madagascar: SECAM), 나이로비에서 한 '아프리카 기후 대화 공동선언'(*African Climate Dialogues Communiqué*), 2022.10.17.: 「하느님을 찬미하여라」, 3항.

불이익을 주는 온실가스 감축 전략에 대해 비판한다.

> 오염 가스 배출 감축을 위한 일부 전략은 환경 비용을 모든 국가가 분담할 것을 요청합니다. 여기에는 그러한 배출 감소를 위하여, 자원이 부족한 나라가 고도로 산업화된 나라와 비교하여 상대적으로 과도한 부담을 지게 될 위험이 있습니다. 이러한 조치의 실행은 개발을 가장 필요로 하는 나라들에 피해를 입히게 됩니다. 이러한 방식으로 환경 보호를 구실 삼아 또 다른 불의를 저지르는 것입니다. 여기에서도 취약한 이들이 결국 그 대가를 치르게 됩니다.(170)

따라서 프란치스코 교황은 유엔기후변화협약에서 오랫동안 지켜온 원칙인 '공동의 차등적 책임'을 공동의 집의 위기에 대한 인류의 대응에 적용해야 한다고 촉구한다. "볼리비아 주교들의 말처럼 '엄청난 온실가스 배출을 대가로 높은 수준의 산업화의 혜택을 누린 나라들은 자신이 초래한 문제의 해결에 더 커다란 책임을 져야 하기'[18] 때문"(170)이다.

생태 정의를 세우는 중요한 기둥 중 하나는 형평성의 원칙이다.[19] 형평성의 원칙은 인간의 평등과 존엄성이라는 기본 가치, 즉 모든 사람은 평등하게 태어나고 우리의 집인 지구의 자원과 공동의 서식지(oikos) 및 공동의 대기에 대해 동등한 권리가 있다는 점에

---

18 볼리비아 주교회의, 볼리비아의 환경과 인간 발전에 관한 사목 교서 '우주, 삶을 위하여 하느님께서 주신 선물'(*El Universo, don de Dios Para la Vida*), 2012.3., 86항.
19 Joshtrom Isaac Kureethadam, *Creation in Crisis*, 278-279 참조.

기반한다. 공동의 집에 살고 있고 공동의 인류 가족 구성원이라는 사실은 모든 인간에게 동등한 생태 공간을 누릴 권리를 부여한다. 따라서 "지구의 대기는 국경이 없는 공동 자원"이며[20], 모두가 공동 가정의 구성원이라는 점에서 모두가 동등한 권리를 가지고 있다.[21] 지구와 지구 공동의 대기, 생태계, 천연자원은 모두에게 속하는 '공공재'라는 것이 '세계 공동재'*의 진리이다. 교황 바오로 6세는 "하느님께서는 땅과 그 안에 있는 모든 것을 모든 사람과 모든 민족이 이용하도록 창조하셨다. 따라서 창조된 재화는 … 모든 사람에게 공정하게 제공되어야 한다."[22]라고 말한다. 프란치스코 교황은 "사회 윤리에서 핵심적이고 통일적인 원리인 공동선의 개념"(156)을 도입하여, 예를 들어 기후를 "공공재"(23-26)로 보고 있다.

공동의 집의 모든 구성원을 위한 생태 정의를 제대로 달성하기 위해서는 "우리가 하나의 인류 가족이라는 인식을 더욱 확고히 해야"(52) 한다. 프란치스코 교황은 공동선을 달성하고 생태 정의를 구축하기 위한 최선의 수단으로서 연대와 가난한 사람들을 위한 우선적 선택에 대해 힘주어 말한다.

> 불의가 판치고 점점 많은 사람들이 배척당하며 기본권을 박탈당하는 세계화된 사회라는 현재 상황에서는 논리적이고 필연적으

---

20 United Nations Development Programme, *Human Development Report* 2007/08, 39.
21 Anil Agarwal and Sunita Narain, *Global Warming in An Unequal World. A Case of Environmental Colonialism* (New Delhi: Centre for Science and Environment, 1991), 13.
22 바오로 6세, 「민족들의 발전」, 22항.
* 역자 주: '세계 공동재'(global commons)는 심해, 남극, 북극, 공기, 기후, 우주와 같은 특정 국가나 개인이 독점할 수 없는 자연 자원을 지칭한다고 「찬미받으소서」 174항 역자 주에서 설명하고 있다.

로 공동선의 원리가 곧바로 연대로의 부름이자 가장 가난한 이들을 위한 우선적 선택이 됩니다. 이러한 선택은 지상 재화의 보편적 목적을 암시하고 있습니다. … 이는 먼저 믿는 이로서 우리가 가장 심오한 신앙의 확신에 비추어 가난한 이들의 커다란 존엄에 대하여 성찰할 것을 요구합니다. 오늘날 이러한 선택이 공동선의 효과적인 실현에 근본이 되는 윤리적 요청이라는 사실을 이해하려면 우리 주변을 한번 돌아보는 것으로 충분합니다.(158)

현대의 생태 위기는 실제로 심각한 도덕적 위기이며, 우리 모두는 공동의 집, 그리고 공동 가정의 가장 취약한 구성원을 돌봐야 할 '도덕적 의무'를 지니고 있다. 이것은 분명히 「찬미받으소서」와 가톨릭 사회 교리의 중심 기둥 중 하나이다. 이 회칙은 공동의 집이 처한 위기가 단순히 물리적 위기가 아니라 생태 정의의 실현을 촉구하는 심오한 도덕적 위기임을 보여 준다. 생태 정의의 문제는 불편할 수도 있지만 회칙에서 제기한 주요 도전 과제 중 하나이다. 프란치스코 교황은 가난하고 취약한 사람들을 대변하며 우리 공동의 집의 위기에 처한 수많은 목소리 없는 희생자들을 위해 분명한 목소리를 내고 있다. 교황은 "모든 생태적 접근은 가장 취약한 이들의 기본권을 배려하는 사회적 관점을 포함해야 합니다."(93)라고 강조한다.

우리 공동의 집의 위기는 그 위기 때문에 가려진 극심한 불의와 불평등 때문에 우리 시대의 가장 큰 윤리적 딜레마 중 하나이다. 연대의 정신으로 이에 맞서 행동한다면 인류는 보다 공평하고 정의로운 세상을 만들 수 있는 소중한 기회를 갖게 될 것이다. 「찬미받으소서」는 이와 관련하여 큰 소리로 호소하고 있다. 교황은 또한 우리가 지구와 가난한 사람들을 위한 책임 있는 관리자가 될 수 있도록 은총을 내려주시기를 기도하자고 초대한다. 교황은 회칙의 마무리 기도 중 첫 기도에서 다음과 같이 간구한다.

> 오, 가난한 이들의 하느님,
> 저희를 도와주시어
> 저희가 하느님 보시기에 참으로 소중한 이들,
> 이 지구의 버림받고 잊힌 이들을 구하게 하소서.
> 저희 삶을 치유해 주시어
> 저희가 이 세상을 약탈하지 않고 보호하게 하시며
> 오염과 파괴가 아닌 아름다움의 씨앗을 뿌리게 하소서.(246)

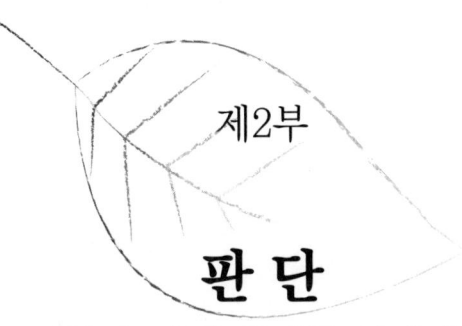

제2부

판 단
공동의 집의 위기를 식별하기

녹색 계명 Ⅲ
자연 세계의 신학적 전망을 재발견하라

녹색 계명 Ⅳ
창조 세계의 남용은 생태적 죄임을 인식하라

녹색 계명 Ⅴ
인간이 초래한 생태 위기의 근원들을 인정하라

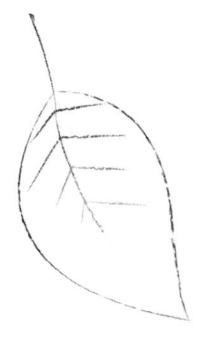

우리는 프란치스코 교황의 공동의 집을 돌보는 것에 관한 회칙인 「찬미받으소서」를 관찰-판단-실천의 방법론에 따라 읽고 있다. 회칙의 첫째 장에 해당하는 처음 두 개의 녹색 계명은 생태적 위기를 지구의 부르짖음과 가난한 이들의 부르짖음으로 이해하도록 안내한다. 다음으로 살펴볼 세 가지 녹색 계명은 우리 공동의 집의 위기를 '판단'하려고 한다. 이 단계는 문제에 대한 우리의 이해를 바탕으로 문제를 해결하려는 시도에 선행되어야 하는 식별의 중간 단계이다. 이 단계에서는 일부 내용을 제외한 대부분을 주로 회칙의 세 번째와 네 번째 장을 중심으로 살펴볼 것이다.

세 번째 녹색 계명은 프란치스코 교황이 공동의 집의 위기를 판단하기 위해 제시하는 신학적 기준을 보여 준다. 「찬미받으소서」에서 교황은 세상을 종교적인 관점에서 바라보도록 우리를 초대한다. 회칙은 자연 세계를 창조의 복음(기쁜 소식)이라고 표현하는데 이는 모든 피조물에 대한 하느님의 무한한 사랑의 표현이다. 창조는 또한 처음부터 하느님의 계시, 곧 '작품집'이다. 하느님은 보편적 친교(universal communion)를 지향하며 창조하셨으며, 따라서 지상의 재화는 모든 이에게 속한다는 것을 기억하는 것이 중요하다. 창조의 궁극적 운명은 그리스도를 통해 재창조(recapitulate)되는 것이다. 교황은 예수님이 세상을 보았던 시선으로 우리도 세상을 바라보도록 초대한다.

위기에 대해 판단해 보면, 인류가 자연 세계를 남용하는 행위가 바로 '죄악'과 다름없다는 것이 드러난다. 따라서 네 번째 녹색 계명은 생태적 죄의 개념에 관한 것이다. 우선, 우리는 종종 개인적 범주로만 한정 짓는 죄에 대한 전통적인 이해를 넓히도록 초대받는다. 프란치스코 교황은 생태적 죄를 창조주, 동료 인간, 그 밖의 피조물과의 기본적인 관계를 깨뜨리는 것으로 보는 전체론적(holistic)인 이해를 제안한다. 그러므로 여기서도 하느님과의 관계, 인간과의 관계, 우주적 교제를 깨뜨리는 생태적 죄의 세 층위를 보여 주려 노력할 것이다. 그런 다음 인간의 죄가 다른 피조물에 미치는 영향을 살펴보고 회개와 화해의 필요성에 대한 언급으로 마무리할 것이다.

공동의 집의 위기에 대한 진지한 식별의 과정을 통해 우리는 문제의 근본 원인을 밝혀내고 인정하게 될 것이다. 따라서 다섯 번째 녹색 계명은 회칙의 세 번째 장의 제목이기도 한 인간이 초래한 생태 위기의 근원에 관한 것이다. 여기서 우리는 위기에 효과적으로 대응하기 위한 전제 조건인 공동의 집이 더럽혀진 것에 대한 책임을 인정하는 데 관심을 기울인다. 프란치스코 교황은 자연을 지배하고 약탈하는 현재의 기술 지배적 패러다임에 대한 반성에서 시작한다. 그러나 기술 지배적 패러다임의 기저에는 생태 위기의 더 깊은 뿌리, 즉 현대 인간 중심주의와 자연 세계를 단순히 자원의 저장고로만 보는 기계론적 인식이 있다는 점을 신랄하게 지적한다. 교황은 현재 우리 공동의 집을 파괴하는 이데올로기의 뿌리를 극복하기 위해 필요한 개념적 패러다임의 변화에 대해 말한다.

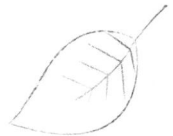

녹색 계명 Ⅲ
자연 세계의 신학적 전망을 재발견하라

「찬미받으소서」 제2장은 '창조의 복음'이라는 의미 있는 제목으로 회칙의 생태적 관점이 지닌 신학적 기초를 제시한다.[1] 영적 지도자로서의 소명에 충실한 교황은 공동의 집의 위기를 판단하는 신학적 기준을 제공한다. 세 번째 녹색 계명에서는 프란치스코 교황이 제시하는 자연 세계의 종교적 전망을 살펴보도록 하겠다.

먼저 오늘날 생태 위기에 관한 신학적 관점의 중요성에 대해 성찰해 보겠다. 그다음 회칙에서 제시하는 창조의 '복음'을 소개하겠다. 창조는 두 가지 근본적인 이유로 '기쁜 소식'(복음)이다. 첫째로 창세기의 창조 이야기에서 보듯이 창조는 하느님 자신의 눈에 매우 보기 좋았다. 둘째로 창조는 하느님의 깊은 사랑의 행위이다. 더 깊은 차원에서 창조는 마치 하느님의 '작품집'과 같은 하느님의 태초의 계시이다. 하느님은 보편적 친교를 지향하며 창조하셨으며, 따라서 지상의 재화는 모두의 것이다. 창조의 궁극적인 운명은 그

---

1 Susan Rakoczy, "The Mission Spirituality of *Laudato Si'* : Ecological Conversion and the World Church," *Grace and Truth* 34 (2017), 68.

리스도를 통해서 재창조되는 것이다. 끝으로, 창조에 대한 예수님의 시선으로 회칙의 신학적 관점에 대한 개요를 마무리하겠다.

1. 「찬미받으소서」의 신학 : '복음'으로서의 창조

프란치스코 교황은 현대의 생태 위기에 대한 신학적 관점을 매우 중요하게 생각하는데, 「찬미받으소서」 두 번째 장의 첫 문단에서 이에 대한 양해를 구한다. 그는 첫 문장에서 "선의의 모든 사람들을 대상으로 하는 이 문헌에 신앙의 확신에 관한 장이 포함되어야 하는 이유가 무엇입니까?"(62)라고 질문한다. 그리고는 바로 다음 문단에서 답을 직접 제시한다.

> 생태 위기가 복합적이고 그 원인이 다양하기 때문에 해결책이 현실을 해석하고 변화시키는 한 가지 방법에서만 나올 수 없다는 사실을 깨달아야 합니다. 이는 여러 민족들의 다양한 문화적 풍요, 곧 그들의 예술과 시, 그들의 내적 삶과 영성에 의지해야 합니다. 만약 우리가 파괴한 모든 것을 바로잡게 하는 생태론을 발전시키고자 한다면, 어떠한 학문 분야나 지혜를 배제할 수 없습니다. 여기에는 종교와 그 고유 언어도 포함됩니다.(63)

프란치스코 교황은 「찬미받으소서」에서 자연 세계에 관한 종교적 관점에 한 장 전체를 할애하면서 우리 지구의 집이 황폐화되는 시급한 문제에 대해 신앙 전통에서 잃어버린 많은 근거를 되찾는다. 교황은 생태 위기는 지구 생태계와 생화학 순환이 붕괴되어 인간, 특히 가난한 사람들에게 큰 영향을 미치는 문제인 동시에 궁극적으로 신학적 문제라고 단언한다. 생태적 위기는 단순히 물리적 문제나 도덕적 곤경이 아니다. 사실, 이것은 더 깊은 영적 위기의 징후이다.[2] 현대의 생태적 위기는 더 심오한 진리, 즉 물리적 세계가 무엇보다도 하느님의 창조물이며 그곳에는 그분의 현존이 스며들어 있음을 망각(amnesia)하고 있다는 점을 가리킨다.[3]

데니스 에드워드는 "「찬미받으소서」가 현대 신학과 그리스도교의 생태적 실천 분야에서 이룩한 주요 공헌은 자연 세계에 대한 신학을 제공한 것이다."[4]라고 말한다. 「찬미받으소서」에 제시된 지구 신학(theology of Earth)은 생태 위기를 이해하고 효과적으로 대응하는 데 중요한 도구이다. 이제 이 회칙에서 제시된 자연 세계에 대한 신학적 이해에 대해 자세히 살펴보고자 한다.

프란치스코 교황이 자연 세계에 대한 신학적 전망을 제시하는 「찬미받으소서」의 두 번째 장의 제목은 매우 의미심장하다. 이 장의 제목은 '창조의 복음'이다. 이 회칙은 창조가 진정으로 복음(evangelion), 즉 '기쁜 소식'임을 확인한다.[5] 근대 이후, 우리는 자연 세계를 불활성 물질, 즉 현대 과학에서 데카르트의 무한한 물질(res extensa)*로 보거나 신자유주의 경제에서처럼 단순히 자원의

---

2 Andrea Cohen-Kiener, *Claiming Earth as Common Ground: The Ecological Crisis through the Lens of Faith* (Woodstock, VT: Skylight Paths, 2009), 2; Dave Bookless, *Planet Wise: Dare to Care for God's World* (Nottingham: Inter-Varsity Press, 2008), 41 참조.

3 Joshtrom Isaac Kureethadam, *Creation in Crisis: Science, Ethics, Theology* (New York: Orbis Books, 2014), 288-291.

4 Denis Edwards, "'Everything Is Interconnected': The Trinity and the Natural World in *Laudato Si*'," *The Australasian Catholic Record* 94, (2017), 83.

5 *evangelion*의 그리스어 어원은 '알리다' 또는 '소식을 가져오다'라는 뜻을 가진 동사 $\alpha\gamma\gamma\varepsilon\lambda\lambda\omega$(angello)에 '좋은'이라는 뜻의 접두사 εu(en)을 더하여 좋은 소식이라는 뜻이다.

* 역자 주: 데카르트는 정신과 물질을 구분하는 이원론을 주장하였는데, res cogitans는 생각하는 실체로, 물리적 특성이 없는 비물질적인 존재로 보는 반면, res extensa는 연장을 가진 실체로, 물리적 특성을 지닌 존재로 구분하였다.

저장고로 보는 데 익숙해졌다. 그러나 회칙은 자연 세계가 무엇보다도 창조물이며, 그렇기에 자연 세계는 '복음'이라는 그리스도교 신앙의 근본 진리를 상기시켜 준다. 「찬미받으소서」는 근본적으로 사회적 가르침일 뿐만 아니라 창조 신학이기도 하다. 카모디 그레이에 따르면 프란치스코 교황은 '창조의 복음'이라는 문구만으로 "자연 세계에 대한 가톨릭 교회의 접근 방식에 새로운 시대를 열었다. 동물, 숲, 산과 물의 세계는 우리를 위한 하느님의 기쁜 소식에서 불가분한 부분이다. 그들은 구원의 신비를 표현하고 그 신비에 참여한다."[6]

창조가 기쁜 소식인 것은 두 가지 근본적인 진리 때문이다. 우선 창조는 창세기에서 보듯이 창조에 대한 근본적인 선함을 가진다. 둘째로, 물리적 세계는 삼위일체 하느님의 사랑의 행위로 존재하게 되었다. 우리는 회칙의 가르침에 비추어 이 두 가지 요소를 살펴보아야 한다.

믿는 이들에게 모든 창조된 실재의 고유한 가치를 구성하는 것은 하느님의 눈에 비친 창조의 근본적인 선함이다. 하느님이 세상을 창조하셨다면 모든 형태의 생물과 무생물을 포함한 세상과 그 안의 모든 것은 가치를 지녀야 한다. 프란치스코 교황에 따르면 "모든 유기체는 하느님의 피조물이기에 그 자체로 좋고 감탄을 자아냅니다. 또한 하나의 체계로 기능하는 일정한 공간 안에서 다양한 유기체들이 조화를 이루며 공존하는 경우에도 그러합니다"(140). 따라서 우리는 모든 창조된 존재의 '신성한 존엄성'을 깨닫도록 초대받는다. 다음은 회칙의 인용문이다.

---

6 Carmody Grey, "Walk with the Animals," *The Tablet* (4 July 2015), 11.

우리는 이 땅의 재화를 책임 있게 사용해야 하고, 또한 다른 생명체들도 하느님 보시기에 고유한 가치가 있음을 깨달을 것을 요청받습니다. "동물은 단순히 생존함으로써도 하느님을 찬미하고, 하느님께 영광을 드립니다."[7] 주님께서는 당신의 업적으로 기뻐하시기 때문입니다(시편 104,31 참조). … 『가톨릭 교회 교리서』는 왜곡된 인간 중심주의를 매우 분명하고 강력하게 비판합니다. "피조물은 저마다 고유한 선과 완전성을 지니고 있습니다. … 저마다 고유한 존재를 지니기를 하느님께서 바라신 다양한 피조물들은, 저마다 고유한 방법으로 하느님의 무한한 지혜와 선의 빛을 반영합니다. 이 때문에 인간은 각 피조물의 고유한 선을 존중하여 … 사물의 무질서한 이용을 피해야 합니다."[8](69)

"땅은 주님의 것"(시편 24,1)이며 "땅과 그 안에 있는 모든 것"(신명 10,14)이 주님의 것이기 때문에 우리가 지구의 소유주가 아닌 것은 분명하다. "지구는 우리보다 앞서 존재하였고 우리에게 주어졌습니다"(67). 프란치스코 교황은 이 근본적인 깨달음이 "유다-그리스도교의 사상에 대한 비난에 응답하도록 해 줍니다. 사람들은 인간이 땅을 '지배'(창세 1,28)하게 했다는 말이 창세기에 나온다는 것을 근거로, 인간을 본성적으로 지배적이고 파괴적인 존재로 묘사하면서 유다-그리스도교 사상이 무분별한 자연 착취를 조장하였다고 주장합니다."[9](67)라고 말한다. 교황은 "이는 교회가 이해한 바른 성경 해석이 아닙니다."라고 반박하면서 "우리는 우리가 하느님과

---

7 『가톨릭 교회 교리서』, 2416항.
8 윗글, 339항.
9 회칙은 여기에서 린 화이트 주니어가 1967년에 쓴 유명한 글에서 환경 위기의 책임을 주로 그리스도교에 돌린 것에 대해 답변한다. Lynn White Jr., "The Historic Roots of our Ecologic Crisis," *Science* 155 (1967), 1203-1207.

닮은 모습으로 창조되었고 우리에게 이 땅에 대한 지배가 부여되었다는 사실이 다른 피조물에 대한 절대적 지배를 정당화하는 것이라는 생각은 강력하게 부인해야 합니다."(67)라고 덧붙인다.

프란치스코 교황은 인류에게 내려진 명령은 세상이라는 정원을 '일구고 돌보아야' 하는 것이라고 상기시킨다(창세 2,15 참조). "'일구다'라는 말은 밭을 경작하고 갈거나 밭일을 한다는 뜻"(67)이다. 교황은 "분명히 성경에서는 다른 피조물을 고려하지 않는 자의적인 인간 중심주의가 통하지 않습니다."(68)라고 강조한다. 마찬가지로 우리에게 "그분의 피조물을 우리 발아래 두며 짓밟아 버리는 제한 없는 권리"(75)는 전혀 없다. 교황은 "따라서 하느님께서는 다음과 같이 말씀하시면서 절대적 소유에 대한 모든 주장을 물리치십니다. '땅을 아주 팔지는 못한다. 땅은 나의 것이다. 너희는 내 곁에 머무르는 이방인이고 거류민일 따름이다'(레위 25,23)."(67)라고 분명하게 밝혔다. 교황에 따르면 "이 땅의 절대적 지배에 대한 인간의 주장을 멈추고 인간이 제자리를 찾는 가장 좋은 방법은, 창조주이시며 이 세상의 유일한 주인이신 하느님 아버지의 모습을 다시 알려 주는 것"(75)이다.

창조에 관한 두 번째 근본 진리는 창조는 하느님의 사랑 이야기라는 것이다. 창조는 완전한 자유로 실현된 하느님의 사랑의 행위이다. 우리의 물리적 우주는 세속적 사고와 문화에서 흔히 추정하듯이 우연히 또는 요행으로 생긴 것이 아니다. 프란치스코 교황은 "유다-그리스도교 전통에서 말하는 '창조'는 '자연'보다 더 큰 의미를 담고 있습니다. 이는 하느님의 사랑이 넘치는 계획, 곧 모든 피조물이 저마다의 가치와 의미를 지닌 것과 관련되기 때문"(76)이라고 말한다. 이러한 까닭에 개별적인 자연 연구와 달리 "창조는 모든 것의 아버지이신 하느님께서 손을 내미시어 주신 선물로, 우리가 함께 보편적 친교(universal communion)를 이루도록 요청하는 사랑으로 비추어진 실재로 이해될 뿐"(76)이다.

창조 세계 전체와 모든 피조물은 하느님의 넘치는 사랑의 표징이다. "이교도 우주론의 폭력적인 시작 모티브와 달리, 성경은 창조를 자비로운 하느님의 부드러운 사랑의 행위로 묘사한다."[10] 프란치스코 교황은 다음과 같이 말한다. "세상은 자의적인 전능, 곧 힘의 과시나 자기 과시의 욕망에서 생겨난 것이 아닙니다. 창조는 사랑의 질서입니다. 하느님 사랑은 모든 피조물 안에 있는 근본적 동력입니다"(77). 모든 피조물은 사랑에서 비롯되었으며 분명한 목적을 가지고 존재한다. 하느님의 자기 증여의 사랑이 모든 피조물에 생기를 불어넣는다.

> 그래서 모든 피조물은 그 각자의 자리를 세상에 마련해 주신 하느님 아버지의 온유함의 대상입니다. 가장 하찮은 것의 덧없는 생명조차도 하느님 사랑의 대상이며, 아주 잠깐 살아 있어도 하느님께서는 그것을 사랑으로 감싸 안아 주십니다. 대 바실리오 성인은 창조주를 "무한한 선"[11]으로 묘사하고, 단테 알리기에리는 "태양과 별을 움직이는 사랑"[12] 이라고 말하였습니다. (77)

---

10 Richard A. Young, *Healing the Earth: A Theocentric Perspective on Environmental Problems and Other Solutions* (Nashville: Broadman & Holman, 1994), 85.
11 대 바실리오, 「6일 창조에 관한 강론」(*Homiliae in Hexaemeron*), I, 2, 10, 『그리스 교부 총서』(*Patrologia Graeca: PG*), 29, 9.
12 단테 알리기에리(Dante Alighieri), 「천국편」(*Paradiso*), 33, 145, 『신곡』(*Divina Commedia*).

따라서 우리의 집인 지구는 사랑이신 창조주의 품에 안겨 있는 그분의 선물이다. 교황은 시적인 표현으로 "물질세계 전체는 하느님의 사랑, 곧 우리에 대한 무한한 자애를 나타냅니다. 흙과 물과 산, 이 모든 것으로 하느님께서 우리를 어루만지십니다."(84)라고 표현한다. 교황은 교황 권고 「하느님을 찬미하여라」의 마지막 부분에서 이렇게 묻는다. "세상이 무한한 사랑을 노래한다면, 어찌 그 세상을 돌보지 않을 수 있겠습니까?"[13]

창조는 참으로 삼위일체 하느님이 부어 주신 사랑을 드러내는 실체적 표현이다. 인간의 경우에는 더욱 그렇다. 무엇보다 중요한 것은 우리를 존재하게 한 창조주의 무한한 사랑 덕분에 우리가 존재한다는 것이다. 그리고 요한 바오로 2세가 말했듯이 "모든 인간에 대한 창조주의 특별한 사랑은 '인간에게 한없는 존엄을 부여'[14]"(65)한다. 프란치스코 교황은 우리가 우연히 여기에 있는 것이 아니라 각자 하느님이 뜻하시고 사랑하셨기에 존재한다고 상기시킨다.

> 모든 인간의 삶이 순전한 우연이나 무한한 순환이 지배하는 세상에서 희망 없는 혼돈 속에 떠다니지 않고 있다는 확신은 얼마나 놀라운지요! 창조주께서는 우리 한 사람 한 사람에게 다음과 같이 말씀하실 수 있습니다. "모태에서 너를 빚기 전에 나는 너를 알았다"(예레 1,5). 우리는 하느님 마음에서 생겨났고, 이러한 이유로 "우리 한 사람 한 사람은 하느님의 사유의 산물입니다. 우리 한 사

---

13 「하느님을 찬미하여라」, 65항.
14 요한 바오로 2세, 독일 오스나브뤼크에서 장애인과 바친 삼종 기도, 1980.11.16., 『요한 바오로 2세의 가르침』, 3/2(1980), 1232.

람 한 사람은 하느님께서 뜻하시고 사랑하시고 필요로 하시는 존재입니다."[15](65)

프란치스코 교황에 따르면 모든 피조물은 "하느님의 초월성에 열려 있고 그 안에서 발전"(79)한다. 그러나 하느님은 피조물에 초월적이기만 한 것이 아니라 그 안에 깊이 내재하고 계신다. 여기서 프란치스코 교황은 "자연 전체가 하느님을 드러내 보일 뿐만 아니라 그분의 현존의 자리"[16]를 드러내 보인다고 한 브라질 주교들의 말씀을 인용한다(88). 물리적 우주의 모든 존재에 대한 하느님의 내재적 현존은 피조물 전체에 내주하시고 인도하시는 성령을 통해 이루어진다. 프란치스코 교황은 다음과 같이 말한다.

하느님께서는 피조물들의 자율성을 침해하지 않으시면서 모든 존재의 가장 깊은 내면에 현존하시어 현세 사물의 합당한 자율성을 가져옵니다.[17] 하느님의 거룩한 현존은 모든 존재의 생존과 성장을 보장해 주며, "창조 사업을 계속 이어 나갑니다."[18] 하느님의 성령께서 이 세상을 가능성으로 가득 채우셨기에 사물의 내면 깊숙한 곳에서 언제나 새로운 것이 나타날 수 있습니다. "자연은 사물 안에 새겨진 어떤 예술, 곧 하느님 예술의 이성에 다름없습니다. 이 이성을 통하여 사물은 특정한 목적을 향해 나아갑니다. 이

---

15 베네딕토 16세, 교황 즉위 미사 강론, 2005.4.24., 『가톨릭 교회의 가르침』 34호(2005), 한국천주교중앙협의회, 31면, *AAS* 97(2005), 711면.
16 브라질 주교회의, '교회와 생태적 문제들'(*A Igreja e a Questão Ecologica*), 1992, 53-54항 참조.
17 제2차 바티칸 공의회, 현대 세계의 교회에 관한 사목 헌장 『기쁨과 희망』(*Gaudium et Spes*), 36항, 『제2차 바티칸 공의회 문헌』, 한글판, 한국천주교중앙협의회, 2014(제3판 7쇄) 참조.
18 토마스 아퀴나스, 「신학 대전」(*Summa Theologiae*), I, q.104, art.1, ad.4.

는 마치 배를 만드는 사람이 나무에 스스로 배의 형상을 취할 수 있는 능력을 부여하는 것과 같습니다.[19](80)

창조 속에서 끊임없이 함께하시며 현존하시는 성령은 점점 더 위태로워지는 지구라는 집을 돌보려는 우리의 노력이 궁극적으로 결실을 맺을 수 있게 보증해 주실 것이다. "성령께서는 거룩한 정신에 합당한 무한한 창조력을 소유하시어 가장 복잡하고 풀 수 없는 인간 문제의 매듭을 푸는 방법을 알고 계십니다"[20](80).

2. 창조에 담긴 하느님의 자기 계시

창조는 하느님의 첫 번째이자 원초적인 계시이다.[21] 프란치스코 교황은 "하느님께서는 소중한 책을 쓰셨습니다. 이 책의 '글들은 세상에 존재하는 다양한 피조물들입니다.'[22]"(85)라고 말한다. 참으로 창조는 하느님의 첫 번째 공현이다. 요한 바오로 2세 교황을 인용하면서 프란치스코 교황은 "'믿는 이들에게 피조물에 관한 관상은 메시지를 듣고, 역설적인 무언의 음성에 귀 기울이는 것입니다.'[23] 우리는 '성경에 담겨 있는 고유한 계시와 더불어, 작렬하는 태양과 드리워진 어둠 안에도 하느님께서 계시하시는 것이 있다.'[24]고 말할 수 있습니다"(85)라고 한다.

---

19 토마스 아퀴나스, 『아리스토텔레스의 물리학 해설 전집 8권』(*In Octo Libros Physicorum Aristotelis Expositio*), 제2권, 14장.
20 요한 바오로 2세, 「교리 교육」, 1991.4.24., 6항, 『요한 바오로 2세의 가르침』, 14(1992), 856.
21 Kureethadam, *Creation in Crisis*, 306-311 참조.
22 요한 바오로 2세, 「교리 교육」, 2002.1.30., 6항, 『요한 바오로 2세의 가르침』, 25/1(2002), 140.
23 요한 바오로 2세, 「교리 교육」, 2000.1.26., 5항, 『요한 바오로 2세의 가르침』, 23/1(2000), 123.
24 요한 바오로 2세, 「교리 교육」, 2000.8.2., 3항, 『요한 바오로 2세의 가르침』, 23/2(2000), 112.

프란치스코 교황은 캐나다 주교회의의 사목 교서를 인용하여 하느님의 현현에서 제외되는 피조물은 하나도 없다고 강조한다. "가장 뛰어난 장관에서부터 가장 작은 생명체에 이르기까지 자연은 경탄과 경외의 끊임없는 원천입니다. 이는 또한 하느님의 끊임없는 계시입니다"[25](85). 교황은 또한 "일본 주교들도 매우 시사하는 바가 있는 말을 하였습니다. '모든 피조물이 자신의 존재를 노래하고 있음을 알아채는 것은 하느님 사랑과 희망 안에서 기쁘게 살아가는 것을 의미합니다.'[26] 피조물에 관한 이러한 관상은 모든 것을 통하여 하느님께서 우리에게 주고자 하시는 가르침을 발견하게 합니다."(85)라고 인용한다.

프란치스코 교황은 「찬미받으소서」에서 창조에 대한 '상징적' 관점을 자주 언급한다. 창조된 실재는 궁극적으로 하느님의 상징이다. 창조 세계의 가치는 이들의 상징성, 즉 유한한 것을 무한한 것에 연결할 수 있는 능력에 있다. 하느님의 상징으로서의, 창조된 실재는 베스티기아 데이(vestigia Dei), 즉 창조 세계 안에 있는 하느님 현존의 흔적이자 표징이다. 앤서니 켈리가 설명했듯이, "말씀(Logos)으로 창조된 우주는 끝없이 차별화되는 '단어들'(logoi) 또는 의미의 세계이다."[27] 이와 관련하여 프란치스코 교황은 「찬미받으소서」에서 "모든 피조물이 하느님의 모습을 어느 모로 반영하며

---

25 캐나다 주교회의 사회 문제 위원회, 사목 교서 '하느님께서는 존재하는 모든 것을 사랑하십니다. 모든 것은 하느님의 것입니다. 하느님께서는 생명을 사랑하시는 분이십니다'(*You Love All that Exists. All Things are Yours, God, Lover of Life*), 2003.10.4., 1항.
26 일본 주교회의, '생명에 대한 경외, 21세기를 위한 담화'(*Reverence for Life. A Message for the Twenty-First Century*), 2000.1.1., 89항.
27 Anthony J. Kelly, *Laudato Si': An Integral Ecology and the Catholic Tradition* (Adelaide: ATF Theology, 2016), 92.

우리를 가르치는 메시지를 담고 있다는 인식이 있습니다."(221)라고 언급한다. 『가톨릭 교회 교리서』를 인용하여 교황은 "다양한 피조물은 저마다 고유한 방법으로 하느님의 무한한 지혜와 선의 빛을 반영합니다."[28](69)라고 말한다. 프란치스코 교황은 회칙의 앞부분에서 종의 멸종 문제에 대해 슬픔과 깊은 신학적 통찰을 담아 언급한다. "우리 때문에 수많은 생물종들이 더 이상 그들의 존재 자체로 하느님께 영광을 드리지 못하고 그들의 메시지를 우리에게 전해 주지 못할 것입니다. 우리가 그렇게 할 권리는 없습니다"(33).

모든 종교 전통에는 창조라는 거울로 신을 볼 수 있고 창조와 창조된 실재를 신의 살아 있는 상징으로 인식할 수 있었던 수많은 현자와 성인 성녀가 있었다. 가톨릭 전통에서 아시시의 프란치스코 성인은 아마도 가장 빛나는 사례일 것이다. 아시시의 가난뱅이(poverello)에게 모든 꽃, 모든 새는 창조주에 대해, 하느님에 대해 이야기했다. 프란치스코 교황은 「찬미받으소서」에서 다음과 같이 말한다.

> 성경에 충실한 프란치스코 성인은 하느님께서 우리에게 말씀하시며 당신의 무한한 아름다움과 선함을 들여다볼 수 있게 해 주는 놀라운 책으로 자연을 받아들이도록 권유합니다. "피조물의 웅대함과 아름다움으로 미루어 보아 그 창조자를 알 수 있습니다"(지혜 13,5). 확실히 "세상이 창조된 때부터 … 그분의 영원한 힘과 신성을 조물을 통하여 알아보고 깨달을 수 있게 되었습니다"(로마 1,20 참조). 이러한 이유로 프란치스코 성인은 수도원 정원의 일

---

[28] 『가톨릭 교회 교리서』, 339항.

부를 언제나 손대지 않은 상태로 놓아두어 거기에 들꽃과 목초가 자라게 하였습니다. 그래서 그것을 본 사람들이 그러한 아름다움의 창조주이신 하느님을 찬미하게 한 것입니다.²⁹(12)

창조된 사물이 하느님의 흔적(vestigia Dei)이 될 때, 창조는 진정한 소통의 행위가 된다. 모든 소통 행위에서 그렇듯이, 단어나 표현 하나만으로는 실재를 전달하기에 충분하지 않다. 이는 창조 세계에서의 하느님의 소통에도 해당된다. 어떤 피조물도, 심지어 인간도 하느님을 대표하기에 충분하지 않다. 무한히 다양한 생물종은 창조주의 지혜와 선하심을 드러내는 하느님의 위대한 작품집의 한 페이지이다. 따라서 창조의 풍성함은 하느님의 무한한 풍요로움을 보여 준다. 교황은 "다양한 관계를 맺고 있는 이 세상 전체는 하느님의 다함없으신 풍요를 보여 줍니다."(86)라고 말한다. 13세기 중세 신학자 토마스 아퀴나스는 지구 전체를 누비는 다양한 생물들이 하느님의 본성이 지닌 풍요로움을 드러낸다고 주장하며 이 점을 우리에게 명확하게 전달해 주었다.

> 토마스 아퀴나스 성인은 다수성과 다양성이 "제1원인의 뜻"에서 나온다고 현명하게 강조하였습니다. 그 제1원인은 "하느님의 선하심을 드러내시고자 각 사물 안에 부족한 것이 다른 것들로 보충되기를 바라신 분"³⁰이셨습니다. 하느님의 선하심은 "단 하나의

---

29 첼라노의 토마스, '프란치스코 성인의 생애 2'(*Vita Seconda di San Francesco*), CXXIV, 165, *FF* 750 참조.
30 「신학 대전」, I, q.47, art.1.

피조물이 적절하게 반영할 수 없기"[31] 때문입니다. 그러므로 우리는 그 다양한 관계 안에서 피조물의 다양성을 이해해야 합니다.[32] 그래서 우리는 하느님의 전체 계획에서 성찰할 때 모든 피조물의 의미와 중요성을 더 잘 이해하게 될 것입니다.(86)

3. 보편적 친교로 나아가라는 창조 세계의 요청

창조 세계는 하느님과의 상징적 친교를 드러내고 가리킬 뿐만 아니라 인류 가족과 더 광범위한 생명 공동체 안에서 친교를 위한 구체적인 수단이기도 하다. 프란치스코 교황은 이 보편적 친교에 대해 "한 분이신 아버지께서 창조하신 우주의 일부로서 우리는 모두 서로 보이지 않는 끈으로 연결되어 있고, 일종의 보편 가정, 거룩하고 사랑이 넘치며 겸손한 존중으로 우리를 채우는 숭고한 친교를 함께 이룬다는 확신의 근거입니다."(89)라고 말한다. 프란치스코 교황은 인간의 삶을 하느님의 사랑으로 연결된 다른 피조물들과 함께 친교를 나누는 순례의 여정으로 여긴다. "모든 것은 서로 관련됩니다. 모든 인간은 하느님 사랑으로 서로 엮여서 형제자매로 일치되어 멋진 순례를 하고 있습니다. 이 사랑은 모든 피조물을 위한 것으로, 우리를 형제인 태양, 자매인 달, 형제인 강, 어머니인 대지와 온유한 애정으로 하나가 되게 해 줍니다"(92). 더 넓은 지구 공동체와 나누는 깊은 친교는 "토양의 사막화를 마치 우리 몸이 병든 것처럼 느끼고 동식물의 멸종을 우리 몸이 떨어져 나가는 것처럼 고통스럽게"[33] 느끼게 한다(89).

---

31 윗글.
32 「신학 대전」, I, q.47, art.2. ad.1; art.3 참조.
33 프란치스코 교황, 「복음의 기쁨」, 215항. 이와 관련해서 Douglas E. Christie,

「찬미받으소서」에서 프란치스코 교황은 이러한 보편적 친교를 실현하는 데 있어 발생할 수 있는 일탈에 대해서도 경고한다. 교황은 특히 "인간의 그 어떤 뛰어남도 부인하려는 강박"과 "모든 인간이 동등하게 누리는 존엄을 수호하는 것보다 다른 생물종들을 보호하는 것"(90)에 더욱 열정을 쏟는 것을 비판한다. 교황은 또한 "우리들 가운데 존재하는 엄청난 불평등에 분개해야 합니다. 우리가 여전히 어떤 이들이 자신을 다른 이들보다 더 존귀하다고 여기는 것을 묵인하고 있기 때문입니다."(90)라고 비판하며, 이는 보편적 친교의 진리에 전적으로 위배된다고 지적한다. 우리가 우리 안의 사람들과 친교를 이루지 않으면 자연 세계와 교감하며 살 수 없다.

> 인간에 대한 온유, 연민, 배려의 마음이 없다면 자연의 다른 피조물과도 깊은 친교를 올바로 느낄 수 없습니다. 인신매매에 완전히 무관심하며, 가난한 이들을 배려하지 않고, 맘에 들지 않는 이들을 해치려는 마음을 지니면서, 멸종 위기에 놓여 있는 생물종들의 매매와 맞서 싸우는 것은 분명히 모순입니다. 이는 환경 보호의 의미를 훼손시키는 일입니다.(91)

전체 창조 세계의 보편적 친교에 대한 진리는 "그 누구도, 그 무엇도 제외되지 않습니다."(92)라는 보편 형제애에 기초한다. 피조물과 평화를 이루지 못하면 우리 사이에서도 평화로울 수 없다. 교황은 심리적으로 깊이 통찰하여 "우리의 마음은 하나여서 동물을

"Becoming Painfully Aware: Spirituality and Solidarity in *Laudato Si'*" in *The Theological and Ecological Vision of Laudato Si': Everything Is Connected*, ed. Vincent J. Miller (London: Bloomsbury, 2017), 109-126 참조.

학대하도록 이끄는 비열함은 곧 다른 사람과의 관계에 나타나게 됩니다."(92)라고 말한다.

인류 가족 외의 다른 나머지 가족 그리고 모든 피조물과의 보편적 친교는 이에 따르는 구체적인 결과가 있다. 그중 하나는 지구상의 모든 재화가 "모든 이에게 유익이 되어야" 하는 "보편 목적"이라는 점이다(93). 프란치스코 교황은 1991년 요한 바오로 2세 교황이 "하느님께서는 온 인류에게 땅을 주시어 아무도 제외되거나 특권을 누리지 않고 그 모든 성원들의 생계를 유지하게 하셨다."[34](93)라고 하신 말씀을 상기시킨다. 지상 재화의 보편 목적은 또한 심오한 신학적 진리에 기초한다. 프란치스코 교황에 따르면, 땅의 열매를 나누는 것은 궁극적으로 "창조주에 대한 충실의 문제"가 된다. "하느님께서는 모든 이를 위하여 세상을 창조하셨기 때문"이다(93). 따라서 재화의 보편 목적은 교회의 사회적 가르침의 필수 요소이기도 하다.

> 사유 재산이 재화의 보편 목적에 종속된다는 원칙, 그리고 이에 따른 공동 사용 권리는 사회 활동의 '황금률'이고 "윤리적 사회적 질서 전체의 제1원리"[35]입니다. 그리스도교 전통은 사유 재산권을 절대적이거나 침해할 수 없는 것으로 인정한 적이 없으며, 모든 형태의 사유 재산의 사회적 기능을 강조하였습니다.(93)

프란치스코 교황은 요한 바오로 2세 교황의 말을 인용하며 "(교회

---

[34] 요한 바오로 2세, 회칙 「백주년」(Centeimus Anuus), 1981.5.1., 31항.
[35] 요한 바오로 2세, 회칙 「노동하는 인간」(Laborem Exercens), 1981.9.14., 19항, 한국천주교중앙협의회, 2002(제2판 1쇄), AAS 73(1981), 626면.

는) 모든 사유 재산에 대한 사회적 부채가 있다는 사실도 언제나 가르칩니다. 재화는 하느님께서 정하신 보편적 목적에 이바지해야 하기 때문입니다."[36](93)라고 상기시킨다. 그러므로 "이 선물을 소수를 위하여 사용한다면 하느님의 계획에 맞갖지 않은 것입니다"[37](93).

피조물의 궁극적 운명은 창조주 하느님과 마침내 친교를 맺는 것이다. 모든 피조물의 목적(telos)은 '하느님께서 모든 것 안에서 모든 것'이 되실 때 그리스도를 통해 재창조되는 것이다. 프란치스코 교황은 "세상에 대한 그리스도교의 이해에 따르면, 한처음부터 계셨던 그리스도의 신비에 모든 피조물의 운명이 밀접하게 관련되어 있습니다. '만물이 그분을 통하여 그분을 향하여 창조되었습니다'(콜로 1,16)."(99)라고 우리에게 상기시킨다. "이 세상의 궁극적인 목적은 하느님의 충만 안에 놓여 있습니다. 이 충만은 모든 보편적 성숙의 중심이 되시는 부활하신 그리스도를 통하여 이미 이루어졌습니다"(83). 그리스도 안에서 구원되고 변화될 운명을 지닌 것은 인간만이 아니라 모든 피조물, 모든 물리적 우주라는 사실을 기억하는 것이 중요하다. 그러므로 인간이 다른 피조물을 억압적으로 지배할 이유가 없다. 오히려 인간의 임무는 모든 피조물의 종말적 여정에 사랑으로 동반하는 것이다. 교황은 회칙에서 다음과 같이 말한다.

> 이러한 방식으로 우리는 다른 피조물들에 대한 인간의 모든 무책임한 전제적 지배에 대한 또 다른 반론을 제기할 수 있습니다.

---

36 요한 바오로 2세, 토착민과 농민들에게 한 연설, 멕시코 쿠일라판, 1979.1.29. 6항, *AAS* 71 (1979), 209면.
37 요한 바오로 2세, 농민을 위한 미사 강론, 브라질 헤시피, 1980.7.7., *AAS* 72 (1980), 926면.

다른 피조물들의 궁극적인 목적은 우리가 아닙니다. 오히려 모든 피조물은 부활하신 그리스도께서 모든 것을 품으시고 비추시는 초월적 충만 안에서 우리와 더불어 그리고 우리를 통하여 공동의 도착점, 곧 하느님을 향하여 앞으로 나아가고 있습니다. 지성과 사랑이 부여된 인간은 그리스도의 충만으로 이끌려 모든 피조물을 그들의 창조주께 인도하라는 부르심을 받습니다.(83)

그리스도교 신앙의 관점에서 보면, 모든 피조물은 본질적으로 그리스도론적 차원을 지닌다. 이것은 그리스도가 모든 창조된 실재의 알파요 오메가이기 때문이다. 따라서 창조 세계를 바라보는 예수님의 시선을 살펴보면서 회칙의 신학적 관점에 대한 설명을 마무리하겠다.

4. 예수님의 시선

「찬미받으소서」는 우리 공동의 집을 돌보는 것에 관한 것이다. 지구는 인간뿐만 아니라 나머지 생명 공동체의 집이기도 하다. 이는 또한 "말씀이 사람이 되시어 우리 가운데 사셨다."(요한 1,14)라고 하는 '말씀'이 계신 하느님의 집이기도 하다. 하느님은 우주에 존재하는 수십억 개의 천체 중에서 이 작은 행성, 칼 세이건이 말한 바, 광활한 우주의 '작은 푸른 점'에 천막을 치기로 하셨다. 수십억 년에 걸친 과정을 통해 특별한 생명의 집이 된 지구는 인간이 되신 하느님인 예수 그리스도 안에서 풍요로운 생명의 집이 된다(요한 10,10). "삼위일체의 한 위격께서는 피조 세계에 오셔서 십자가에 이르기까지 당신의 운명을 이 세상과 함께하셨"(99)고 "그리스도의 신비는 세상의 시작에서부터, 특히 강생을 통하여 자연계 전체에서 감추어진 방식으로 이루어"(99)졌다.

회칙에서 프란치스코 교황은 "지상에 계셨던 예수님과, 예수님께서 이 세상과 맺으신 구체적인 사랑의 관계"(100)의 세 가지 시선을 강조한다.

먼저, 예수님은 제자들에게 "하느님께서 모든 피조물과 아버지로서 맺으신 관계를 깨달으라"(96)고 초대한다. 그분은 아버지의 사랑 넘치는 온유함과 모든 피조물을 돌보심을 상기시켰다. "하느님 보시기에는 그들 모두 중요하다. … '참새 다섯 마리가 두 닢에 팔리지 않느냐? 그러나 그 가운데 한 마리도 하느님께서 잊지 않으신다'(루카 12,6). '하늘의 새들을 눈여겨보아라. 그것들은 씨를 뿌리지도 않고 거두지도 않을 뿐만 아니라 곳간에 모아들이지도 않는다. 그러나 하늘의 너희 아버지께서는 그것들을 먹여 주신다'(마태 6,26)"(96).

두 번째로, 지상에서 예수님이 창조 세계를 보시는 시선은 관상적이다. 교황은 "주님께서는 언제나 자연과 관계를 이루시면서 큰 사랑과 경탄으로 자연에 관심을 기울이셨기 때문입니다. 당신께서 사시던 지역의 구석구석을 다니시다가 잠시 머무시면서 당신의 아버지께서 심어 놓으신 아름다움을 음미하시고는, 그 안에 담긴 하느님의 메시지를 이해하도록 당신 제자들에게 권유하셨습니다."(97)라고 말한다.

세 번째로, "예수님께서는 피조물과 완전한 조화를 이루며 사셨기에 … 그분께서는 세상과 떨어져 사는 금욕주의자의 모습을 하지도 않으시고 삶의 즐거운 면을 적대시하지도 않으셨습니다"(98). 프란치스코 교황은 예수님에 대해 "육신과 물질과 세상 현실을 경멸하는 사상들과는 매우 거리가 먼 분"(98)이셨으며, 생애 대부분을 "하느님께서 창조하신 물질에 당신 손으로 날마다 장인의 기술을 발휘"(98)하셨다고 말한다. 따라서 예수님은 인간의 일을 고귀하게 만드셨으며, 더 나아가 공동의 지구 집을 돌보기 위한 인간의 모든 노력을 고귀하게 만드셨다.

부활하시고 영광스럽게 되신 지상의 예수님, "하느님께서는 기꺼이 그분 안에 온갖 충만함이 머무르게 하셨습니다. … 그분을 통하여 그분을 향하여 만물을 기꺼이 화해시키셨습니다"(콜로 1,19-20). 프란치스코 교황은 회칙에서 "그리스도께서 이 물질세계에 몸소 오시고 이제 부활하시어 모든 존재의 내면에 현존하시며 사랑으로 감싸 주시고 당신 빛으로 밝혀 주신다"(221)라고 하며, 이는 우리가 "성자께서 만물을 성부께 데려가실 때, 세상의 마지막 때로 우리의 시선을 돌리게 합니다. 그렇게 '하느님께서는 모든 것 안에서 모든 것이 되실 것입니다'(1코린 15,28)."(100)라고 단언한다. 예수님의 시선은 피조물 전체를 심오하게 변화시켰다.

> 이리하여 이 세상의 피조물은 더 이상 단순한 자연의 형태로만 우리에게 나타나지 않습니다. 부활하신 분께서 이 모든 피조물을 신비롭게 간직하시며 그들의 목적인 충만으로 이끌어주시기 때문입니다. 예수님께서 인간의 눈으로 바라보시며 감탄하셨던 들판의 바로 그 꽃들과 새들은 이제 그분의 빛나는 현존으로 충만하게 됩니다.(100)

창조 세계는 신성한 현존이 깃든 진정한 하느님의 오이코스(집)이다. 하느님의 영광은 부활하신 그리스도 안에서 그리고 그리스도를 통해 온 우주 전체에 울려 퍼진다. 그분의 생명은 이제 생명을 주는 성령을 통해 온 우주 안에 흘러넘친다.

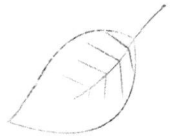

녹색 계명 IV
창조 세계의 남용은 생태적 죄임을 인식하라

「찬미받으소서」의 중요한 공헌은 인간의 죄와 물리적 세계의 위태로운 상태 사이에 중요한 관련이 있음을 보여 준 데 있다. 사실 공동의 집의 위기는 깊숙한 내적 병폐가 외부로 드러난 것뿐이다. 더 깊은 차원에서 "우리의 생태적 곤경은 우리를 괴롭히는 영적 위기가 겉으로 드러난 것으로 인식될 필요가 있다."[1] 베네딕토 16세 교황은 2005년 교황 취임 미사 강론에서 교황의 반지를 끼고 "내적인 광야가 엄청나게 넓어져서 세계의 외적인 광야가 점점 더 늘어가고 있습니다."[2](217)라고 강조했다. 프란치스코 교황은 이 확인을 상기하면서 회칙의 바로 시작 부분에서 "죄로 상처 입은 우리 마음에 존재하는 폭력은 흙과 물과 공기와 모든 생명체의 병리 증상에도 드러나 있습니다."(2)라고 언급한다. 교황은 또한 "현재 상황에서 죄는 전쟁, 여러 가지 형태의 폭력과 학대, 가장 취약한 이

---

1 Samuel Bendeck Sotillos, "The Eclipse of the Soul and the Rise of the Ecological Crisis," *Spirituality Studies* 8/2 (2022), 43.
2 베네딕토 16세, 즉위 미사 강론, 2005.4.24., *AAS* 97(2005), 710면.

들의 유기, 자연에 대한 공격"(66)에서 악이 얼마나 편재하고 만연해 있는지를 주목한다. 죄는 우리 자신과 우리가 속한 세상에 대한 이해를 왜곡한다.[3]

네 번째 녹색 계명은 생태적 죄의 개념에 관한 것이다. 주로 개인적 관점에 치우친 죄에 대한 전통적인 이해를 넓혀야 할 필요성에 대해 성찰하면서 시작하겠다. 「찬미받으소서」에서 프란치스코 교황은 죄에 대한 전체적 이해를 논하는데, 죄는 창조주, 동료 인간, 피조물과의 근본적인 관계가 깨어진 것이다. 우리는 이러한 상호 연결된 각 층위를 살펴보고 특히 인간의 죄가 자연계에 미치는 영향에 대해 알아볼 것이다. 마지막으로 현대 생태 위기의 맥락에서 인류의 개인적, 공동체적 회개가 필요하다는 점을 강조하며 마무리할 것이다.

1. 관계의 파괴로 나타나는 생태적 죄

현대 생태 위기의 맥락에서 우리는 죄의 개념에 대한 이해를 근본적으로 넓혀야 한다.[4] 전통적으로 죄는 개인주의적 의미, 즉 전적으로 하느님과의 관계에만 국한된 개인적인 영역에서 이해되어 왔다. 최근에는 교황 교도권을 비롯한 교회의 가르침에서 사회적 구조의 죄에 대한 비판적 인식이 높아졌고 그에 대한 정죄가 더욱 커지고 있다. 오늘날 우리는 죄를 이해할 때 그 관점을 지구적으로 넓혀야 한다. 실제로 공동의 집이 처한 위기와 그 위기에 영향을

---

3 John Copeland Nagle, "Pope Francis, Environmental Anthropologist," *Regent University Law Review* 28/7 (2015-2016), 10 참조.
4 Joshtrom Isaak Kureethadam, *Creation in Crisis: Science, Ethics, Theology* (New York: Orbis Books, 2014), 338-340 참조.

미친 수많은 행동은 훨씬 더 광범위한 지구적 관점 안에서 싹튼 죄의 맥락에서 가장 잘 이해될 수 있다. 오늘날 교회와 종교는 공동의 집이 위기에 처한 상황에서 죄에 대한 이해를 넓히도록 요청을 받고 있다. 페르가몬의 대주교인 존 지지울라스는 이와 관련하여 다음과 같이 말한다.

> 자연환경 보호는 하느님께서 인류에게 요구하는 근본적인 종교적 의무입니다. 이것은 교회가 전통적으로 사회적, 인간학적 차원에 국한되어 있던 죄의 개념을 전격적으로 수정하고 자연에 대한 죄를 기본적으로 종교적 중요성을 갖는 문제로 다루기 시작해야 함을 의미합니다.[5]

따라서 우리 공동의 집을 손상시키고 공동 가정, 특히 가장 취약한 형제자매의 생명과 생존을 위협하는 인간의 모든 행동은 죄가 된다. 생태 위기의 다양한 징후는 일반 대중이 여전히 흔히 볼 수 있는 단순한 '자연재해'가 아니다. 생태계의 불균형은 저절로 발생하지 않는다. 생태 위기는 우리 자신의 가치관, 신념, 의식적인 선택의 결과이며, 궁극적으로는 죄가 되는 우리 행동의 결과이다.

동방 정교회의 바르톨로메오 1세 총대주교는 그 누구보다 자주 생태적 죄에 대해 언급한 종교 지도자이다. 그는 "자연환경 파괴로 이끄는 인간의 모든 행위는 매우 심각한 죄로 간주되어야 한다."

---

5 John Zizioulas (Metropolitan of Pergamon), "Foreword" in *Cosmic Grace, Humble Prayer: The Ecological Vision of the Green Patriarch Bartholomew*, ed. John Chryssavgis (Grand Rapids, MI: Eerdmans, 2009), viii.

고 말한다.[6] 따라서 전능하신 하느님의 피조물에 대한 모든 해악은 "부주의로 인한 것이라도 단순한 악이 아니라 중대한 죄"에 해당한다.[7] 프란치스코 교황은 회칙 서문에서 생태적 죄에 대한 바르톨로메오 1세 총대주교의 견해를 인용하고 있다.

> 바르톨로메오 총대주교께서는 특히 우리 모두가 각자의 방식으로 지구를 해친 것을 회개할 필요를 언급하셨습니다. "우리 모두가 작은 생태적 피해를 일으키면" 우리가 "크든 작든 피조물의 변형과 파괴를 야기한다는"[8] 사실을 인식하도록 요청받기 때문입니다. 총대주교께서는 강하고 설득력 있는 어조로 이를 되풀이하여 말씀하시며 우리가 피조물에게 저지른 죄를 인정할 것을 촉구하셨습니다. … "자연 세계에 저지른 죄는 우리 자신과 하느님을 거슬러 저지른 죄"[9]이기 때문입니다.(8)

회칙의 전반적인 특징인 통합 생태론과 관계적 형이상학에 따라 프란치스코 교황은 죄를 삶의 근본적인 관계가 깨어진 것으로 이해한다. 교황은 이와 관련하여 인간의 삶이 하느님, 동료 인간, 피조물 전체와 긴밀하게 얽힌 관계에 근거한 것으로 간주하는 창세

---

6 Ecumenical Patriarch Bartholomew I, "Greeting during the Symposium at Holy Trinity Monastery, Halki, June 1, 1992" in Chryssavgis (ed.), *Cosmic Grace, Humble Prayer*, 84.
7 Ecumenical Patriarch Bartholomew I, "Message of the Synaxis of Hierarchs of the Ecumenical Patriarchate, September 1, 1998," in *Cosmic Grace, Humble Prayer*, ed. Chryssavgis, 201.
8 바르톨로메오 1세 총대주교, 피조물 보호를 위한 기도의 날 담화, 2012.9.1.
9 바르톨로메오 1세 총대주교, 미국 캘리포니아주 산타 바바라시에서 한 연설, 1997.11.8.; 크리세브지스(Chryssavgis), 『하늘에서와 같이 땅에서도: 바르톨로메오 총대주교의 생태적 시각과 계획』(*On Earth as in Heaven: Ecological Vision and Initiatives of Ecumenical Patriarch Bartholomew*), 뉴욕 브롱크스, 2012 참조.

기의 창조 이야기를 상기한다. 죄는 바로 "이 세 가지 핵심적인 관계"가 외부와 우리 내부에서 깨어진 것이다.

> 창세기에 나오는 상징적이고 서사적인 고유한 언어로 표현된 창조 이야기는 인간의 실존과 그 역사적 실재에 대한 깊은 가르침을 담고 있습니다. 이러한 설명은 인간의 삶이 근본적으로 서로 긴밀하게 연결된 세 가지 관계, 곧 하느님과의 관계, 우리 이웃과의 관계, 지구와의 관계에 기초를 두고 있음을 암시합니다. 성경에 따르면 이 세 가지 핵심적인 관계는 이 세상과 우리 안에서 깨어졌습니다. 이러한 불화가 죄입니다.(66)

생태적 죄의 개념은 모든 것이 서로 연결되어 있고 상호 의존하는 실재의 관계적인 관점 안에서만 의미가 있다. 창조 세계의 어떤 것도 고립된 채로 존재하는 것은 없다. 모든 피조물 사이에는 물리적, 영적 연결성이 존재한다. 죄는 바로 이 근본적이면서도 모든 것을 포용하는 관계의 일치를 왜곡하는 것이다. 정교회의 신학자인 존 크리세브지스는 인류의 원죄의 근원은 "보이지 않는 '원칙'에 대한 범죄가 아니라 우리 자신과 세상, 하느님 사이의 원초적 연결이 깨어진 것"이라고 말한다.[10]

이제 우리는 생태적 죄란 창조주, 동료 인간, 그리고 나머지 피조물과의 근본적인 관계가 깨어진 것으로 보고 그 죄가 갖는 다양

---

10 John Chryssavgis, "Forward", in *The Sermon of All Creation: Christians on Nature*, ed. Judith Fitzgerald and Michael Oren Fitzgerald (Bloomington, IN: World Wisdom, 2005), vii.

한 층위에 대해 알아보겠다.

2. 세 겹의 생태적 죄

우리가 지구라는 공동의 집을 파괴하는 것은 하느님과 인간, 세상에 대한 죄이다. 그것은 하느님, 인간, 우주적 친교 사이의 유대를 깨뜨린다.[11]

생태적 죄는 무엇보다도 먼저 창조주 하느님께 죄를 짓는 것이다. 모든 창조물은 하느님에게서 온 사랑의 메시지이다. 그 메시지를 무시하고 하느님의 선물을 고의적으로 오용하는 것은 죄이다. 그것은 창조주 하느님께 대한 무례와 다르지 않다. 바르톨로메오 1세 총대주교는 이렇게 말한다. "전지전능하신 창조주에 의해 '선하게' 창조된 모든 것은 그분의 거룩하심에 참여합니다. 반대로, 예술 작품을 오만하게 파괴하는 것이 그것을 창조한 예술가에 대한 모욕인 것처럼 자연에 대한 무례는 창조주에 대한 무례입니다."[12]

생태적 죄는 모든 관계 중에서 가장 중요한 관계, 즉 창조주와의 유대를 깨뜨리는 것이다. 이 진리는 아담과 하와의 원죄에서 가장 분명하게 드러난다. 아담과 하와가 그들을 위해 사랑스럽게 창조된 동산에 거하면서 같은 동산에 있는 나무 한 그루에 대한 '제한'을 지키지 않은 불순종은 무엇보다도 창조주와의 관계를 산산조각 냈다. 아담과 하와는 원래 동산에서 하느님과 함께 거닐며 하

---

11 Kureetahdam, *Creation in Crisis*, 341-345 참조.
12 Ecumenical Patriarch Bartholomew I, "Homily at the Fiftieth Anniversary Dedication of St Barbara Greek Orthodox Church in Santa Barbara, California, November 8, 1997" in Chryssavgis (ed.), *Cosmic Grace, Humble Prayer*, 214.

느님의 우정과 창조의 선함을 누리고 있었다. 하지만 죄로 인해 하느님과 인간, 피조물과 창조주 사이에 깊은 골이 생겨났다. "그들은 하느님이 동산에 거니시는 소리를 듣고 나무 사이로 숨었다. 사랑의 관계를 맺고 촉진하고자 창조하셨던 하느님은 그분의 형상을 지니도록 선택된 피조물에 의해 거부당했다."[13] 프란치스코 교황은 「찬미받으소서」에서 "창조주와 인류와 모든 피조물의 조화는 우리가 하느님의 자리를 차지한다고 여기고 피조물로서 우리의 한계를 인정하지 않아서 깨어졌습니다."(66)라고 지적한다. 생태계의 위기는 곧 자연의 질서를 거스르고 존중하기를 거부하는, 창조주를 거역하는 죄이며, '하느님처럼 되기를' 갈망하고 그분을 대신하는 척하는 창조주에 대한 죄이다. 여기서 죄는 인간과 세상을 하느님이 필요 없는 자율적인 존재로 여기는 것이다.

두 번째로, 생태 위기는 우리 동료 인간에 대한 죄이다. 생태 위기는 인간 동료애의 진정한 유대를 깨뜨린다. 이런 점에서 토지, 물, 대기를 오염시키고 동료 이웃의 건강을 위협하는 것은 분명히 죄악이다! 인위적인 기후 변화의 경우, 특히 부유한 국가가 다른 가난하고 취약한 지역사회에 직접적인 영향을 미치는 온실가스를 과도하게 배출하는 것은 분명히 죄이다! 이미 불안정한 세계 식량 안보 상황을 악화시키거나, 가난한 지역사회의 보건 안보를 위태롭게 하거나, 강제 대량 이주를 유발하는 기후 변화를 일으키는 것은 분명히 죄악이다!

---

13 Dave Bookless, *Planet Wise: Dare to Care for God's World* (Nottingham: Inter-Varsity Press, 2008), 36.

생태 위기는 무엇보다도 우리가 인류 공동체의 성체성사의 소명을 어떻게 저버렸는지를 드러낸다. 성체성사의 소명이란 곧 주님의 식탁에서 떼어 나누어 먹는 하나의 빵처럼 코이노니아의 정신으로 공동체의 모든 구성원과 창조의 선물을 나누어야 하는 것이다. 지구가 가진 생명에 필수적인 자원의 불평등한 분배와 소비, 그리고 매일 밤 7명 중 1명이 굶주린 채 잠자리에 드는 비극적인 현실은 인류 공동체의 성체성사에 반하는 중대한 도덕적 죄이다. 자연환경은 공동의 선이며, 정당한 몫보다 더 많이 차지하는 것은 분명히 죄이다. 프란치스코 교황은 「찬미받으소서」에서 뉴질랜드 가톨릭 주교회의의 성명 내용을 적절하게 인용한다.

> 자연환경은 모든 인류의 유산이며 모든 사람이 책임져야 하는 공공재입니다. 그 가운데 어떤 것을 사유화해도, 모든 이의 이익을 위하여 관리해야 하는 것입니다. 그렇게 하지 않는다면 우리는 다른 이들의 생존을 부인하며 우리의 양심을 거스르게 됩니다. 이러한 까닭에 뉴질랜드 주교들이, "세계 인구의 20퍼센트가 가난한 나라와 미래 세대의 사람들에게서 그들의 생존에 필요한 것을 훔치면서까지 자원을 소비하고 있을"[14] 때, "사람을 죽이지 마라."라는 계명은 어떤 의미인지 묻고 있는 것입니다.(95)

현대의 생태 위기는 우리가 미래 세대에게 오염된 땅, 물, 대기와 함께 재생 가능한 천연자원을 완전히 지속 불가능한 속도로 소비하여 자원이 부족한 지구, 빠르게 악화되는 기후를 물려주어 그

---

14 뉴질랜드 가톨릭 주교회의, '환경 문제에 관한 성명'(*Statement on Environmental Issues*), 2006.9.1.

들에게 어떻게 죄를 짓고 있는지를 보여 준다. 프란치스코 교황은 "공동선의 개념은 또한 미래 세대도 관련"(159)된다고 상기시킨다. 또한 교황은 "이윤 극대화에만 집착하는 이들이 미래 세대에게 남겨 줄 환경의 영향에 대하여 차근차근 생각하기 바라는 것이 과연 현실적이겠습니까?"(190)라고 묻는다.

세 번째로, 생태적 죄는 신학적 관점에서 볼 때 창조 세계 자체에 대한 범죄이다. 인간이 우리의 집인 지구를 황폐화시키는 것은 나머지 피조물을 돌보고, 지상 정원을 '가꾸고' '돌보라'는 하느님의 명령에 불순종하는 것이기 때문에 죄이다(창세 2,15 참조). 프란치스코 교황은 「찬미받으소서」에서 이와 관련하여 동방 정교회 바르톨로메오 1세 총대주교의 예리한 가르침을 상기한다. "인간이 하느님 피조물의 생물 다양성을 파괴하고 기후 변화를 일으켜 … 자연 삼림과 습지를 파괴하며, 지구의 물, 흙, 공기, 생명을 오염시키는 것은 모두 죄가 됩니다"[15](8).

교황은 우리에게 자연의 법칙과 피조물 사이에 존재하는 관계를 존중해야 할 의무가 있음을 상기시킨다.

> 하느님께 속한 땅에 대한 책임은, 지성을 지닌 인간이 자연법과 이 세상의 피조물들 사이에 존재하는 정교한 균형을 존중해야 한다는 것을 의미합니다. 그 이유는 "그분께서 명령하시자 저들이

---

15 바르톨로메오 1세 총대주교, 미국 캘리포니아주 산타 바바라시에서 한 연설, 1997.11.8.; 크리세브지스(Chryssavgis), 『하늘에서와 같이 땅에서도: 바르톨로메오 총대주교의 생태적 시각과 계획』(*On Earth as in Heaven: Ecological Vision and Initiatives of Ecumenical Patriarch Bartholomew*), 뉴욕 브롱크스, 2012 참조.

창조되었고 그분께서 저들을 세세에 영원히 세워 놓으시고 법칙을 주시니 아무도 벗어나지 않았기"(시편 148,5-6) 때문입니다. 성경의 율법은 다른 사람과의 관계뿐만 아니라 다른 생명체와의 관계를 위한 다양한 규범을 인간에게 차근차근 제시하고 있습니다. "너희는 너희 동족의 나귀나 소가 길에 넘어져 있는 것을 보거든, 그것들을 모르는 체하지 말고 반드시 너희 동족을 거들어 일으켜 주어야 한다. … 어미 새가 어린 새나 알을 품고 있거든, 새끼들과 함께 어미 새까지 잡아서는 안 된다"(신명 22,4.6). 이와 같은 이유로, 이렛날에 쉰다는 것은 인간이 쉰다는 것뿐만 아니라 우리의 "소와 나귀도 쉰다."(탈출 23,12 참조)는 것도 의미합니다.(68)

오염과 무분별한 소비에서 생물 다양성 상실과 기후 변화에 이르기까지 생태 위기의 다양한 현상은 모두 하느님의 창조 세계에 대한 인류의 죄악이 드러난 것이다.

3. 인간의 죄가 자연 세계에 미치는 영향

신학적인 관점에서 볼 때 인간의 죄와 물리적 세계의 상태 사이에는 중요한 연관성이 있다.[16] 죄는 말 그대로 땅을 더럽힌다. 인류의 신앙 전통, 특히 성경적 전통에서 땅은 주민들의 도덕적 삶의 영적 지표 역할을 한다.

「찬미받으소서」에서 프란치스코 교황은 인류와 하느님과의 관계가 깨어짐으로써 "땅을 '지배'(창세 1,28)하는 우리의 임무, 곧 '그곳을 일구고 돌보는'(창세 2,15) 임무를 왜곡하게 되었습니다. 그 결과 인간과 자연이 맺은 본디의 조화로운 관계가 충돌하게 되었습

---

16 Kureetahdam, *Creation in Crisis*, 351-358.

니다(창세 3,17-19 참조)."(66)라고 지적한다. 이와 관련하여 요한 바오로 2세 교황과 바르톨로메오 1세 총대주교가 2002년 공동 선언문에 쓴 내용을 기억할 수 있을 것이다. "역사가 시작될 때, 남자와 여자는 하느님께 불순종하고 창조를 위한 그분의 계획을 거부함으로써 죄를 지었습니다. 이 첫 번째 죄의 결과 중 하나는 창조의 본래 조화가 파괴된 것입니다."[17] 원죄로 인한 부조화는 창조 세계 전체에 어두운 그림자를 드리우고 있다. 요한 바오로 2세 교황은 1990년 메시지에서 이렇게 말한다.

> 하느님을 닮은 모습으로 창조된 아담과 하와는 온 땅을 지혜와 사랑으로써 지배할 수 있게 된 것입니다(창세 1,28). 그러나 그와 반대로 인간은 창조주의 계획을 자의로 거슬러, 즉 죄악을 선택함으로써 기존의 조화를 파괴하였습니다. 이것은 자기 자신으로부터의 인간 소외, 죽음과 형제 살해로 귀결되었을 뿐만 아니라 인간에 대한 땅의 '반란'을 일으켰습니다.(창세 3,17-19; 4,12 참조)[18]

프란치스코 교황은 「찬미받으소서」에서 인간에 대한 죄가 땅과 창조 세계 전체에 부정적인 영향을 미칠 수 있음을 상기시킨다. 창세기 4장에 나오는 카인과 아벨의 이야기에서 비극적으로 예시된 것처럼 형제 살해는 생태 학살로 이어질 수 있다고 생태적 해석을 제시했다.

> 카인과 아벨의 이야기에서 우리는 시기심에 불탄 카인이 어떻

---

17 Pope John Paul II and Ecumenical Patriarch Bartholomew I, "Common Declaration on the Environment" (June 10, 2002).
18 요한 바오로 2세, 1990년 세계 평화의 날 담화, 3항.

게 자기 아우를 상대로 극단적인 불의를 저지르는지를 보게 됩니다. 그 불의는 결국 카인과 하느님의 관계, 그리고 카인과 그가 쫓겨난 땅의 관계를 망쳐 버립니다. 이는 하느님과 카인의 극적인 대화에서 분명하게 찾아볼 수 있습니다. 하느님께서 물으셨습니다. "네 아우 아벨은 어디에 있느냐?" 카인이 모른다고 대답하자, 하느님께서는 추궁하며 말씀하십니다. "네가 무슨 짓을 저질렀느냐? 들어 보아라. 네 아우의 피가 땅바닥에서 나에게 울부짖고 있다. 이제 너는 저주를 받아, … 땅에서 쫓겨날 것이다"(창세 4,9-11). 내가 책임지고 돌보고 보호해야 할 내 이웃과 바른 관계를 이루어 유지해야 하는 의무를 저버리면, 나 자신, 다른 이, 하느님, 지구와 각각 맺은 관계를 망쳐 버리게 됩니다.(70)

모든 죄가 그렇듯이 카인이 그의 동생에 대해 분노하는 것은 하느님에 대한 반역이기도 하다. 카인은 하느님의 지존함과 동생과의 공존을 모두 받아들이기 거부한다. 아담이 불순종으로 동산을 지키기를 거부한 것처럼, 카인도 동생을 지키는 사람이 되기를 거부한다. 그는 동생을 지켜보고, 보호하고, 돌보는 긍정적인 관계를 거부한다. 사실 "여기서 사용된 지킴이라는 히브리어 단어는 원래 동산과 관련하여 아담이 수행한 일을 묘사했던 것과 정확히 같다. 즉 돌보는 것, 섬기는 것 다음으로 중요한 보존하는 일을 묘사한 단어와 정확히 일치한다"[19]. 바로 이어지는 구절에서 읽을 수 있듯이 이 형제 살해는 이 땅에 직접적인 영향을 미친다. 덤불과 들풀이 자랄 곳(창세 2,5 참조), 인류에게 "일구고 돌보"(창세 2,15)라고 맡겨진

---

19 Brigitte Kahl, "Fratricide and Ecocide: Rereading Genesis 2-4," in *Earth Habitat: Eco-Injustice and the Church's Response*, ed. Dieter Hessel and Larry Rasmussen (Minneapolis: Fortress Press, 2001), 62.

동산과 땅은 이제 창조주께 부르짖는 아벨의 무고한 피로 흠뻑 젖어 있다. 죄의 결과로 땅은 불모지가 되었다. "주 하느님께서는 보기에 탐스럽고 먹기에 좋은 온갖 나무를 흙에서 자라게"(창세 2,9) 하신 하느님의 원래의 축복이 가득했던 땅은 이제 죄인과 함께 저주를 받아 자연의 비옥함을 잃었다.

성경에는 인간의 죄가 창조 세계에 끼친 영향을 보여 주는 여러 사례가 있으며, 종종 땅의 타락에 대한 생생한 묘사가 포함되어 있다. 특히 사회적 불의의 형태로 나타나는 인류의 죄는 다른 모든 형태의 생명체에 직접적이고 끔찍한 결과를 초래한다. 프란치스코 교황은 노아와 대홍수에 대한 성경의 이야기를 통해 이 진리를 다시 한번 강조한다.

> 이러한 모든 관계를 소홀히 하면, 정의가 이 땅에 존재하지 않게 되면, 삶 자체가 위험에 빠지게 된다고 성경이 우리에게 말해 줍니다. 이는 정의와 평화의 조건을 계속 충족시키지 못하는 인류를 하느님께서 쓸어버리시겠다고 경고하시는 노아의 이야기에 나타납니다. "나는 모든 살덩어리들을 멸망시키기로 결정하였다. 그들로 말미암아 세상이 폭력으로 가득 찼다"(창세 6,13). 상징으로 가득 찬 이러한 오래된 이야기들은 이미 오늘날 우리가 공유하는 확신을 증언하고 있습니다. 곧 모든 것은 서로 관계를 맺고, 우리 자신의 삶과 자연과 맺은 관계를 올바로 돌보는 것은 형제애, 정의, 다른 이에 대한 충실함과 떼어 놓을 수 없는 것입니다.(70)

프란치스코 교황에 따르면, 노아 이야기는 인간의 죄 때문에 창조 세계가 더럽혀지면 나머지 창조 세계에 어떤 영향을 미치는지, 죄 없는 동물들까지 죄지은 인간에게 가해진 벌에 휘말린다는 사실을 전형적으로 보여 준다. 대홍수로 인해 노아와 그의 가족, 그리고 방주에서 피난처를 찾은 생물을 제외한 지구상의 모든 생명체가 전멸한 것에서 알 수 있듯이, 땅과 생명체에 대한 저주는 그림자가 빛을 따라다니는 것처럼 인간의 죄와 밀접하게 연관되어 있다. 하느님의 원래 계획에 따라 생물이 우글거리고 번성하도록 부름받은 바로 그 물(창세 1,20-22 참조)이 지구에 죄가 만연함에 따라 결국 죽음과 입맞춤하게 되었다. "그러자 땅에서 움직이는 모든 살덩어리들, 새와 집짐승과 들짐승과 땅에서 우글거리는 모든 것, 그리고 사람들이 모두 숨지고 말았다. 마른땅 위에 살면서 코에 생명의 숨이 붙어 있는 것들은 모두 죽었다"(창세 7,21-22).

인위적(인간에 의한) 성격이 뚜렷한 현대의 생태 위기는 인간의 죄가 나머지 피조물에 어떤 구체적인 영향을 미치는지 보여 준다. 생태 문제는 궁극적으로 죄의 문제이다. 오늘날 우리가 세상에서 보고 있는 것은 이 진리의 충분한 증거이다. "우리는 면죄부를 가지고 불순종할 수 없다. 하느님의 창조물에 대해 우리가 반역을 밀어붙일 수 있는 데는 한계가 있다. 너무 많이 남용하면 땅은 농작물 생산을 거부할 것이다. 바다에서는 물고기가 더 이상 나오지 않을 것이다. 우물은 말라버릴 것이다. 규율이 중요하다. 죄에는 결과가 따른다."[20] 프란치스코 교황은 회칙에서 "환경 파괴와 인간적 윤리적 타락이 밀접하게 연결되어"(56) 있다고 지적한다.

사도 바오로는 로마인들에게 보낸 편지에서 "죄가 주는 품삯은

---

20 Edward Brown, *Our Father's World: Mobilizing the Church to Care for Creation* (South Hardley, MA: Doorlight Publication, 2006), 59.

죽음"(로마 6,23)이라고 썼다. 이 진리는 현대의 생태 위기에서 분명하게 드러난다. 우리의 지속적인 죄와 끊이지 않는 죄의 행동이 이 땅의 치유를 막고 있다. 이제 우리는 다시 한번 회개하고 창조주와 다른 피조물과 화해해야 할 때이다.

4. 생태적 죄에 대한 응답 : 회개와 화해

창조주, 동료 인간, 그리고 나머지 피조물과 유대의 관계가 끊어진 생태적 죄에 대해서 우리가 유일하게 할 수 있는 의미 있는 응답은 회개와 화해이다. 프란치스코 교황은 「찬미받으소서」에서 회개의 필요성에 대해 바르톨로메오 총대주교의 말을 인용한다. "바르톨로메오 총대주교께서는 특히 우리 모두가 각자의 방식으로 지구를 해친 것을 회개할 필요를 언급하셨습니다. '우리 모두가 작은 생태적 피해를 일으키면' 우리가 '크든 작든 피조물의 변형과 파괴를 야기한다는' 사실을 인식하도록 요청받기 때문입니다"[21](8).

현대 생태 위기의 근본 원인은 인간의 죄와 인간의 이기심 때문이므로, 우리에게 가장 먼저 필요한 것은 깊은 회개 또는 **메타노이아**이다. 이와 관련하여 바르톨로메오 1세 총대주교의 말을 인용한다.

> 환경적 죄의 근본 원인은 우리의 자기중심주의와 비판적 평가 없이 물려받아 받아들인 잘못된 가치관에 있습니다. 우리는 우리 자신, 세상, 그리고 하느님과의 관계에 대해 새로운 사고방식을 가져야 합니다. 이러한 혁명적인 '마음의 변화'가 없다면, 아무리 좋은 의도를 가지고 있는 보존 프로젝트도 궁극적으로는 효과가

---

21 바르톨로메오 1세 총대주교, 피조물 보호를 위한 기도의 날 담화, 2012.9.1.

없을 것입니다. 우리는 그 원인이 아닌 증상만을 다루게 될 것이기 때문입니다. 강연과 국제회의는 우리의 양심을 일깨우는 데 도움이 될 수 있지만, 진정으로 다시 요구되는 것은 눈물의 세례입니다."[22]

프란치스코 교황은 「찬미받으소서」에서 나머지 피조물과 맺는 화해에 대해 말한다. 이는 창조 세계에 대해 저지른 우리의 죄를 회개한 후에 뒤따라야 하는 일종의 보편적 화해이다. 인간이 창조주 및 나머지 피조물과 맺는 근본적인 관계가 깨어지는 것이 생태적 죄라면, 오늘날 우리에게 필요한 것은 바로 그러한 파열을 치유하는 것이다. "아시시의 프란치스코 성인이 모든 피조물과 체험한 그 조화가 이러한 불화의 치유로 여겨진 것은 의미가 있습니다"(66). 이러한 치유는 진정한 화해로 이어질 수 있으며, 나아가 우리 본래의 순수함을 회복하고 다른 피조물과의 조화를 이룰 수 있다. 그는 이 길의 모델로 아시시의 프란치스코 성인을 제시한다. "보나벤투라 성인은 프란치스코 성인이 모든 피조물과 맺은 보편적 화해를 통하여 어느 모로 본디의 순수 상태로 돌아가려 하였다고 주장하였습니다"[23](66).

우리 공동의 집의 위기 상태에 대한 진정한 회개는 안식처가 되어 준 지구에 우리 각자가 끼친 해악에 대해 어느 정도까지 책임을 인정하는가로 측정할 수 있다. 성서학자 니콜라스 킹은 "내가 이

---

22 Ecumenical Patriarch Bartholomew I, "Closing Address during the Concluding Ceremony for the Fourth International and Interreligious Symposium on the Adriatic Sea, June 10, 2002," in *Cosmic Grace, Humble Prayer*, ed. Chryssavgis, 276.
23 보나벤투라, '프란치스코 성인의 주요 전설', VIII, 1, *FF* 1134 참조.

문제의 일부임을 인식하는 것은 성경의 맥락에서 매우 본능적이다. 예를 들어 사무엘기 하권 11장과 12장에서 다윗이 밧세바와 간음하고 그녀의 남편을 살해한 후 깨달을 수밖에 없었던 것과 같다."고 언급한다.[24] 「찬미받으소서」에서 프란치스코 교황은 우리 각자가 지구의 상태에 대한 책임의 진실을 보도록 초대하며 "우리가 피조물에게 저지른 죄를 인정할 것을 촉구"한다(8). 이러한 깊고 개인적인 회개만으로도 생태적 회개로 이어질 수 있으며, 이에 대해서는 본 해설서의 제3부에서 공동의 집의 위기에 대한 대응이라는 맥락에서 다루게 될 것이다.

---

24 Nicholas King, "*Laudato Si*': A Biblical Angle," *The Way* 54 (2015), 28.

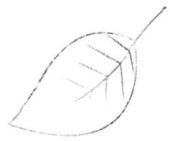

녹색 계명 V
인간이 초래한
생태 위기의 근원들을 인정하라

프란치스코 교황은 「찬미받으소서」에서 인류가 처한 지구의 곤경을 깊이 있게 분석한다.¹ 우리 공동의 집이 처한 위기를 판단하는 과정에서 필수적으로 중요한 것은 근원에 있는 원인을 찾는 것이다. 프란치스코 교황은 회칙의 세 번째 장 첫머리에서 "인간이 초래한 생태 위기의 근원들을 인식하지 않고서 그 증상들을 설명하는 것은 전혀 도움이 되지 않을 것"(101)이라고 말한다. 사실, 우리가 일으킨 문제에 대해 책임을 지는 것은 그 문제를 해결하기 위한 첫 번째 단계이다. 따라서 프란치스코 교황은 회칙을 통해 공동의 집의 위태로운 상태에 대한 책임을 인정하라고 촉구한다. 교황은 회칙의 한 장 전체를 "인간이 초래한 생태 위기의 근원들"에 할애하고 있다. 회칙의 후반부에서 행동 지침, 정책 권고, 영적 권고를 자세히 설명하기 전에 문제들의 근본적인 뿌리에 대해 더 철저한 '진단'을 내리고자 하는 것이다.

---

1 Mike Hulme, "Finding the Message of the Pope's Encyclical", *Environment: Science and Policy for Sustainable Development* 57/6 (2015), 16.

다섯 번째 녹색 계명은 「찬미받으소서」에 제시된 것처럼 우리 공동의 집을 파괴하는 더 깊은 인간의 근원에 관한 것이다. 먼저 현대 생태 위기의 인위적(anthropogenic) 특성, 즉 위기가 인간 활동에 의해 야기되었다는 인식에 대해 살펴보며 시작한다. 그런 다음 자연 세계를 지배하고 착취하려는 기술 지배 패러다임에서 생태 위기의 인간적 근원을 추적할 것이다. 그러나 교황이 매우 직관적으로 지적했듯이 이러한 패러다임의 이면에는 생태 위기의 더 깊은 개념적 근본 원인이 숨어 있다. 프란치스코 교황의 지적에 따라, 자연계에 대한 인류의 억압적 지배를 초래한 현대 인간 중심주의와 현대 경제의 핵심 가정인 자연을 자원의 저장고인 불활성 물질로 간주하는 기계론적 자연관, 이 두 가지를 살펴볼 것이다. 마지막으로, 인류가 공동의 집을 돌보기 위해서는 문화적, 개념적 패러다임의 근본적 전환이 필요하다는 성찰로 마무리하겠다.

1. '인간'이 초래한 위기의 근원

현대 생태 위기의 가장 눈에 띄는 특징은 인류에 의해 발생한 요소가 두드러진다는 점이다. '인류에 의해 발생한'(anthropogenic)이라는 단어는 과학 용어로 점점 더 많이 사용되어 공동의 집의 위태로운 상태가 인간에 의해 야기되었다는 것을 강조한다. 프란치스코 교황이 「찬미받으소서」에서 말했듯이, 생태 위기가 인류에 의해 발생했다는 점 때문에 우리는 생태 위기의 더 깊은 원인을 찾으려 하는 것이다.

역설적이게도 현대 생태 위기의 인위적 특성, 즉 인간 활동으로 인해 발생한다는 사실은 압도적인 과학적 증거에도 불구하고 일부 사람들에 의해 계속 부정되고 있다. 특히 인간에 의한 기후 변화에 회의적인 시각을 가진 사람들에게서 이러한 현상이 두드러진다. 반면에 우리 공동의 집의 위기를 부정하지는 않지만 대체로 무관심한 사람들도 있다. 프란치스코 교황은 이 두 가지 입장이 모두 무책임하다고 생각한다. "신자들 가운데에서조차도 해결책을 찾는 데 방해가 되는 태도가 다양하게 나타납니다. 여기에는 문제 자체의 부인과 무관심, 냉정한 체념이나 기술적 해결에 대한 맹목적 확신이 있습니다"(14). 무책임한 부정과 무관심한 태도는 위기 상황에서 그야말로 자기 파괴적이다.

프란치스코 교황은 「찬미받으소서」에서 현대 생태 위기의 다양한 징후가 실제로 인간에 의해 초래되었다는 사실을 인정하는 데에 많은 노력을 기울인다. 예를 들어, 기후 변화와 관련하여 "많은 과학적 연구는 최근 수십 년간의 지구 온난화가, 대부분 인간 활동의 결과로 배출되는 온실가스, 곧 이산화탄소, 메탄, 산화질소와 같은 화학 물질들의 농도가 매우 짙어졌기 때문에 주로 발생하게 되었다는 사실을 보여 줍니다."(23)라고 말한다. 교황 권고 「하느님을 찬미하여라」에서는 "기후 변화의 인간적 – '인류적' – 근원에는 더 이상 의심의 여지가 없습니다."라고 선언한다.[2]

프란치스코 교황은 이와 관련하여 확실한 과학적 근거를 가지고 있다. 오늘날 과학계에서는 기후 변화에 미치는 인위적 영향에

---

2 「하느님을 찬미하여라」, 11항.

대해 거의 만장일치로 합의가 이루어지고 있다.[3] 현재의 생태 위기에 대한 인간의 책임은 생물종의 대량 멸종 문제에서도 똑같이 분명하게 드러난다. 프란치스코 교황은 「찬미받으소서」에서 생물 다양성 손실이 인간에 의한 것이라는 과학적 합의를 다시 한번 강조한다. "해마다 수천 종의 동물과 식물이 사라지고 있습니다. … 인간 활동과 관련된 이유로 매우 많은 생물종들이 사라졌습니다"(33).

인간에 의한 지구의 기후, 대지, 해양, 생물권의 변화는 이제 매우 심각하고 빠르기 때문에 인간의 활동에 따라 정의되는 새로운 지질 시대를 이야기할 때가 되었다.[4] 최근 인간 활동으로 인한 지구의 극적인 변화로 인해 많은 과학자들은 지구가 이제 새로운 지질 시대로 강제적으로 진입되고 있다고 주장하고 있다. 인간과 나머지 자연계의 관계에서 이러한 양적 변화를 증명하기 위해 제안된 용어가 바로 인류세, 즉 인류의 시대[5]이다. 이 용어는 노벨상 수상자이자 교황청 과학 아카데미의 오랜 회원으로 교황에게 과학적 문제에 대한 자문을 제공하는 저명한 폴 크루첸이 10여 년 전에 제

---

3 John Cook et al., "Quantifying the Consensus on Anthropogenic Global Warming in the Scientific Literature," *Environmental Research Letters* 8 (2013), 024024; Naomi Oreskes, "Beyond the Ivory Tower: The Scientific Consensus on Climate Change," *Science* 306 (2004), 1686; National Academy of Sciences Committee on the Science of Climate Change, *Climate Change Science: An Analysis of Some Key Questions* (Washington, DC: National Academy Press, 2001), 3 참조.
4 Jan Zalasiewicz et al., "The Anthropocene: A New Epoch of Geological Time?," *Philosophical Transactions of the Royal Society A* 369 (2011), 835–841.
5 이 단어는 '인간'을 뜻하는 어근 'anthropo'와 지질학적 시간의 '시대'를 나타내는 표준 접미사 '-cene'이 결합된 단어이다. 인류세는 약 1만 년 전(기원전 8,000년경) 마지막 빙하기가 끝나면서 시작된 현재의 시대인 홀로세 이후 또는 그 안의 새로운 시대로 구분 짓는다.

안한 용어이다.[6] '2012 압박당하는 지구 회의'(2012 Planet Under Pressure Conference)에서 언급한 것처럼, 오늘날 "인간은 지구의 생물학적, 화학적, 물리적 과정을 크게 변화시키며 지구 차원의 변화를 주도하는 주요 동인이 되었다."[7]

린 화이트가 1967년에 이미 그의 획기적인 글에서 지적했듯이 "인간 이외의 어떤 생물도 그렇게 짧은 시간에 자신의 보금자리를 더럽힌 적이 없다."[8]

현대 생태 위기의 인위적인 원인에서 알 수 있듯이, 우리 인간은 지구라는 공동의 집을 무너뜨리고 있다. 왜 우리는 우리를 보호하는 보금자리를 더럽히고 있을까? 프란치스코 교황이 회칙 「찬미받으소서」에서 밝힌 바와 같이, 우리는 현대 생태 위기의 더 깊은 근본적인 뿌리를 파헤쳐야 한다. 이제 우리는 이 과제로 넘어간다.

2. 기술 지배 패러다임에서 생태 위기의 근원

「찬미받으소서」의 독창적인 점은 우리 공동의 집의 파괴를 초래한 더 깊은 인간적 뿌리를 분석하려고 시도한다는 점이다. 프란치스코 교황은 이미 서문에서 "현재 상황의 뿌리를 찾아 그 증상만이 아니라 그 가장 깊은 원인도 성찰해 볼 것"(15)이라고 밝혔다.

---

6 P. J. Crutzen – E. F. Stoermer, "The Anthropocene," *Global Change Newsletter* 41 (2000), 17-18; P. J. Crutzen, "Geology of Mankind: the Anthropocene," *Nature* 415 (2002), 23 참조. 인류세 개념의 선구자에 대해서는 Will Steffen et al., "The Anthropocene: Conceptual and Historical Perspectives," *Philosophical Transactions of the Royal Society* A 369 (2011), 843-845 를 참조할 것.
7 International Conference Planet Under Pressure, *Rio+20 Policy Brief* (London, 26-29 March 2012), 1.
8 Lynn White, "The Historic Roots of Our Ecologic Crisis," *Science* 155 (1967), 1204.

생태 위기의 복합성을 고려할 때 우리 공동의 집 위기의 기저에 깔린 인간적 원인은 다양하다(63). 그러나 프란치스코 교황은 이러한 위기가 궁극적으로 사고방식, 세계관, 자연을 인식하고 자연과 관계를 맺는 특정한 방식과 관련이 있다는 점을 예리하게 지적한다. 교황은 이를 "기술 지배 패러다임"이라고 부른다.

> 인간의 삶과 활동을 이해하는 특정한 방식이 왜곡되어 현실을 파괴하는 지경에 이를 정도로 빗나가게 되었습니다. 이것에 대하여 차근차근 성찰해 보아야 하지 않겠습니까? 그래서 저는 강력한 기술 지배 패러다임과 이 세상에서 인간과 인간 행동이 차지하는 자리에 초점을 맞출 것을 제안합니다.(101)

프란치스코 교황은 "인류는 자신의 기술력 때문에 갈림길을 마주하게 된 새로운 시대에 접어들었습니다."(102)라고 말한다. 교황은 "기술 과학이 … 유용한 가전제품부터 대형 운송 수단, 교량, 건물, 공공장소에 이르기까지 인간 삶의 질을 증진하는 데에 매우 소중한 수단을 생산"(103)할 수 있다고 언급한다. "이러한 발전을 기뻐하고 우리 앞에 계속 펼쳐지는 엄청난 가능성에 흥분하는 것은 당연합니다"(102). 프란치스코 교황은 요한 바오로 2세 교황의 말을 인용하며 "과학과 기술은 하느님께서 주신 인간 창의력의 놀라운 산물""[9](102)임을 상기한다. 교황은 "유용한 목적을 위하여 자연을 변화시키는 것은 인류가 그 시초부터 지녀 온 특징"이라고 언급하면서, 베네딕토 16세 교황의 말을 인용하여 기술 자체는 "인간

---

9 요한 바오로 2세, 국제 연합 대학교의 과학자들과 대표들에게 한 연설, 히로시마, 1981.2.25., 3항: *AAS* 73 (1981), 422면.

이 점차 물질적 한계를 넘어서도록 촉구하는 내적 긴장을 나타냅니다."[10]라고 말한다(102).

프란치스코 교황은 기술이 우리에게 "인류 전체와 온 세상을 강력하게 지배할 수 있게"(104) 해 주었다는 점을 잘 알고 있다. 교황은 기술이 인간의 손에 쥐어 준 무제한적이고 전례 없는 힘에 대해 제대로 우려하고 있으며, 과거에 기술이 남용된 사례들을 언급한다.

> 우리는 핵에너지, 생명 공학, 컴퓨터 공학, 그리고 우리 자신의 유전 정보에 대한 지식과 더불어 우리가 이룩한 많은 다른 능력들이 우리에게 엄청난 힘을 가져다준 것도 인정해야 합니다. … 일찍이 인류가 이 정도의 힘을 지닌 적이 없었습니다. 특히 현재 그러한 힘이 쓰이는 용도를 살펴보면 그 무엇도 그러한 힘이 지혜롭게 사용되리라는 것을 보장하지 않습니다. 20세기 중반에 투하된 핵폭탄과 더불어 나치즘, 공산주의, 여러 전체주의 정권들이 수백만의 사람을 살상하려고 개발한 엄청난 기술의 동원을 생각해 보기만 하면 됩니다. 현대전에 동원되는 더 치명적인 무기는 말할 것도 없습니다. 그토록 엄청난 힘이 누구의 손에 있고 결국 이 힘이 어떤 결과를 불러오겠습니까? 소수의 사람들이 이 힘을 차지하는 것은 매우 위험합니다.(104)

프란치스코 교황은 자신이 가장 좋아하는 지성인 중 한 명인 로마노 과르디니의 발자취를 따라 현대 기술에 대한 매우 비판적인 견해를 제시한다. 교황은 "힘이 늘수록 '진보'가 이루어지고, '안전,

---

10 베네딕토 16세, 회칙 「진리 안의 사랑」(Caritas in Veritate), 2009.6.29., 한국천주교중앙협의회, 2013(제1판 4쇄), 69항, *AAS* 101(2009).

유용성, 복지, 활력, 가치 충만의 증가"[11]가 이루어진다고 믿는 경향이 있습니다. 이는 마치 실재와 선과 진리가 이러한 기술과 경제의 힘에서 저절로 생겨난다고 여기는 것과"(105) 같다고 비판한다. 교황은 "현대인들은 힘을 올바로 사용하는 교육을 받지"[12] 못했다는 과르디니의 지적에 동의한다. 교황에 따르면, 그 이유는 "이 엄청난 기술 발전에 인간의 책임과 가치관과 양심의 발전이 함께하지 못하였기 때문"이며, "인간이 그 힘을 올바르게 사용하지 못할 위험이 지속적으로 증가"[13]하고 있다(105).

문제는 인간사를 완전히 지배하게 된 기술 지배 패러다임의 세계화이다. 이제 기술은 인간과 자연을 모두 통제하고 '지배'하고 있다. 교황은 다시 한번 과르디니로부터 영감을 받아 글을 썼다.

> 기술 지배 패러다임이 매우 강력해져서 이를 수단으로 하지 않고 사는 것이 어려워졌고, 그 논리에 지배되지 않으면서 그것을 활용하는 것은 더욱 어려워졌습니다. 기술과 그에 드는 비용, 세계화하고 획일화하는 그 힘에서 부분적으로나마 벗어나는 것을 목적으로 한 생활 양식의 선택은 반문화적인 것이 되어 버렸습니다. 사실 기술은 모든 것을 그 엄격한 논리에서 벗어나지 못하게 하려는 경향이 있습니다. 기술을 지닌 이들은 "기술이 궁극적으로 인간의 이익과 행복을 향하여 나가는 것이 아니라는 사실을 잘 알고 있습니다. 극단적으로 말하자면 기술의 동기인 권력

---

11 로마노 과르디니(Romano Guardini), 『근대의 종말』(*Das Ende der Neuzeit*), 제9판. 뷔르츠부르크, 1965, 87.
12 윗글.
13 윗글, 87-88.

이 모든 것에 대한 지배권이라는 사실을 잘 알고 있습니다."[14] 그 결과 "인간은 자연과 인간 본성의 본래 요소들을 모두 움켜쥡니다."[15] 그래서 개인의 결단력, 온전한 자유, 고유한 창조성을 위한 자리가 줄어들게 됩니다.(108)

프란치스코 교황은 회칙에서 현대 기술 지배 패러다임이 사회, 경제, 윤리 등 인간 삶의 광범위한 영역을 지배하는 경향에 대해 언급한다. 교황은 사회적 차원에서 "현대 세계의 많은 어려움은, 사람들이 언제나 의식하고 있는 것은 아니지만, 무엇보다도 개인의 삶과 사회의 기능을 좌우하는 인식의 패러다임에 따라 과학과 기술의 방법론과 목적을 설정하려는 경향에서 비롯"(107)된다. "기술의 산물이 가치 중립적이지 않다는 사실을 인정해야 … 기술의 산물은 결국 특정 권력 집단의 이해관계에 따라 생활 양식을 좌우하고 사회적 기회들을 조성하는 틀을 만들기 때문"(107)이라고 말하며, 기술 지배 패러다임은 결국 "우리가 어떤 사회를 건설하려고 하는지와 관련된 결정"(107)이라고 언급한다. 기술 지배 패러다임은 그 영향력을 경제 분야로까지 확장한다. "경제는 이윤을 목적으로 모든 기술 발전을 받아들이며 인간에게 미치는 잠재적 악영향에 관심을 기울이지 않습니다. 금융은 실물 경제를 질식시켜 버립니다"(109). 따라서 "우리는 '지속되고 있는 비인간적인 박탈 현상과 참을 수 없을 정도로 대비되는 낭비적이고 소비 중심적인 일종의 '초발전'"[16]을 누리고 있습니다. 그 반면에, 가난한 이들이 정기적으

---

14 윗글, 63-64.
15 윗글, 64.
16 「진리 안의 사랑」, 22항.

로 생필품을 받을 수 있게 해 주는 경제 제도와 사회 계획의 개발은 너무 더딥니다."(109)라고 지적한다. 프란치스코 교황은 우리가 "참고할 만한 참다운 윤리적 지평"이 없는 세상에 살고 있다고 슬픔을 토로한다. "삶은 점차 기술의 영향을 받는 상황에 종속됩니다. 기술 자체가 존재의 의미를 해석하는 핵심으로 여겨집니다"(110).

따라서 기술 지배 패러다임은 분명히 지구와 인류 공동체의 위기를 불러온 피고인의 위치에 있다. 그러나 프란치스코 교황은 한 걸음 더 나아가 기술 지배 패러다임의 더 깊은 개념적 뿌리를 찾는다. "우리는 현재 우리가 실패하고 있는 것의 가장 깊은 뿌리를 보지 못합니다. 이는 기술과 경제 성장의 방향, 목적, 의미, 사회적 맥락과 관련됩니다"(109). 오늘날 우리가 살아가는 세계를 운영하는 방식을 "그 엄격한 논리"(108)로 붙잡고 있는 기술 지배 패러다임의 '가장 깊은 뿌리'는 무엇일까? 이제 이것에 주목해 보자.

3. 위기의 더 깊은 근원:
현대 인간 중심주의와 자연 세계에 대한 기계론적 관점

프란치스코 교황에 따르면, 현대 생태 위기의 더 깊은 인간적 근원을 이해하기 위해서는 기술 지배 패러다임의 근본적인 개념의 토대를 이해해야 한다고 한다. "근본적인 문제는 좀 더 심각한 다른 것, 곧 인류가 기술과 그 발전을 획일적이고 일차원적 패러다임에 따라 받아들이는 방식에 있습니다"(106). 이러한 개념적 패러다임을 구성하는 것은 근대 인간 중심주의에서처럼 주체(subject)를 고귀한 지위에 두는 것, 자연 세계를 인간이 사용하고 소비할 수 있는 불활성 물질로 보는 기계론적 개념에서처럼 세계를 한낱 대상

(object)으로 축소하는 것, 그 결과 인간과 자연 세계 사이에 일어나는 갈등적 관계이다. 중요한 것은 이 모든 요소들이 「찬미받으소서」의 다음 단락에 밀도 있게 담겨 있다는 점이다.

> 이러한 패러다임에서는 외부 대상을 논리적 이성적 과정 안에서 점진적으로 인식하여 지배하는 주체라는 개념이 생겨납니다. 그 자체가 이미 소유와 지배와 변형의 기술인 과학적 실험적 방법을 정립하려고 이 주체는 최선의 노력을 다합니다. 이는 마치 이 주체가 완전히 제멋대로 조작할 수 있는 무형의 실재 앞에 있는 것과 같습니다. 인간은 언제나 자연에 개입해 왔습니다. 그러나 오랫동안 이는 사물 자체의 가능성을 존중하며 더불어 존재하는 것이었습니다. 이는 자연이 직접 손을 내밀어 주듯 스스로 허락한 것을 받아들인다는 의미였습니다. 반대로 이제는 만물에 손을 대는 것은 인간입니다. 그러면서 인간은 종종 우리 안에 있는 실재를 무시하거나 망각하면서 만물에서 최대한 모든 것을 뽑아내려고 시도합니다. 그래서 인간과 사물들은 더 이상 서로 다정한 손길을 건네지 못하고 적대적으로 대립하게 되었습니다.(106)

「찬미받으소서」에서 프란치스코 교황은 특히 인간 중심주의에 대해 비판적이다. 교황은 "근대에는 지나친 인간 중심주의가 있어"(116) 왔다고 지적한다. 교황에 따르면 "탈근대 세계에 사는 사람들은 지나친 개인주의에 빠질 위험에 언제나 노출되어"있고 "많은 사회 문제들은 즉각적인 만족을 추구하는 자기중심적인 문화 …"(162)와 관련된다. 교황이 보기에 우리 공동의 집이 처한 비참한 상태는 인류가 자신을 절대적인 실재의 중심으로 삼으려는 경향과 관련이 있다. 창조 세계의 남용은 인간이 자의적으로 자신을 중심에 놓을 때 시작된다. 프란치스코 교황은 베네딕토 16세 교황의 말씀을 인용하여 "'모든 것을 그저 우리의 소유물로 여겨 우리 자신만을 위하여 사용한다면' 피조물이 손상을 입게 되는 것입니다. 그리고 '우리가 우리 자신보다 더 높은 법정이 있다는 것을 더 이상 인식하지 못하고 우리 자신 이외에 아무것도 보지 못한다면 피조물의 착취가 시작됩니다.'"(6)라고 말한다. 교황에 따르면 생태 위기는 그 자체로 인간의 폭압적 지배에 대해 자연이 일으키는 일종의 반란이다.

> 인간이 현실에서 독립된 존재임을 선언하고 절대적 지배자를 자처하면, 인간 삶의 기초 자체가 붕괴됩니다. "인간은 세계에서 하느님의 협조자로서의 역할을 수행하는 대신, 부당하게 하느님의 자리에 자신을 올려놓으며, 이렇게 인간은 자연의 반항을 자극"[18]하기 때문입니다.(117)

인간 중심적 관점에서는 자연과 인간의 관계가 인간의 이익이라는 관점에서만 인식되기 때문에 독재적이고 착취적인 경향이 있다. 근대 인간 중심주의에서 물리적 세계는 인간이 마음대로 처분할 수 있는 존재로 간주되고, 정복과 지배를 향한 인간의 탐색에 어떠한 제한도 가할 수 없는 존재로 여겨진다. 자연에 대한 소유와 지배를 지향하는 사고방식은 필연적으로 자연에 대한 탐욕스럽고 착취적인 태도로 이어진다. 이와 관련하여 프란치스코 교황은 "우

---

17 베네딕토 16세, 볼차노-브레사노네 교구 성직자들에게 한 연설, 2008.8.6., *AAS* 100(2008), 634면.
18 「백주년」, 37항.

리는 지구를 마음대로 약탈할 권리가 부여된 주인과 소유주를 자처하기에 이르렀습니다."(2)라고 지적한다.

프란치스코 교황에 따르면 "그릇된 인간 중심주의는 그릇된 생활 양식을 낳습니다. … 인간이 자신을 중심으로 삼으면 당장의 유익을 가장 우선으로 여기게 되어 나머지 모든 것은 상대적인 것이 됩니다." 상대주의는 "즉각적인 이득을 주지 않는다면 무엇이든 의미가 없다고 여기"(122)게 한다. 교황은 이러한 자기중심적 상대주의는 필연적으로 환경 파괴뿐만 아니라 사회적 부패로 이어진다고 덧붙인다.

> 상대주의 문화는 한 사람이 다른 사람을 이용하고 단순한 대상으로만 취급하여 강제 노동을 시키거나 빚을 명분으로 노예로 부리는 것과 다름없는 질병입니다. 이와 같은 논리로 아동을 성적으로 착취하고 이익에 보탬이 안 되는 노인을 유기하게 되는 것입니다. … 가난한 이들의 장기를 팔거나 실험에 이용하려고 구매하고, 부모의 바람에 어긋난다고 해서 아이를 버리는 것도 이러한 상대적 논리와 같지 않겠습니까? 이와 같은 '쓰고 버리는' 논리가 실제 필요한 것보다 더 많이 소비하려는 무절제한 욕망 때문에 쓰레기를 양산합니다. 그러므로 환경에 해로운 행위를 방지하는 데에 정치적인 조치나 법의 힘만으로 충분하다고 여겨서는 안 됩니다. 문화가 부패하고 객관적 진리와 보편타당한 원칙들이 더 이상 인정되지 않을 때, 법은 자의적으로 부과되는 것이거나 피해야 할 장애물로만 여겨질 수 있기 때문입니다.(123)

교황은 개인을 다른 모든 것보다 우위에 두는 근대 인간 중심주의는 여전히 "공동의 이해와 사회적 결속 강화를 위한 모든 노력을 저해하고"(116) 있다고 지적한다. 교황에 따르면 근대 인간 중심주의는 궁극적으로 잘못된 인간학과 인간과 자연 세계의 관계에 대한 왜곡된 관점에 기초하고 있다. "그리스도교 인간학이 적절하게 제시되지 못한 것이 인간과 세상의 관계에 대한 오해를 낳았습니다."(116) 즉, "프로메테우스처럼 세상을 지배하려는 꿈"이다. 대신 "세상에 대한 우리의 '지배'는 책임 있는 관리라는 의미로 올바르게 이해되어야"[19](116) 한다. "분명히 성경에서는 다른 피조물을 고려하지 않는 자의적인 인간 중심주의가 통하지 않습니다"(68).

프란치스코 교황은 「찬미받으소서」에서 현대의 인간 중심주의가 궁극적으로 인간 자신에게도 해롭다고 경고한다.

> 인간은 이 세상에서 제자리를 되찾지 못하면 자기 자신을 제대로 이해하지 못하고 결국 스스로 모순된 행동을 하고 맙니다. "인간이 그 본래의 선한 목적을 따라 사용하도록 땅이 하느님에 의하여 그에게 주어졌을 뿐 아니라, 인간도 인간 자신에게 하느님에 의하여 주어졌으며, 이러한 이유로 인간은 자신이 타고나는 자연적이고 윤리적인 구조를 존중해야 합니다."[20](115)

진정한 생태학은 "올바른 인간학"(118)을 필요로 한다. 과도한 인간 중심주의에 대한 대응이 심층 생태론과 같은 특정 환경 철학 학파에서 주장한 것처럼 생물 중심주의가 될 수 없다. 생물 중심주의는 자연 세계를 중심에 놓고 인간의 고유성을 완전히 부정함으로써 반대

---

19 아시아 주교회의 연합회, 아시아 주교회의 연합회가 후원하는 세미나의 선언문 '피조물에 대한 사랑. 생태 위기에 대한 아시아의 응답'(*Love for Creation: An Asian Response to the Ecological Crisis*), 타가이타이, 1993.1.31.-2.5., 3.3.2 참조.
20 「백주년」, 38항.

쪽 극단으로 몰고 간다. 교황은 이와 관련하여 다음과 같이 말한다.

> 인간이 새로워지지 않으면 자연과 새로운 관계를 맺을 수 없습니다. … 인간이 단지 여러 존재들 가운데 하나로, 우연이나 물리적인 결정론의 산물로 여겨질 때, "우리의 전반적 책임 의식은 약화될 것"[21]입니다. 그릇된 인간 중심주의가 반드시 '생물 중심주의'에 자리를 내어 줄 필요는 없습니다. 이러한 생물 중심주의는 오늘날 문제들을 해결하지 못하며, 문제들을 가중시키는 또 다른 불균형을 일으키는 것을 의미하기 때문입니다. 인간만이 지닌 고유한 지성, 의지, 자유, 책임의 능력을 인정하지 않고 소중히 여기지 않는다면, 인간이 이 세상을 책임 있게 대할 것을 바랄 수 없습니다.(118)

현대의 인간 중심주의는 현대의 기계론적 자연 세계관과 변증법적으로 연결되어 있다. 인간 중심주의는 인간 주체를 절대적 중심 위치로 끌어올림으로써 주변 자연 세계를 평가절하하고 남용하는 결과를 초래했다. 일단 주체가 현대 인간 중심주의에서처럼 아르키메데스의 중심이 되면 나머지 물리적 실재는 인간이 소비해야 할 거대한 물건이나 원료의 저장고로만 여겨지게 된다. 프란치스코 교황은 요한 바오로 2세가 첫 회칙에서 인간은 자주 "자연환경을 놓고서 즉각적 이용과 소비에 유익한 것 말고는 다른 의미를 발견하지 못하는 듯"[22](5) 보인다고 경고한 말씀을 인용한다.

프란치스코 교황은 과르디니의 말을 인용해 언급한다. 현대의

---

21 베네딕토 16세, 2010년 세계 평화의 날 담화, 2항, 한국천주교중앙협의회, 『가톨릭 교회의 가르침』 41호(2009), AAS 102 (2010), 41면.
22 요한 바오로 2세, 회칙 「인간의 구원자」(Redemptor Hominis), 1979.3.4., 한국천주교중앙협의회, 2001(제1판 1쇄), 15항, AAS 71 (1979), 287면.

기술 합리성은 "자연을 아무런 전제 없이 있는 그대로 물건을 만들려는 자리와 재료로 여기며, 그 결과로 어떤 일이 발생하든 관심이 없습니다"[23](115). 현대의 기계론적 세계관 안에서 개체는 인간이 사용하고 소비하는 단순한 자원으로 간주되며, 존재론적 가치는 효용의 관점에서만 측정된다.

자연을 단순히 자원의 저장고로 보는 현대 기계론적 관점은 현대 및 신자유주의 경제의 근간을 이루고 있다. 교황은 현대 경제에서 "자연을 단지 이윤과 이익의 대상으로만 여긴다면, 이는 사회에도 심각한 결과를 초래합니다."(82)라고 강조한다. 프란치스코 교황은 "경제학자, 금융 전문가, 기술자들은 이에 큰 매력"을 느꼈지만 우리 공동의 집에는 해로운 것이라고 비판한다. 무한 성장이라는 개념은 "지구 자원을 무한히 활용할 수 있다는 거짓을 바탕으로 한 것으로, 지구를 그 한계를 넘어서 최대한 '쥐어짜는' 데에 이르게 됩니다. 이는 '무한한 양의 에너지와 자원을 이용할 수 있고, 그것들을 신속히 재생할 수 있으며, 자연 질서의 착취에서 오는 부정적인 결과는 쉽게 완화될 수 있다.'[24]는 그릇된 개념입니다"(106).

4. 새로운 휴머니즘을 향한 대담한 문화 혁명

「찬미받으소서」에서 프란치스코 교황은 현대 기술 지배 패러다임의 제한된 지평을 넘어 '우리의 시야를 넓히자'고 초대한다. 교황은 "인간의 자유는 기술을 제한하고 그 방향을 바꾸어 기술이 다른

---

23 로마노 과르디니(Romano Guardini), 『근대의 종말』, 63.
24 『간추린 사회 교리』, 462항.

형태의 발전, 곧 좀 더 건전하고 인간적이고 사회적이며 통합적인 발전에 이바지하게 할 수 있습니다."(112)라고 상기시킨다.

프란치스코 교황은 오늘날 "대담한 문화적 혁명을 통하여 앞으로 나아가야 할 절박한 필요성"(114)이 있다고 강조한다. 교황에 따르면 현재의 기술 지배 패러다임이 계속 지배하고 있음에도 불구하고 새로운 인류를 창조하기 위한 이러한 문화 혁명이 이미 일어나고 있다. "새로운 종합을 요청하는 참된 인류애는 마치 닫힌 문 아래 틈 사이로 스며들어 오는 안개처럼 알게 모르게 기술 문명 한 가운데 자리 잡는 듯합니다"(112). 우리 공동의 집이 황폐화되는 궁극적인 뿌리가 결국 인간에게 있다면, 자연 세계와의 조화의 재창조는 새로운 휴머니즘을 통해서만 실현될 수 있다. "인간이 새로워지지 않으면 자연과 새로운 관계를 맺을 수 없습니다"(118). 우리는 근본적인 인간관계를 치유해야 한다. 프란치스코 교황은 "오늘날 생태적 위기가 근대성의 윤리적, 문화적, 영적 위기의 발발이나 발현을 의미한다면, 모든 근본적인 인간관계를 치유하지 않고는 우리가 자연과 환경과 맺은 관계를 감히 치유할 수 있다고 생각할 수 없습니다."(119)라고 언급한다.

오늘날 우리는 자연 세계, 동료 인간, 창조주와의 관계를 치유해야 한다. 이를 위해서는 총체적이고 통합적인 관점이 필수적이다. 교황은 "피조물과 올바른 관계를 맺기 위해서 인간이 다른 사람들에게 마음을 여는 사회적 측면은 물론, 하느님이신 '당신'께 마음을 여는 초월적 측면을 약화시켜서는 안 됩니다. 사실 인간과 환경의 관계는 인간들 사이의 관계와 하느님과 인간의 관계와 결코 분리될 수 없습니다."(119)라고 강조한다.

오늘날 우리에게 필요한 것은 바로 통합 생태론이다. 프란치스코 교황은 「찬미받으소서」에서 한 장 전체를 이 주제에 할애하고 있다. 다음 녹색 계명에서는 통합 생태론의 개념에 대해 고찰해 보겠다.

제3부

실천
공동의 집의 위기에 대응하기

녹색 계명 Ⅵ
통합 생태론을 발전시켜라

녹색 계명 Ⅶ
공동의 집에서 사는 새로운 생활 양식을 배워라

녹색 계명 Ⅷ
생태 시민 의식을 교육하라

녹색 계명 Ⅸ
생태 영성을 받아들여라

녹색 계명 Ⅹ
생태적 덕을 함양하라

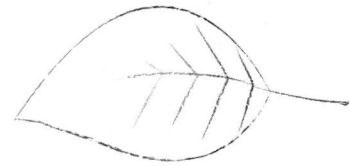

「찬미받으소서」를 관찰-판단-실천 방법론을 따라 읽어 내려가면서 이제 세 번째 단계에 도달했다. 바로 앞의 두 단계에서 이해하고 판단했던 공동의 집의 위기에 응답할 차례이다. 이제 우리는 이 위기에 대응하여 행동해야 할 때이다. 이를 위해 마지막 다섯 가지 녹색 계명을 제시한다. 여기서 우리는 회칙의 마지막 세 장을 중심으로 성찰할 것이다.

교황은 회칙에서 통합 생태론이 필요하다고 주장하며 한 장 전체를 할애하고 있다. 많은 논평가들은 회칙의 가장 독창적인 공헌 중 하나로 통합 생태론의 개념을 꼽았다. 여섯 번째 녹색 계명은 통합 생태론을 발전시키는 것이다. 먼저 통합 생태론의 근간이 되는 형이상학적 관점, 즉 실재 전체의 상호 관련성과 모든 피조물의 상호 의존성에 대한 설명으로 시작하겠다. 통합적 접근 방식은 현대 생태 위기에 관한 전체론적 이해와 이에 대한 포괄적인 대응을 가능하게 한다. 그런 다음 교황이 제시한 대로 통합 생태론의 본질적이고 구성적인 요소, 즉 '인간과 사회적 차원'을 제시하고자 한다. 마지막으로 통합 생태론의 모델인 아시시의 프란치스코 성인을 언급하며 마무리하겠다.

일곱 번째 녹색 계명에서는 프란치스코 교황이 회칙에서 강조한, 공동의 집에 거주하며 보다 책임감 있게 관리할 수 있는 새로운 방식을 강조할 것이다. 특히 위기의 규모와 전 세계적 특성을 고려할 때 이와 관련하여 함께 행동하는 것이 얼마나 중요한지 생각해 볼 것이다. 그런 다음 회칙의 다섯 번째 장에서 프란치스코 교황께서 말씀하신 내용에 따라 국제적, 국가적, 지역적으로 우리가 행동해야 할 여러 가지 사항을 짚어보겠다. 공동의 집을 돌보기 위해서는 무한 성장의 신화를 버리고 생태 경제를 발전시키며 우리가 살고 있는 지구의 생태계와 자연 순환을 존중해야 한다. 또한 기득권을 가진 경제적 이해관계에 종속되지 않고 진정으로 공동선을 위하는 새로운 정치 문화가 필요하다.

우리 공동의 집을 책임감 있게 돌보는 법을 배우는 데 매우 중요한 생태 교육은 여덟 번째 녹색 계명의 중심이 될 것이다. 현대의 생태 위기에 직면하여 우리는 깊은 개인적 변화와 생활 양식의 근본적인 쇄신이 필요한 상황에 처해 있다. 여기서 교육의 역할은 무엇보다도 중요하다. 교황은 회칙에서 인간과 자연 세계 사이에 새로운 계약을 맺을 수 있는 생태 교육을 촉구한다. 교황에 따르면 자연, 동료 인간, 하느님과의 조화를 회복할 수 있는 총체적인 교육이 필요하다. 교황은 또한 학교, 가정, 미디어, 교리 교육, 수도회 등 생태 시민 의식을 위한 다양한 교육 환경에 대해서도 언급한다.

아홉 번째 녹색 계명은 이 시대를 위한 생태 영성의 윤곽을 밝혀 준다. 창조 영성은 인류의 '생태적 회심'을 요청한다. 이러한 영성은 우리의 공동의 집과 그 구성원들을 돌보고 염려하는 구체적인 태도와 몸짓으로 표현되기 때문에 강생의 의미를 담고 있다. 또한 하느님의 현존이 스며든 자연 세계에 대한 성사적 비전을 제시한다. 교황 프란치스코가 회칙에서 지적했듯이, 모든 피조물에는 하느님의 무한한 사랑으로 창조되고 끊임없이 유지되는 하느님의 작품이라는 삼위일체적인 각인이 새겨져 있다. 또한 피조물의 궁극적인 운명은 마침내 때가 찼을 때 그리스도를 통하여 재통합되는 것임을 기억하는 것도 중요하다.

마지막 녹색 계명은 우리가 창의적이고 책임감 있게 공동의 집을 관리하기 위해 함양해야 할 생태적 덕목들과 관련이 있다. 프란치스코 교황에 따르면, 공동의 집을 돌보는 건강한 습관의 형성은 오직 '생태적 덕'을 적절히 배양함으로써 이루어질 수 있다. 생태적 덕은 개인과 공동체에서 우리 삶의 근본적 변화를 이끌어 낼 수 있다. 여기서는 찬미, 감사, 돌봄, 정의, 노동, 절제, 겸손이라는 공동의 집을 돌보는 데 필요한 일곱 가지 생태적 덕을 강조할 것이다.

녹색 계명 VI
통합 생태론을 발전시켜라

「찬미받으소서」에서 가장 주목할 만한 특징은 통합적인 접근 방식이다. 단순한 환경주의나 유행하는 친환경적 사고가 아니라 '통합 생태론'인 것이다. 통합적 접근 방식은 회칙 전반에 걸쳐 있다. 이는 회칙의 네 번째 장의 제목이기도 하다. 이 장의 첫 단락은 프로그램 같은 성격을 가지며 회칙에서 제시한 통합 생태론 개념의 필수 구성 요소를 기술하고 있다.

---

1 이와 관련된 참고 문헌은 다음을 참조. A.J. Kelly, *Laudato Si': An Integral Ecology and the Catholic Vision* (Adelaide: ATF Press, 2016); D. R. DiLeo (ed.), *All Creation is Connected: Voices in Response to Pope Francis' Encyclical on Ecology*, (Winona, MN: Anselm Academic, 2017); V. J. Miller, (ed.), *The Theological and Ecological Vision of Laudato Si': Everything Is Connected* (London: Bloomsbury, 2017; G. Magill - J. Potter (eds.), *Integral Ecology: Protecting Our Common Home* (Newcastle upon Tyne: Cambridge Scholars Publishing, 2018); D. O'Hara et al. (eds.), *Integral Ecology for a More Sustainable World: Dilaogues with Laudato Si'* (Washington, DC: Lexington Books, 2019); J. Ogbonnaya - L. Briola (eds.), *Everything is Interconnected. Towards a Globalization with a Human Face and an Integral Ecology* (Milwaukee, WI: Marquette University Press, 2019); S. Deneulin, *Human Development and the Catholic Social Tradition: Towards an Integral Ecology* (London: Routledge, 2021; J. Azetsop -P. Conversi (eds.), *Foundations of Integral Ecology* (Rome: Gregorian & Biblical Press, 2022); L. Briola, *The Eucharistic Vision of Laudato Si': Praise, Conversion, and Integral Ecology* (Washington, DC: Catholic University of America Press, 2023).

> 모든 것이 서로 밀접한 관련을 맺고 있으며 오늘날의 문제들이 세계적 위기의 모든 측면을 고려하는 시각을 요구하기 때문에, 저는 인간적 사회적 차원을 분명히 존중하는 통합 생태론의 다양한 요소들에 관한 성찰을 제안합니다.(137)

프란치스코 교황의 발자취를 따라 「찬미받으소서」의 통합 생태론이라는 주제를 다음과 같은 방식으로 제시하고자 한다. 먼저 "모든 것이 서로 밀접한 관련을 맺고" 있다는 프란치스코 교황의 확언을 성찰하고 회칙의 근본적인 관계 형이상학을 명확히 하고자 한다. 프란치스코 교황에 따르면 "오늘날의 문제들이 세계적 위기의 모든 측면을 고려하는 시각을 요구하기 때문"(137)이다. 따라서 회칙의 통합적 접근 방식이 어떻게 우리 공동의 위기에 대한 총체적인 이해뿐만 아니라 이에 대한 포괄적인 대응을 가능하게 하는지 살펴볼 것이다. 그런 다음 교황이 제시한 통합 생태론의 두 가지 필수적이고 구성적인 요소, 즉 '인간적 차원과 사회적 차원'을 제시할 것이다. 마지막으로, 회칙에서 제시한 통합 생태론의 모델로서 아시시의 프란치스코 성인에 대해 간략히 언급하며 마무리하겠다.

1. 「찬미받으소서」의 근원인 관계 형이상학

프란치스코 교황이 「찬미받으소서」에서 언급한 '통합 생태론'의 바탕이 되는 형이상학은 무엇인가? 그것은 실재 전체의 상호 연관성과 모든 피조물의 상호 의존성이라는 진리와 그에 대한 확신이다. '우리는 모두 연결되어 있다.'라는 말은 문서 전체에서 반복되는 만트라(mantra)이다[2]. 우리는 인류 가족 전체, 피조 세계, 그리

---

2 Vincent J. Miller, "Integral Ecology: Francis's Spiritual and Moral Vision of

고 우리 다음의 미래 세대와 연결되어 있다. 이는 회칙의 주요 전제와 주장을 하나로 묶어 주는 일종의 '존재론적 접착제'이다.

이미 회칙 서문에서 프란치스코 교황은 본문의 주요 주제를 설명하면서 "세상의 모든 것이 연결되어 있다는 확신"(16)에 대해 언급하고 있다. 교황은 모든 것이 서로 연결되어 있다는 사실은 창세기의 첫 장에서 발견되는 계시된 진리라고 언급한다. 교황은 성경의 이야기를 언급하면서 "상징으로 가득 찬 이러한 오래된 이야기들은 이미 오늘날 우리가 공유하는 확신을 증언하고 있습니다. 곧 모든 것은 서로 관계를 맺고, 우리 자신의 삶과 자연과 맺은 관계를 올바로 돌보는 것은 형제애, 정의, 다른 이에 대한 충실함과 떼어 놓을 수 없는 것입니다."(70)라고 말한다.

모든 실재의 상호 의존성이라는 진리는 교황이 회칙에서 인용한 『가톨릭 교회 교리서』에서 확인된 그리스도교 신앙과 교리의 핵심이다.

> 교리서가 가르치는 대로 "하느님께서는 피조물들이 서로 의존하기를 바라신다. 해와 달, 전나무와 작은 꽃 한 송이, 독수리와 참새, 이들의 무수한 다양성과 차별성의 장관은 어떠한 피조물도 스스로는 불충분함을 의미한다. 이들은 다른 피조물에 의존하여 서로 보완하며, 서로에게 봉사하면서 살아간다."³(86)

「찬미받으소서」의 형이상학적이고 인간학적인 비전은 "인간은 완전히 자율인 존재가 아닙니다."(105)라는 것이다. 교황은 하느님

Interconnectedness" in *the Theological and Ecological Vision of Laudato Si': Everything Is Connected*, ed. Vincent J. Miller(London: Bloomsbury, 2017), 11-28 참조.
3 『가톨릭 교회 교리서』, 340항.

의 무한한 사랑으로 둘러싸인 우주적, 생물학적, 인간적 교제의 유대를 지적한다. "모든 것은 서로 관련됩니다. 모든 인간은 하느님 사랑으로 서로 엮여서 형제자매로 일치되어 멋진 순례를 하고 있습니다. 이 사랑은 모든 피조물을 위한 것으로, 우리를 형제인 태양, 자매인 달, 형제인 강, 어머니인 대지와 온유한 애정으로 하나가 되게 해 줍니다"(92).

상호 연관성의 형이상학은 "살아 있는 유기체들과 그 유기체가 성장하는 환경의 관계를 연구"하는 생태론의 핵심이다(138). 교황은 상호 연관성과 상호 의존성이 우리 지구의 법칙이라고 언급한다. 지구의 다른 측면, 즉 "물리학적, 화학적, 생물학적 구성 요소들이 서로 관련되듯이" 생물종들은 오로지 "관계망"으로 이해되어야 한다(138). 상호 연관성의 진리는 특히 생태계의 경우 더욱 확연히 드러난다. 자연계에서는 "다양한 피조물들이 … 서로 관계를 맺으며 오늘날 '생태계'라고 불리는 커다란 단위"(140)를 이룬다. 생태계는 기본적으로 종들 간에 복잡한 상호 관계를 이루며 "하나의 체계로 기능하는 일정한 공간 안에서 다양한 유기체들이 조화를 이루며 공존"(140)하는데, 따라서 이는 지구에서 생명을 유지하는 데 필수적이다.

> 우리는 의식하지 못하는 가운데 생존을 위하여 이 공존에 의존합니다. 우리는 생태계가 이산화탄소의 분해, 물의 정화, 질병과 전염병의 통제, 토양의 형성, 배설물의 분해를 통해서, 그리고 우리가 간과하거나 모르는 많은 방법을 통해서 어떻게 상호작용을 하고 있는지를 기억해야 합니다. 이를 깨닫게 되면 많은 사람들이

우리가 이미 주어진, 곧 우리의 역량과 존재에 앞서는 실재를 토대로 살고 활동한다는 것을 새롭게 인식하게 됩니다.(140)

피조물 간의 상호 연관성과 상호 의존성이라는 형이상학적 원리는 우리가 모든 것을 존중할 것을 요청한다. "모든 피조물은 서로 연결되어 있기에 사랑과 존경으로 소중히 다루어야 합니다. 살아 있는 피조물인 우리는 모두 서로 의존하고 있습니다"(42). 교황은 또한 부정적인 결과를 초래할 수 있으므로 생명 그물망의 이음새를 끊지 않도록 주의해야 한다고 경고한다. 1990년 요한 바오로 2세 교황은 "우리는 생태계의 한 영역에 개입할 때에 그러한 개입이 다른 영역에 미치는 결과와 미래 세대의 행복에 대하여 모두 마땅한 관심을 기울여야"[4](131) 한다고 언급했다.

상호 연관성과 상호 의존성의 진리는 모든 사회생활의 궁극적인 형이상학적 기초이기도 하다. 그것은 우리의 보편적 친교와 모든 재화의 보편적 목적의 기초이다. "한 분이신 아버지께서 창조하신 우주의 일부로서 우리는 모두 서로 보이지 않는 끈으로 연결되어 있고, 일종의 보편 가정"(89)을 이룬다. 나중에 사회 생태학 문제를 다룰 때 이에 대해 더 자세히 설명하겠다.

모든 피조물이 상호 연관되어 있다는 관계적 존재론은 궁극적으로 모든 존재의 근원이신 창조주의 관계적 본성에 기초한다. 프란치스코는 회칙에서 모든 실재, 모든 형태의 생명, 모든 사회 구

---

[4] 요한 바오로 2세, 1990년 세계 평화의 날 담화, 6항.

조의 상호 관련성에 대한 근본적인 신학적 토대가 바로 "모든 실체 안에 그 표징을 남겨 두셨다"(239)는 삼위일체적 친교임을 깊은 통찰력으로 지적한다. 이와 관련하여 존 베이어는 이렇게 썼다. "어디에도 속하지 않는 자율적인 개인을 높이 치는 세계관에 맞서 프란치스코 교황은 성삼위의 창조물인 실재는 상호 의존적인 관계의 네트워크로서, 친교의 장소로서 창조주를 반영한다고 말한다."[5]

실제로 회칙은 "거룩한 위격들은 실체적 관계이고 하느님의 계획에 따라 창조된 세상은 하나의 관계망"(240)이라고 상기하며 끝을 맺는다. 인간은 서로 연관되고 서로 의존하는 공동체적 존재로서 살아갈 때 진정한 성취를 발견하고, "자신에게서 벗어나 하느님, 타인, 모든 피조물과 친교를 이루어 살면서"(240) 더욱 성장하고 성숙하며 거룩해진다. "세계적 연대"는 궁극적으로 "삼위일체의 신비에서 흘러"나온다(240).

2. 공동의 집의 위기를 이해하고 대응하기 위한 통합적 접근법

프란치스코 교황은 「찬미받으소서」에서 공동체의 위기를 이해하고 이에 대응하기 위해 통합적인 접근 방식을 채택하고 있다. 과거 일부 생태 운동이 희귀종의 곤경에는 열정적으로 관심을 기울이면서도 기아로 죽어가는 사람들에 대해서는 냉담하거나, 자연 그대로의 생태계를 보존하는 데만 관심을 기울이고 수천 년 동안 그곳에 살아온 토착민 공동체에는 무관심했던 것과 달리, 이 회칙은 생태

---

5 John Bayer, "A Voice Crying in the Desert: *Laudato Si'* as Prophecy," *The way* 54 (2015), 79. 또한 Denis Edwards, "'Everything Is Interconnected': The Trinity and the Natural World in *Laudato Si'*," *The Australasian Catholic Record* 94 (2017), 81-92 참조.

위기에 대한 진정한 종합적 이해와 그 원인, 가능한 해결책을 하나로 엮어내고 있다. 프란치스코 교황은 현대 기술 지배 패러다임의 환원적 인식론이 상호 연관성의 진실을 외면하고 '더 큰 그림'의 비전을 가린다는 사실을 잘 알고 있다. 우리 공동의 집과 공동의 가족의 위기는 바로 통합된 전망과 접근 방식의 부재 때문이다.

> 기술의 전문화는 큰 그림을 보지 못하게 만듭니다. 지식의 세분화는 구체적인 적용에는 도움이 되지만, 흔히 전체에 대한 감각, 사물들의 관계에 대한 감각, 넓은 지평에 대한 감각을 잃어버리게 만들어, 그 감각이 결국 소용없게 되어 버립니다. 바로 이 때문에 오늘날 세계의 가장 복잡한 문제들, 특히 환경과 가난한 이들에 관한 문제의 적절한 해결책을 마련하기가 어렵습니다. 이러한 문제들은 단일한 관점이나 이해관계로만 다루어질 수 없습니다. 중대한 문제에 대한 해결책을 제시하려는 과학은 철학과 사회 윤리를 포함한 다른 학문 분야의 지식을 반드시 참고해야 합니다. 그러나 오늘날 이를 실천하는 것은 무척 힘이 듭니다.(110)

『찬미받으소서』의 통합 생태론의 접근법은 인간 지혜의 모든 분야, 즉 자연과학과 인간과학, 사회과학과 정치학, 신학과 철학 등 모든 분야의 통찰을 결합하려는 노력에서 분명하게 드러난다. 프란치스코 교황은 회칙에서 다양한 전통과 학파, 개인 사상가에게서 얻은 통찰을 통합하는 대화적이고 포용적인 접근 방식을 선택했다. 교황이 전임 교황들뿐만 아니라 다른 종교 지도자, 지역 주교회의, 과학자, 철학자, 신학자, 사회학자 등이 우리 공동의 집의 위기와 이를 돌볼 수 있는 방법에 대해 말한 내용을 종합하려는 시도를 했다는 것은 중요한 의미가 있다. 그는 바르톨로메오 1세 총대주교부터 이슬람교 수피 영성가 알리 알카하바스, 그리고 단테부터 테이야르 드 샤르댕에 이르기까지 광범위한 내용을 인용한다.

「찬미받으소서」의 통합적 접근 방식은 우리 공동의 집이 처한 위기에 대한 전체적인 이해와 이에 대한 포괄적인 대응을 가능하게 한다.

프란치스코 교황은 무엇보다도 우리 공동의 집이 처한 위기에 대한 전체론적이고 통합적인 이해를 제시한다. 교황은 "환경만을 따로 떼어 놓고 하는 것이 아닙니다. 이 문제에 부분적으로 접근할 수 없기 때문입니다."(160)라고 상기시킨다. 통합적 접근 방식은 기후 변화와 같은 생태 위기의 개별적인 징후를 이해하는 데에도 적용된다. 회칙은 우리가 기후 변화에 대처하는 동안에도 영향과 원인의 악순환에 빠져 들고 있다고 강조한다.

> 온난화는 탄소의 순환에 영향을 미칩니다. 온난화는 상황을 더욱 악화시키는 악순환을 조장하여 온난화된 지역의 물과 에너지와 농산물과 같은 필수적인 자원의 이용에 영향을 미치고 지구의 생물 다양성에 손실을 가져옵니다. 극지방과 고지대의 빙하가 녹아 내려 매우 위험한 메탄가스가 배출되고 냉동되었던 유기물이 분해되면 이산화탄소 배출이 더욱 증가될 수 있습니다.(24)

우리 공동의 집이 직면한 위기를 극복하는 방법 또한 상호 의존이라는 관계적 형이상학에 부합하는 통합적인 방법이어야 한다. 프란치스코 교황은 "상호 의존은 우리에게 공동의 계획을 가진 하나의 세상을 생각하지 않을 수 없게"(164) 한다고 말한다. 우리에게는 종합적인 해결책도 필요하다. "변화의 규모를 생각해 볼 때, 개별 문제에 대한 구체적인 별도의 답을 찾는 것이 더 이상 가능하지 않습니다. 반드시 자연계 자체의 상호 작용과 더불어 자연계와 사회 체계의 상호 작용을 고려하며 포괄적인 해결책을 찾아야 합니다"(139).

> 생태 위기가 복합적이고 그 원인이 다양하기 때문에 해결책이 현실을 해석하고 변화시키는 한 가지 방법에서만 나올 수 없다는 사실을 깨달아야 합니다. … 만약 우리가 파괴한 모든 것을 바로잡게 하는 생태론을 발전시키고자 한다면, 어떠한 학문 분야나 지혜를 배제할 수 없습니다.(63)

따라서 교황은 우리 공동의 집인 지구의 위기에 대응하기 위해 개인과 공동체, 지역, 국가, 국제적 차원에서 다양한 수준에서 행동할 것을 촉구한다. 우리는 선의를 가진 모든 사람들과 대화해야 한다. 통합 생태론은 자연 보호와 우리 인류 가족의 약한 구성원을 보호하는 것을 불가분의 관계로 인식할 것을 요구한다. "해결책을 위한 전략에는 빈곤 퇴치와 소외된 이들의 존엄 회복과 동시에 자연 보호를 위한 통합적 접근이 요구됩니다"(139).

프란치스코 교황이 「찬미받으소서」에서 채택한 통합적 접근 방식을 취하려면 생태 담론의 지평을 넓혀야 한다. 과거에는 생태 담론이 주로 외부의 '환경'에만 관심을 기울여 희귀종 보호나 자연 생태계 보존과 같은 문제를 다루는 데 그칠 위험이 있었다. 교황은 회칙에서 통합 생태론은 본질적으로 '인간적'이며 '사회적'인 차원을 수반한다는 점을 상기시킨다. 프란치스코 교황은 이와 관련하여 베네딕토 교황의 통찰을 인용하며, 다음과 같이 말한다. "베네딕토 16세 교황께서는 세상을 그 일부 요소들만 따로 떼어 분석할 수 없다고 보셨습니다. '자연이라는 책은 하나이고 나눌 수 없는 것으로'[6] 환경, 생명, 성, 가정, 사회관계를 포함하고 있습니다"(6). 따라서 우리 공동의 집의 위기와 그 치유에 대해 이야기하려면 우선 인간을 포함시켜야 한다. 지금 우리가 성찰하고자 하는 것은 생태의 인간적, 사회적 차원이다.

3. 인간 생태론

인간 생태론은 거의 사반세기 전에 요한 바오로 2세 교황이 도입한 용어이다.[7] 프란치스코 교황은 「찬미받으소서」 서문에서 이 표현을 되살려 우리 공동의 집 지구의 황폐화와 인간 환경의 악화 사이의 연관성을 밝히고자 했다. 교황에 따르면, "하느님께서 우리 인간에게 세상을 맡기셨기 때문만이 아니라 인간 생명 자체가 많은 타락으로부터 보호되어야 하는 선물이기에 인간 환경의 파괴는 매우 심각한 문제가 됩니다"(5).

「찬미받으소서」의 통합 생태론은 인간에 대한 개념에서 분명히 드러나는데, 인간은 이마고 문디(imago mundi)(2)이자 동시에 이마고 데이(imago Dei)(65)이다. 회칙의 서두에서 교황은 "우리는 자신이 흙의 먼지라는 사실을 잊었습니다(창세 2,7 참조). 우리의 몸은 지구의 성분들로 이루어져 있으며 우리는 그 공기를 마시며 지구의 물로 생명과 생기를 얻습니다."(2)라고 우리에게 상기시킨다. 동시에 회칙은 창세기의 창조 이야기를 언급하면서 "모든 인간

---

6 「진리 안의 사랑」, 51항.
7 「백주년」, 38항.

은 하느님의 사랑으로 하느님과 닮은 모습으로 창조되었다는 것을 가르쳐 줍니다.(창세 1,26 참조)"(65)라고 말한다. 이 심오한 진리 때문에 우리는 "이 세상에서 인간으로서 우리의 고유한 자리와 우리가 주변 환경과 맺는 관계를"(15) 갖게 된다. 우리 공동의 집에서 인간의 고유성을 고려할 때, "인간이 새로워지지 않으면 자연과 새로운 관계를 맺을 수 없습니다"(118).

프란치스코 교황은 「찬미받으소서」에서 인간의 환경은 자연 세계뿐만 아니라 "인간의 삶이 전개되는 공간"이며, "우리의 인생관과 정서와 행동에 영향을"(147) 미치는 것이라고 한다. 이러한 환경이 악화되면 인간의 삶의 질이 떨어진다.

> 우리는 방, 집, 일터, 동네에서 자신의 정체성을 표현하고자 환경을 이용합니다. 우리는 환경에 적응하려고 온갖 노력을 기울입니다. 그러나 어떤 환경이 무질서하고 혼란스럽거나 시청각적 공해가 있는 경우에는 그러한 지나친 자극이 온전하고 행복한 정체성을 형성하려는 우리의 노력을 방해합니다.(147)

프란치스코 교황은 환경의 물리적 악화를 언급한다. 예를 들어, 그는 세계 여러 지역에서 주택 부족의 구체적인 문제와 그것이 사람들의 삶의 질에 미치는 부정적인 결과에 대해 이야기한다. 여기에서 보듯이 이는 인간 생태계의 심각한 문제이다.

> 주택 부족은 세계의 많은 지역에서, 대도시만이 아니라 농어촌 지역에서도 심각합니다. 국가 예산은 대개 수요의 일부만을 충족시키기 때문이기도 합니다. 가난한 이들만이 아니라 사회의 다른

많은 구성원들도 집을 마련하기가 매우 어렵습니다. 집을 마련하는 것은 인간 존엄과 가정의 발전에 매우 중요합니다. 이는 인간 생태론의 핵심 과제입니다.(152)

교황은 회칙에서 "화합하지 않거나 개방되지 않거나 통합 가능성이 없는 지역에서 발생하는 극심한 빈곤은 잔혹 사건과 범죄 조직의 착취로 이어질 수 있습니다."(149)라고 말한다. 비슷한 방식으로, "문제가 매우 심각한 거주 지역에 사는 사람들은 대도시에서 날마다 체험하는 사회적 익명성의 영향으로 뿌리 의식이 없어지고 이는 반사회적 행동과 폭력을 낳게 됩니다"(149).

그러나 한 가지 희망은 많은 상황에서 이러한 형태의 환경 파괴의 희생자인 가난하고 소박한 사람들이 진정한 인간 생태계를 증진하는 데 주인공이 되는 경우가 많다는 점이다. 프란치스코 교황은 "그러한 상황에 놓인 많은 사람들은 자아의 벽을 무너뜨리고 이기주의의 장벽을 극복하는 공동체 체험으로 소속감을 지니고 더불어 살아가면서 인구 과밀의 상황을 바꿀 수 있습니다."(149)라고 말한다. 교황은 "공동체적 구원"의 촉진자가 된 가난한 이들의 훌륭한 인간 생태에 대해 이야기한다.

> 주어진 조건의 악영향을 개선하고, 무질서와 불확실성 안에서도 자신의 삶의 방향을 깨달아 환경의 제약을 초월할 수 있는 개인이나 집단의 창의력과 관대함은 경탄할 만합니다. … 때때로 가난한 이들이 많은 어려움 속에서도 이룩하는 인간 생태계는 칭찬받을 만합니다. 친밀하고 따뜻한 인간관계를 쌓아 간다면, 공동체를 이룬다면, 관계망 안에서 친교와 소속감을 느끼는 모든 사람이

환경의 제약에 상응하는 내적 보상을 받는다면, 인구 밀도가 점점 높아지는 주거 지역 때문에 생기는 질식감을 없앨 수 있습니다. 이러한 방식으로 그 어떤 지역이든 더 이상 지옥이 아니라 존엄하게 살 수 있는 환경으로 바뀔 수 있습니다.(148)

프란치스코 교황은 더 깊은 차원의 통합 생태론, 즉 우리 인간 본성에 새겨진 도덕적 법칙에 대한 인식에 대해 이야기한다. 자연 전체에 대한 존중은 우리 자신의 인간 본성에 대한 존중을 전제로 한다. "인간 생태론에는 또 다른 심오한 측면도 있습니다. 곧 인간의 삶과 우리 본성에 새겨진 도덕률이 맺는 필연적 관계, 곧 더 존엄한 환경을 만드는 데 반드시 필요한 관계를 포함하고 있는 것입니다"(155). 교황은 이와 관련하여 베네딕토 16세 교황의 말을 인용했는데, "사람은 존중해야 하며, 마음대로 조작할 수 없는 본성도 지니고 있다."라는 사실에 근거하여 "인간의 생태론"[8]에 대해 언급했다(155).

인간 생태론의 필수 요소는 "환경과 그리고 다른 피조물들과 직접적 관계"(155)에 놓인 우리 자신의 몸을 받아들이고 돌보는 것이다. 이는 또한 우리 주변의 자연 세계와 조화로운 관계를 맺기 위한 전제 조건이기도 하다. 교황은 다음과 같이 말한다. "우리의 몸이 하느님의 선물임을 인정하는 것은 이 세상을 하느님 아버지의 선물이며 우리의 공동의 집으로 받아들이고 인정하는 데에 매우 중요합니다. 그러나 우리 자신의 몸을 마음대로 다룰 수 있다는 생각

---

8 베네딕토 16세, 독일 연방 의회에서 한 연설, 베를린, 2011.9.22., *AAS* 103(2011), 668면.

은 종종 우리가 모르는 사이에 피조물을 마음대로 다룰 수 있다는 생각으로 바뀌게 됩니다"(155). 통합적이고 진정한 생태론은 우리 몸을 여성성과 남성성이라는 고유하고 독특한 요소로 받아들일 것을 요구한다. 교황은 이와 관련하여 다음과 같이 언급한다. "이렇게 하여 우리는 창조주 하느님의 작품인, 나와 다른 남자나 여자라는 특별한 선물을 기쁘게 받아들이고 서로를 풍요롭게 할 수 있습니다. '성적 차이에 대처하는 법을 모르니 그 차이를 없애야 한다.'[9] 라고 주장하는 것은 건전한 태도가 아닙니다"(155).

우리는 새롭고 통합적인 휴머니즘을 전망하면서 인간 생태론에 대한 성찰을 마무리할 수 있다. 프란치스코 교황은 「찬미받으소서」에서 말한다. "우리는 경제학을 포함한 다양한 학문 분야를 아우르는 인본주의가 절실히 필요합니다"(141).

4. 사회 생태론

통합 생태론에는 본질적이며 필수적인 사회적 차원이 있다. 모든 것이 연결되어 있기 때문에 환경 문제를 사회적 문제와 분리하여 고려할 수 없다는 것이다. 통합 생태론의 틀 안에서 자연계의 보호는 경제, 사회, 정치, 문화 등 인간 실존의 다른 측면과 밀접하게 연관되어 있으며 공동선을 위한 구체적인 의미를 갖는다. 프란치스코 교황은 이렇게 말한다.

우리가 '환경'이라고 말할 때 이는 자연과 그 안에 존재하는 사

---

9 프란치스코 교황, 「교리 교육」, 2015.4.15., 『로세르바토레 로마노』(*L'Osservatore Romano*), 2015.4.16., 8면.

회가 이루는 특별한 관계를 의미하는 것입니다. 그래서 자연을 우리 자신과 분리된 것이나 단순한 우리 삶의 틀로만 여기지 못하게 됩니다. 우리는 자연의 일부이며, 자연에 속하므로 자연과 끊임없는 상호 작용을 합니다. 어떤 지역이 오염된 이유를 알아내려면 사회의 기능, 경제, 행태, 유형, 현실 이해 방식에 대한 분석이 필요합니다.(139)

생태 담론의 사회적 차원을 고려할 때, "환경 문제의 분석은 인간, 가정, 노동, 도시의 상황에 대한 분석과 분리할 수 없습니다. 또한 인간이 타인과의 관계와 더불어 환경과의 관계를 맺는 방식에 영향을 주는, 자신과 맺는 관계에 대한 분석과도 분리될 수 없습니다"(141). 인간 공동체의 사회 조직은 환경과 인간 삶의 질에 직접적인 영향을 미친다.

모든 것이 서로 관계를 맺고 있다면, 사회 제도의 건전함도 환경과 인간 삶의 질에 영향을 미칩니다. "연대와 민간 우호를 침해하는 것은 모두 환경을 해치는 것입니다."[10] 이러한 의미에서 사회 생태론은 필연적으로 제도와 관련되며, 사회의 기초 집단인 가정에서 시작하여 점진적으로 지역 공동체와 국가, 그리고 국제적 삶까지 그 대상으로 삼습니다. 사회의 각 계층 안에서, 그리고 그 계층들 사이에서, 인간관계를 규제하는 제도들이 발전합니다. 그러한 제도를 약화시키는 것은 무엇이든 자유의 상실, 불의, 폭력과 같은 부정적인 결과를 가져옵니다.(142)

---

10 「진리 안의 사랑」, 51항.

프란치스코 교황의 말씀처럼, "우리는 환경 위기와 사회 위기라는 별도의 두 위기가 아니라 사회적인 동시에 환경적인 하나의 복합적인 위기에 당면한 것"(139)이다. "그렇기 때문에 환경 보호는 인간에 대한 참된 사랑과 사회 문제 해결을 위한 끊임없는 노력과 연결되어야"(91) 한다. 가난한 이들의 외침에 귀를 막는 사회는 어머니 지구의 외침에도 똑같이 귀를 막게 될 것이다. 교황은 현대 사회를 고발하는 듯한 어조로 이렇게 말한다.

> 예를 들어, 현실에서 가난한 이, 인간 배아, 장애인이 지닌 가치를 인식하지 못할 때 자연의 울부짖음 자체에도 귀를 기울이기가 어려워집니다. 모든 것은 서로 연결되어 있습니다. 인간이 현실에서 독립된 존재임을 선언 … 하면 인간 삶의 기초 자체가 붕괴됩니다.(117)

통합 생태론은 우리가 자연계뿐만 아니라 우리 동료 인간, 특히 가장 취약한 인간을 대하는 데에도 큰 의미를 가진다. 프란치스코 교황은 솔직하게 표현한다. "모든 것이 서로 관계를 맺고 있기에 자연 보호와 낙태의 정당화도 양립할 수는 없습니다. … '새 생명을 받아들이려는 개인적 사회적 정서가 사라지면 사회에 소중한 또 다른 것들도 받아들이지 않게 됩니다'¹¹"(120).

「찬미받으소서」에서 프란치스코 교황은 생태론 일반, 특히 사회 생태론에 대한 개념을 더욱 넓혀 '문화 생태론'을 이야기한다. 생

---

11 「진리 안의 사랑」, 28항.

태 위기는 우리 시대의 문화적 위기와도 관련이 있다. 교황의 말처럼, 우리 시대에는 "자연 유산과 마찬가지로 역사, 예술, 문화의 유산도 위협받고 있습니다"(143). "문화의 소멸은 식물종이나 동물종의 소멸만큼이나, 또는 그 이상으로 심각한 문제가 될 수 있습니다."(145)라고 교황이 언급했듯이, 우리는 생물종과 생태계의 파괴와 함께 문화의 전통이 사라지는 것을 목격하고 있다.

프란치스코 교황은 이와 관련하여 개발 프로젝트라는 미명으로 조상으로부터 내려오는 고향땅에서 계속 쫓겨나고 있는 세계 여러 지역의 원주민 공동체의 비극적인 처지를 지적한다.

> 이러한 의미에서, 원주민 커뮤니티와 그들의 문화적 전통에 특별한 관심을 기울이는 것은 필수적입니다. 원주민은 단순히 여러 소수 민족 중 하나가 아니라, 특히 그들의 토지에 영향을 미치는 대규모 프로젝트가 제안될 때 주요 대화 파트너가 되어야 합니다. … 원주민들은 자신의 땅에 남아 있을 때 스스로 땅을 가장 잘 관리합니다. 그럼에도 불구하고 세계 여러 지역에서 자연과 문화의 파괴를 고려하지 않고 진행되는 농업 또는 광산 프로젝트를 위한 공간을 마련하기 위해 고향을 버리라는 압력이 가해지고 있습니다.(146)

따라서 생태 보호에는 반드시 지역 인류 공동체의 문화유산을 보존하고 증진하는 노력이 포함된다. 프란치스코 교황에 따르면, 민족과 문화의 권리를 존중하고 "지역 사회 일꾼들이 자신의 고유한 문화 안에서 시작하는 지속적이고 적극적인 참여"(144)가 필요하다.

5. 통합 생태론의 모범인 프란치스코 성인

프란치스코 교황에게 통합 생태론의 모범은 아시시의 프란치스코 성인이다. 그는 창조물에 대한 사랑, 가난한 이들에 대한 사랑, 창조주에 대한 사랑, 이 세 가지 사랑이 숭고한 일치로 합쳐진 성인이기 때문이다.

> 저는 아시시의 프란치스코 성인이 취약한 이들을 돌보고 통합 생태론을 기쁘고 참되게 실천한 가장 훌륭한 모범이라고 생각합니다. … 그는 자연 보호, 가난한 이들을 위한 정의, 사회적 헌신, 내적 평화가 어떠한 불가분의 유대를 맺고 있는지를 보여 줍니다.(10)

> 프란치스코 성인은 통합 생태론이 수학과 생물학의 언어를 초월하는 범주에 대한 개방성을 요청하고 인간다움의 핵심으로 우리를 이끈다는 사실을 우리에게 알려 줍니다(11).

아시시의 프란치스코 성인은 때때로 많은 환경 운동가들이 영감을 얻는 이상화된 자연 신비주의자로 축소되기도 한다. 이는 분명 지나친 단순화이다. 젊은 프란치스코의 회심은 실제로 세 가지의 회심, 즉 창조물 전체에 대한 회심, 가난한 사람들에 대한 회심, 그리고 궁극적으로 창조주께 대한 회심이었다. 프란치스코 성인의 삶은 단순하고, 자비롭고, 성스러웠으며, 그는 참으로 우리 시대를 위한 통합 생태론의 아름다운 본보기이다.[12]

---

12 Joshtrom Isaac Kureethadam, *Creation in Crisis: Science, Ethics, Theology*, (New York: Orbis Books, 2014), 371.

녹색 계명 VII
공동의 집에서 사는 새로운 생활 양식을 배워라

일곱 번째 녹색 계명은 공동의 집에서 살아가는 새로운 생활 양식에 관한 것이다. 생태 위기라는 전 지구적 특성을 고려할 때, 지구를 보호하기 위해서는 전 인류 공동체의 참여와 헌신이 필요하다. 프란치스코 교황은 이와 관련하여 국제적 차원부터 국가적 차원, 지역적 차원에 이르기까지 다양한 수준의 참여를 제안한다. 또한 교황은 생태 정의의 정신에 따라 다양한 국가와 공동체가 공동의 집인 지구의 위기에 대응하는 데 있어 공통적이면서도 차별화된 책임이 있음을 지적한다. 교황에 따르면, 우리 공동의 집이 위기에 처한 근본 원인은 현재의 사회 및 경제 시스템에서 찾을 수 있다.[1] 따라서 교황은 지구라는 공동의 집을 관리하는 새로운 방식, 즉 새로운 경제학과 공공 기관을 운영하는 새로운 방식, 그리고 새로운 정치 문화를 제안한다. 무한 성장의 신화에 기반하고 빈곤층을 배제하는 경제가 아니라 자연의 순환을 존중하고 인류 전체를 위해

1　Venugopalan Ittekkot and Eleanor Milne, "Encyclical Letter '*Laudato Si*'': A Gentle But Firm Nudge from Pope Francis", *Environmental Development* 17 (2016), 1.

봉사하는 새로운 경제가 필요하다. 경제적 이익과 권력 로비에 종속되지 않고 공익을 위해 봉사하는 새로운 정치가 필요하다. 이제 이러한 요소에 대해 자세히 검토해 보겠다.

1. 세계 공동체로서 공동의 집을 돌보는 일에 함께 행동하기

「찬미받으소서」의 주요 목적은 인류가 우리 자신과 미래 세대를 위해 공동의 집을 구하는 일에 결단력 있게 행동하도록 동기를 부여하는 것이다. "현재 불균형의 영향을 줄이는 것은 우리가 지금 여기에서 하는 행동에 달려 있습니다"(161). 우리 모두는 상호 의존적인 한 가족이기 때문에 공동의 거주지에 대한 위협을 피하기 위한 공동의 계획이 필요하다. "상호 의존은 우리에게 공동 계획을 가진 하나의 세상을 생각하지 않을 수 없게 합니다"(164). 교황은 또한 "우리는 모두 저마다 자신의 문화, 경험, 계획, 재능으로 하느님의 도구가 되어 피조물 보호에 협력할 수 있습니다."(14)라고 상기시킨다.

프란치스코 교황은 「찬미받으소서」에서 우리 공동의 집을 보호하는 데 있어 국제 공동체의 역할을 강조한다. 교황은 지금까지 이루어진 일들에 대한 종합적인 개요를 제시하며, 과거 눈에 띄는 몇 가지 실패와 확실한 성공을 지적한다. 교황은 또한 국제 사회의 생태 보호 분야에서 거둔 일부 제한적인 성공에 대해서도 언급한다. 유해 폐기물에 관한 바젤 협약, 멸종 위기에 처한 야생 동식물종의 국제 거래에 관한 협약, 유명한 몬트리올 의정서를 통해 이행된 오존층 보호를 위한 비엔나 협약 등이 그것이다(168). 그러나 프란치스코 교황은 최근 수십 년 동안 우리 공동의 지구가 직면한 심각한 문제를 해결하기 위한 국제 사회의 노력에서 실질적인 성공이 너무 적었다고 지적한다. "최근에 있었던 환경에 관련된 세계 정상 회담은 기대에 부응하지 못하였습니다. 정치적 의지가 결여되어 참된 의미가 있는 효과적인 세계적 합의에 도달할 수 없었기 때문입니다"(166).

프란치스코 교황은 이어서 공동의 지구를 보호하기 위한 국제적 차원의 공동 행동을 위한 몇 가지 윤리적 지침을 제시한다. 교황은 기후 변화를 완화하기 위한 협상을 언급하면서 유엔기후변화협약에 명시된 공동의 그러나 차별화된 책임이라는 중요한 원칙을 언급한다. 프란치스코 교황은 「찬미받으소서」에서 온실가스 감축에 대한 책무를 부담스럽게 감수해야 하는 가난한 국가들을 옹호하는 도덕적 목소리를 높였다.

> 이러한 조치의 실행은 개발을 가장 필요로 하는 나라들에 피해를 입히게 됩니다. 이러한 방식으로 환경 보호를 구실 삼아 또 다른 불의를 저지르는 것입니다. … 그래서 공동으로 책임을 져야 하지만 그것이 차등적으로 부과되어야 한다는 것은 여전히 분명합니다. 이는 볼리비아 주교들의 말처럼 "엄청난 온실가스 배출을 대가로 높은 수준의 산업화의 혜택을 누린 나라들은 자신이 초래한 문제의 해결에 더 커다란 책임을 져야 하기"[2] 때문입니다.(170)

교황이 회칙에서 밝힌 바와 같이, 기후 변화에 관한 국제적 협의의 고위급 회담에서 가난한 나라들에게 배출 감축 목표를 받아들이라고 강요해서는 안 된다. 이는 불행에서 벗어나려고 힘들게 노력하는 그들 나라의 국민들에게 악영향을 줄 것이다. 빈곤국의 최

---

[2] 볼리비아 주교회의, 볼리비아의 환경과 인간 개발에 관한 사목 교서 '우주, 삶을 위하여 하느님께서 주신 선물'(*El Universo, don de Dios Para la Vida*), 2012.3., 86항.

우선 과제는 "자국민들의 빈곤 퇴치와 사회 발전"(172)이다. 우리는 자연 보호와 빈곤 퇴치라는 목표를 결합해야 한다. "환경 오염의 감소와 가난한 국가와 지역의 발전이라는 사안을 동시에 다루는 데에 더욱 책임 있는 세계적 호응이 필요합니다"(175).

프란치스코 교황은 가난한 국가들이 태양 에너지와 같이 오염을 덜 유발하는 에너지 생산 방식을 개발해야 한다고 지적하며, "이를 위해서는 지구를 현재와 같이 오염시켜 가면서 엄청난 성장을 이룬 나라들의 도움이 필요"(172)하다고 강조한다. 이러한 지원은 "개발 도상국들이 기술 이전과 더불어 기술과 재정 지원을 받을 수 있는 장치와 도움이 마련되어야" 함을 의미한다. 교황에 따르면, "이는 무엇보다도 모든 민족들의 연대를 바탕으로 하는 윤리적 결단"(172)이다.

교황은 해양 폐기물 문제 같은 것에 대해, 해양과 같은 이른바 '세계 공동재' 전체를 다루는 국제적 합의와 통치 제도를 촉구한다(174). "일부 기업이나 강대국이 다른 나라에 오염 폐기물을 내다 버리거나 환경을 오염시키는 산업을 이전하는 것과 같은 용인할 수 없는 행위를 막고 의무를 부과하는 국제적 규범들이 필요합니다"(173). "개별 국가만의 조치로는 해결할 수 없는 근본적 문제들을 다루려면 세계적인 합의가 반드시 필요합니다"(164).

공동의 집을 보호하고 인류와 나머지 생명 공동체의 안녕을 증진하기 위해서는 국가 및 지역 차원에서도 기여할 수 있고 또 기여해야 한다. 교황은 "개별 국가는 자기 영토 안에서 수행하는 계획, 조정, 감시, 제재의 기능을 더 이상 외면할 수 없습니다."라고 말한다(177). 교황은 또한 여기에는 창의성과 적극적인 행동이 필요하다고 본다. "정치적 제도적 틀은 단지 나쁜 관행의 방지만이 아니라 바람직한 관행을 장려하고, 새로운 길을 모색하는 창의력을 증진하며, 개인적 집단적 제안들을 장려해야 합니다"(177).

프란치스코 교황은 우리 공동의 집을 보호하기 위한 전 세계 지역 생태 운동과 많은 시민 사회 단체의 중요한 공헌에 대해 특별히 언급한다.

> 자연과 도시의 환경을 보호하면서 공동선을 위하여 활동하는 수많은 다양한 단체들이 사회 안에 꽃피고 있습니다. 예를 들어 어떤 단체는 건물, 분수, 방치된 기념물, 경관, 광장과 같은 공공 장소에 대한 관심을 보이며 모든 사람에게 속한 것의 보호, 청결, 개선, 미화를 위하여 노력합니다. 이들 주변에서는 유대가 수립되거나 회복되며 새로운 지역 사회 관계망이 형성됩니다.(232)

「찬미받으소서」는 우리 공동의 집을 돌보는 일에 대한 국제적 논쟁에 영향을 미치고 장기적으로 패러다임의 전환을 형성하고자 하는 것이 분명하다.[3] 우리는 그러한 일이 정말로 일어나기를 바랄 뿐이다.

2. 공동의 집을 관리하는 새로운 경제를 향해

국제적, 국가적, 지역적 차원에서 지구의 관리를 위해 인류가 취해야 할 구체적인 행동과는 별개로, 공동의 집을 관리하는 근본적으로 새로운 방식이 필요하다. 우리에게 필요한 것은 다름 아닌 새로운 경제이다. 경제학은 원래 단순히 이윤을 창출하는 것이 아니다. 경제는 본질적으로 독일인들이 말하듯이, 여관 주인처럼 주

---

3 Jeffrey Mazo, "The Pope's Divisions", *Survival* 57/4 (2015), 209.

거지를 적절히 다루거나 돌보는 '살림살이'(Wirtschaft)이다. 이는 자신의 집안을 다스리고 관리하는 가정 살림(Haushalt)인 것이다. 이는 경제학(오이코스oikos+노모스nomos)이라는 그리스어 용어의 어원적 의미이기도 하다. 즉, 집안의 법 또는 규칙을 의미한다. 오늘날 현대 생태 위기의 맥락에서 경제학은 지구라는 공동의 집을 관리하는 예술이자 과학으로 재해석되어야 한다.

우리 공동의 집이 위태로운 상태가 된 것은 최근 잘못된 경제 이론에 따라 잘못 관리된 것과 크게 관련이 있다. 현대 경제 자본주의(modern economic capitalism)를 지배하는 가장 중요한 믿음은 자연은 인간이 소비하기 위해 활용할 수 있는 자원의 저장고에 불과하다는 것이다. 따라서 자연은 금전적 가치에 따라 꼼꼼하게 계산되어 사용, 저장, 물물교환이 가능한 수많은 상품으로 환원된다. "자연은 인간의 착취와 사용을 위한 '자원' 또는 '원자재'라는 단일한 의미를 갖게 된다."[4] 국가와 사회가 GNP로 평가되고 개발이 지구의 자원을 착취하고 활용할 수 있는 능력으로 간주됨에 따라 자연을 인식하는 양적 패러다임은 현대 사회의 가치와 사고에 계속 영향을 미치고 있다.

프란치스코 교황은 「찬미받으소서」에서 자연을 인간의 소비를 위한 자원의 저장고로만 보고 사회 및 환경 문제와는 동떨어진 일차원적인 관점으로 바라보는 현대 경제학에 대해 비판한다. 그는

---

4 David Toolan, *At Home in the Cosmos* (New York: Orbis Books, 2001), 43-44.

이렇게 말한다.

> 이윤 극대화의 원칙은 다른 모든 시각을 외면하며 경제 개념을 왜곡합니다. 이는 생산이 늘기만 한다면 미래 자원이나 환경의 건강을 희생시키는 것도 개의치 않습니다. 벌채로 생산이 늘기만 한다면 한 지역의 사막화, 생물 다양성의 훼손, 오염의 증가로 발생하는 손실은 그 누구도 생각하지 않습니다. 다시 말해 기업들은 비용의 극히 일부만을 계산하여 지불하며 수익을 냅니다.(195)

교황은 「하느님을 찬미하여라」에서 "최소 비용으로 최대의 이윤을 얻는다는 논리는 합리성, 발전 그리고 현혹하는 약속들로 자신을 가린 채 공동의 집을 위한 진심 어린 염려와 사회에서 내버려진 사람들을 도우려는 관심을 불가능하게 만듭니다."[5]라고 말한다.

교황에 따르면 현재의 자유 시장 경제 이론은 우리 공동의 지구를 보호하는 데 지극히 부적절하다. 프란치스코 교황은 이와 관련하여 베네딕토 교황이 「진리 안의 사랑」에서 강조한 바를 되풀이한다. "시장 자체가 온전한 인간 발전과 사회 통합을 보장할 수 없습니다"[6](109). 프란치스코 교황에 따르면 시장 경제는 자연 세계를 보호하고 가난한 사람들의 필요를 보장하는 데 전적으로 부적합하다.

> 기업이나 개인의 이윤 증대만으로 문제가 해결된다고 여기는 마술적 시장 개념을 거부해야 합니다. 이윤 극대화에만 집착하는 이들이 미래 세대에게 남겨 줄 환경의 영향에 대하여 차근차근 생

---

5 「하느님을 찬미하여라」, 31항.
6 「진리 안의 사랑」, 35항.

각하기 바라는 것이 과연 현실적이겠습니까? 이윤만을 중요하게 여기는 틀 안에는 자연의 순화, 자연의 쇠퇴와 재생의 시기, 또는 인간의 개입으로 심각하게 변형될 수 있는 생태계의 복잡함에 대한 생각이 들어설 자리가 없습니다. 게다가 생물 다양성은 기껏해야 착취 가능한 경제적 자원의 창고로 여겨질 뿐이며, 사물들의 실제적 가치, 인간과 문화에 주는 의미, 가난한 이들의 관심과 필요에 대해서는 진지한 성찰이 이루어지지 않습니다.(190)

현재의 경제 시스템은 사회의 가난하고 취약한 계층을 대부분 배제하고 있다. 세계화와 함께 "배제의 경제"(프란치스코 교황, 「복음의 기쁨」, 53-54항)는 수억 명의 사람들을 뒤처지게 만들었다. 12억 명이 전기를 공급받지 못하고, 8억 7천만 명이 영양실조에 시달리며, 최소 7억 4천8백만 명이 깨끗한 물을 사용할 수 없는 상황이다.[7] 세계 경제는 지난 세기 동안에만 20배 성장했다.[8] 이는 전례 없는 규모와 폭으로 부를 창출하고 있다. 동시에 전례 없는 수준의 불평등을 야기하고 있다.[9] 경제 성장의 혜택이 모든 사회 구성원에게 골고루 돌아가지 않았고, 상당한 불평등이 여전하며, 사회에서 가장 취약한 많은 집단이 뒤처지고 있음이 분명하다. 프란

---

7 Data from World Bank: http://www.worldbank.org/mdgs/environment.html (accessed on 7th February 2015); M.A. Maslin, "Climate Change: Essential Knowledge for Developing Holistic Solutions to Our Climate Crisis," *Emerging Topics in Life Sciences* 3/2 (2019), 245-256.
8 Angus Maddison, *The World Economy: Historical Statistics* (Paris: OECD, 2004); UNEP, *Global Environment Outlook 5: Environment for the Future of All* (Nairobi: UNEP, 2012), 5 참조.
9 Tim O'Riordan, Alan McGowan, Ralph Hamann, Myanna Lahsen, and Linxiu Zhang, "The Legacy of the Papal Encyclical," *Environment: Science and Policy for Sustainable Development* 57/6 (2015), 2.

치스코 교황은 생태와 경제, 그리고 형평성이 서로 불가분의 관계에 있는 것으로 보고 있다.[10]

오늘날 우리는 우리가 살고 있는 지구의 생태계와 자연 순환을 존중하고 인류 전체를 위해 봉사하는 새로운 '생태적' 경제를 필요로 하고 있다. 앤서니 아넷은 "프란치스코 교황의 경제적 비전은 인간적 비전이다."[11]라고 올바르게 언급했다. 교황은 우리에게 "현실을 더 포괄적으로 바라볼 수 있게 해 주는 '경제 생태론'이 필요"(141)하다고 말한다. 프란치스코 교황은 「찬미받으소서」의 통합 생태론의 정신을 유지하면서, '환경과 발전에 관한 리우 선언'을 언급한다. "환경 보호는 사실 '발전 과정의 핵심 요소이어서 별도로 다룰 수 없습니다.'[12] … 우리는 경제학을 포함한 다양한 학문 분야를 아우르는 인본주의가 절실히 필요합니다"(141).

지배적인 경제 패러다임의 영역에서 신성시되며 우리 공동의 집을 약탈하는 데 기여하는 주요 요인 중 하나가 무한 성장 신화인데, 생태적 경제론은 그러한 무한 성장 신화를 거부한다. 프란치스코 교황은 "무한 성장 또는 제약 없는 성장이라는 개념을 쉽사리 받아들이게 되었으며, 경제학자, 금융 전문가, 기술자들은 이에 큰 매력을 느꼈습니다. 이는 지구 자원을 무한히 활용할 수 있다는 거

---

10 Mary Evelyn Tucker, "Ecological Challenges Evoke Ethical Response," *Environment: Science and Policy for Sustainable Development* 57/6 (2015), 25.
11 Anthony Annett, "The Economic Vision of Pope Francis," in *The Theological and Ecological Vision of Laudato Si': Everything Is Connected*, ed. Vincent J. Miller (London: Bloomsbury, 2017), 160.
12 국제연합, '환경과 개발에 관한 리우 선언'(*Rio Declaration on Environment and Development*), 1992.6.14., 제4원칙.

짓을 바탕으로 한 것으로, 지구를 그 한계를 넘어서 최대한 '쥐어짜는' 데에 이르게 됩니다."(106)라고 비판한다. 이제는 급격한 경제 성장을 억제하거나 선진국의 경우 일종의 탈성장을 촉진하여 가난한 지역 사회가 존엄한 삶을 위해 필요한 경제 성장을 달성할 수 있도록 해야 할 때이다. 프란치스코 교황은 베네딕토 교황에게 영감을 받아 다음과 같이 말한다.

> 일부 경우에 지속 가능한 발전이 새로운 형태의 성장을 가져오지만, 또 다른 경우에는 수십 년 동안 이어져 온 탐욕스럽고 무책임한 성장을 놓고 볼 때, 우리가 속도를 어느 정도 줄여 합리적 한계를 설정하고, 더 나아가 너무 늦기 전에 되돌아가는 것도 잘 생각해 보아야 합니다. 다른 사람들이 인간 존엄에 맞갖은 삶을 살 수 없는데도, 소비와 파괴를 더욱 늘리는 사람들의 행태는 옹호될 수 없다는 것을 우리는 알고 있습니다. 그러한 까닭에 이제 세계의 일부 지역이 불경기를 어느 정도 감수하면서 다른 지역이 건전하게 성장하도록 지원해야 할 시점에 이르렀습니다. 베네딕토 16세 교황께서는 "기술적으로 발전한 사회들이 에너지 소비를 줄이고 에너지 효율을 높여 좀 더 검소한 생활 방식을 실천할 자세가 되어 있어야 한다."[13]고 말씀하셨습니다.(193)

교황에 따르면, 경제의 방향 전환은 "발전에 대한 개념을 새로 정의"(194)할 것을 요구한다. 생태론의 사회적 성격에 대해서는 이렇게 말한다. "반드시 사회의 삶과 존속의 조건에 대한 성찰과 논의가 따르게 됩니다. 또한 발전, 생산, 소비의 모델들에 대한 의문

---

13 베네딕토 16세, 2010년 세계 평화의 날 담화, 9항.

을 제기하는 솔직함이 있어야 합니다"(138). 따라서 "더 나은 세상과 전체적으로 더 높은 삶의 질을 이루어 내지 못하는 기술과 경제 개발은 발전으로 볼 수 없습니다"(194).

교황은 현재의 버리는 문화를 비판하며, 우리가 자연이 제시하는 모범 사례를 모방하여 경제 생산의 '순환' 모델에 아직 도달하지 않은 것에 대해 유감스럽게 생각한다.

> 우리는 자연 생태계의 순환 과정이 우리의 모범이 된다는 것을 쉽게 받아들이지 못합니다. 식물은 초식 동물들이 먹는 영양분을 합성합니다. 그다음에 초식 동물들은 육식 동물의 먹이가 됩니다. 이렇게 하여 상당히 많은 양의 유기 배설물이 배출되어 새로운 식물들이 자라나게 됩니다. 그러나 우리 산업 체계는 생산과 소비의 과정 끝에 나오는 쓰레기와 부산물의 처리나 재사용 능력을 개발하지 않았습니다. 우리는 아직 순환적 생산 방식을 채택하지는 못하였습니다. 이러한 생산 방식은 현재와 미래 세대들을 위하여 자원을 보존할 수 있는 것이며, 재생 불가능한 자원 사용의 최소화, 소비 절제, 개발 효율의 극대화, 재사용, 재활용을 요구합니다.(22)

오늘날 세계 에너지 수요의 거의 80%가 지구 온난화의 가장 큰 원인인 화석 연료에 의존하고 있다는 점에서, 화석 연료에서 재생 가능한 에너지로 전환하자는 프란치스코 교황의 용기 있는 권고는 특별히 언급할 만하다. 교황은 "우리는 엄청난 오염을 유발하는 화석 연료, 특히 석탄과 석유와 더불어 소비량은 적지만 가스를 기반으로 하는 기술의 점진적인 대체를 바로 시작해야 한다는 것을 알고 있습니다."(165)라고 분명하게 말한다. 또한 그는 "국제 공동체는 에너지 전환에 필요한 많은 비용을 누가 지불할 것인지에 대한 적절한 합의를 여전히 이루지 못하고 있습니다."(165)라고 우려를 표명한다. 이러한 전환에 드는 즉각적인 비용에도 불구하고 교황은 "기후 변화가 가져올 위험에 비하면 그 비용은 적을 것"(172)이라고 강조한다. 그러나 교황은 「하느님을 찬미하여라」에서 다음과 같이 말한다. "안타깝게도 기후 위기는 경제 강국들의 주요 관심사가 아닙니다. 그들은 최소한의 비용으로 가능한 한 짧은 기간에 최대의 이윤을 얻는 데에 관심이 있습니다."[14]

나오미 클라인이 지적했듯이, "우리의 경제 시스템과 지구 시스템은 지금 전쟁 중이다."[15] 이 시대의 생태 위기, 우리 공동의 삶의 위기는 이 사실을 뚜렷하게 상기시켜 주며, 지구를 관리하는 새로운 방법을 만들라는 크나큰 외침을 들려 준다. 클라인은 다음과 같이 말한다. "이것은 문명사회에 대한 모닝콜이다. 화재, 홍수, 가뭄, 멸종으로 대변되는 강력한 메시지는 우리에게 완전히 새로운 경제 모델과 지구를 공유하는 새로운 방식이 필요하다는 것을 말해 준다."[16]

지구라는 공동의 집을 관리하는 기술로서 이해되는 새로운 경제학에 있어서는 정치 문화 또한 매우 중요하다. 프란치스코 교황은 "정치가 결여된 경제는 … 정당화될 수 없습니다."(196)라고 말한다. 이제 공동의 집을 관리하는 데 필요한 새로운 정치 문화에 주목해 보자.

---

14 「하느님을 찬미하여라」, 13항.
15 Naomi Klein, *This Changes Everything: Capitalism vs. the Climate* (London: Penguin Books, 2015), 21.
16 윗글, 25.

3. 공동의 집을 돌보기 위한 새로운 정치 문화

현대 생태 위기의 맥락에서, 지구라는 공동의 집에서 거주할 수 있도록 보장하는 것은 모든 공공재 중에서 가장 중요하다. 그것이 다른 모든 공공재의 충족을 위한 필수 전제 조건이기 때문이다. 여기서 공동선을 위한 봉사를 주요 소명으로 삼는 정치는 중요하고 필수 불가결한 역할을 한다.

「찬미받으소서」에서 프란치스코 교황은 인간 사회가 그 안에 존립하고 있는 자연 환경의 보호와 관련된 현재의 정치 문화에 대해 비판적이다. 오늘날 정치는 대부분 즉각적인 만족을 추구하는 소비주의적 경향에 의해 주도되기 때문에 환경 보호에 대한 장기적인 관점이 부족한 경우가 많다. 교황의 말처럼 소비주의 문화는 "단기적이고 사적 이익을 우선시하여"(184) 우리 공동의 집을 보호하기 위한 장기적인 정책을 촉진하지 못한다.

> 즉각적인 결과에 초점을 맞추는 정치적 계획은 소비를 추구하는 사람들의 지지를 바탕으로 단기적 성장만을 추구할 수밖에 없습니다. 정부는 선거권자들의 이해에 부응하여 소비 수준에 영향을 미치거나 해외 투자를 위협하는 조치로 국민들을 쉽사리 자극하려 들지 않습니다. 근시안적인 정권 수립으로 환경에 관한 장기적 안건들이 정부의 공공 정책에 제대로 반영되지 못합니다.(178)

프란치스코 교황은 오늘날 정치의 가장 큰 문제점은 정치가 경제적 이해관계에 지나치게 종속되어 있다는 점이라고 지적한다. 이러한 상황은 전 세계의 생태 문제를 해결하려는 노력에 걸림돌이 아닐 수 없다. 지금까지 기후 변화에 관한 국가 간 정상 회담의 실패를 언급하면서, 프란치스코 교황은 그 원인을 "힘 있는 이익 집단"(52) 때문이라고 지적한다. "너무나 많은 특정 이익 단체들이 있고 … 공동선을 장악하고 그들의 계획에 영향이 없도록 정보를 조작하기에"(54) 이른다는 것이다.

프란치스코 교황은 특히 다국적 기업이 정치 구조를 장악하는 것을 비판한다. "21세기에도 구시대의 통치 제도가 여전히 유지되고 있지만 민족 국가들의 영향력 감소가 목격되고 있습니다. 이는 특히 초국가적 성격을 지닌 경제와 금융이 정치를 지배하는 경향이 있기 때문입니다"(175). 교황이 지적했듯이, 이러한 일부 경제 부문은 "국가보다 더 많은 권력을 행사하고 있는 것이 사실"(196)이다. 실제로 이들은 세계 정치 및 경제 영역에서 전례 없이 막강한 권력을 행사하게 되었다.

프란치스코 교황은 기득권 경제 이익에 종속되어 지구라는 공동의 집을 황폐하게 만드는 데 기여하는 현재의 정치 문화에 맞서 "사회 전체, 특히 국가는 공동선을 수호하고 증진해야 할 의무가"(157) 있다고 하며 공동선을 위한 정치를 촉구한다. 가톨릭의 사회적 가르침에 잘 녹아 있는 보조성의 원리는 "더 많은 권력을 지닌 이들이 공동선을 위하여 더 큰 책임을 지도록 하는 것"(196)이다. 교황은 장기적이고 근본적인 새로운 정치 문화를 요구한다.

> 우리는 폭넓은 시각으로 위기의 다양한 측면들에 대하여 학제적인 대화를 포함한 새로운 통합적 접근을 하는 정치가 필요합니다. … 참다운 변화를 위한 전략에는 전체 과정에 대한 재검토가 필요합니다. 현대 문화의 뿌리에 놓여 있는 논리를 문제 삼지 않

고 몇몇 피상적인 생태적 고려 사항만 다루는 것으로는 충분하지 않습니다.(197)

프란치스코 교황은 "환경에 관한 장기적 안건들이 정부의 공공 정책에 제대로 반영"(178)될 것을 주장한다. 또한 "정치적 위대함은 어려운 시기에 중요한 기본 원칙에 따라 국정을 운영하며 장기적 공동선을 배려하는 것에서 드러납니다."(178)라고 말한다. 교황은 이어서 장기적인 관점이 우리 공동의 집이 직면한 위기를 해결하는 데 필수적이라고 설명한다. "연속성도 필수적입니다. 기후 변화와 환경 보호와 관련된 정책이 정권이 바뀔 때마다 변해서는 안 되기 때문입니다"(181).

프란치스코 교황은 현대 생태 위기의 전 지구적 특성을 감안하여, 전임 교황 요한 23세와 베네딕토 16세가 이미 호소했던 "참된 세계적 정치 권위"[17]를 요구한다. 우리는 "세계 경제를 관리하고 위기에 처한 경제를 되살리는 것, 현재의 위기가 악화되어 그에 따른 불균형이 심화되지 않는 것, 전체적이고 시의적절한 군비 축소와 식량 안정과 평화가 이루어지는 것, 환경을 보호하는 것, 이민을 규제하는 것"(175)을 위해서 그러한 국제 조직이 필요하다. 교황에 따르면, "국가 정부들의 합의 아래 공정한 방식으로 위임된 권위로 제재의 권한을 지닌 강력하고 효과적으로 구성된 국제 조직의 수립"(175)이 필수적이다. 다른 한편으로, 지역 공동체가 "자기 자신과 자녀들의 미래에 필요한 것에 대하여 고민하고, 즉각적 경제적

---

17 「진리 안의 사랑」, 67항.

이익을 초월한 목적들을 생각"(183)하는 것이 중요하다.

프란치스코 교황이 회칙에서 밝힌 바와 같이, 정치는 우리의 공동의 집을 지키기 위한 노력에서 없어서는 안 될 중요한 역할을 한다. "시민들이 국가와 지역과 지자체의 정치적 권력을 통제하지 않으면 환경 피해를 막을 수 없습니다"(179).

4. 공동선의 더 넓은 지평

프란치스코 교황이 가톨릭의 사회적 가르침에 따라 「찬미받으소서」에서 제시한 명확한 기준은 정치와 경제가 모두 공동선을 위해, 특히 인간의 삶을 위해 봉사해야 한다는 것이다.

> 정치가 경제에 종속되어도 안 되며 경제가 효율 중심의 기술 지배 패러다임에 종속되어서도 안 됩니다. 공동선을 고려할 때 오늘날 정치와 경제는 반드시 서로 대화를 나누며 삶, 특히 인간의 삶에 봉사해야만 합니다.(189)

「찬미받으소서」에서 프란치스코 교황은 제2차 바티칸 공의회에서 나온 공동선의 정의를 일깨운다. 공동선은 "집단이든 구성원 개인이든 자기완성을 더욱 충만하고 더욱 용이하게 추구하도록 하는 사회생활의 조건의 총화"[18](156)이다. 또한 회칙을 통해 제2차 바티칸 공의회 문헌「사목 헌장」의 다음과 같은 기본 원칙을 반복한다. "하느님께서는 땅과 그 안에 있는 모든 것을 모든 사람과 모든 민족이 사용하도록 창조하셨다"[19](158 참조). 지칠 줄 모르고 헌신

---

18 「사목 헌장」, 26항.
19 윗글, 69항.

하는 공동선 추구만이 지구라는 집과 가장 취약한 주민들을 보호할 수 있다.

프란치스코 교황은 「찬미받으소서」에서 다음과 같이 강조한다. "공동선의 개념은 또한 미래 세대도 관련됩니다. … 오늘날 우리는 세대 간 연대 없이는 지속 가능한 발전을 더 이상 논할 수 없습니다. 우리가 미래 세대에게 물려줄 지구를 생각하면, 우리가 거저 받은 선물을 전달하는 것에 관한 새로운 논리에 접어들게 됩니다"(159).

모든 공공재 중 가장 위대한 것은 우리가 동료 인간 및 다른 생명 공동체와 함께 공동 가족으로 살아가는 곳인 우리 공동의 집 지구이다. 지구를 돌보고 보호하는 것은 현재와 같은 지구 위기의 시대에 인류가 추구해야 할 진정한 공동선이 된다.

녹색 계명 Ⅷ
생태 시민 의식을 교육하라

위기에 처해 있는 지구라는 공동의 집을 돌보기 위해서는 우리의 생활 양식을 근본적으로 새롭게 바꾸어야 한다. 이는 인류를 기다리고 있는 거대한 도전이다. 프란치스코 교황의 말씀처럼 "우리는 긴 쇄신의 여정이 필요한 커다란 문화적, 정신적, 교육적 도전에 직면하게 되는 것"(202)이다. 회칙의 마지막 장은 인간이 평생에 걸친 생태적 회개의 여정을 떠날 수 있게 해 주는 두 날개와 같은 생태 교육과 생태 영성에 대해 다루고 있다.

여덟 번째 녹색 계명은 생태 교육에 관한 것이며, 생태 영성에 관한 질문은 다음 계명에서 다룰 것이다. 지구 공동체의 위기는 인간 활동 때문에 생긴 것이기에 지구 공동체의 지속 가능성에 큰 부담을 주고 있는 소비 행태에 대한 근본적인 변화가 필요한 상황이며, 이러한 근본적인 변화는 교육을 통해서만 이루어질 수 있다. 프란치스코 교황은 이 회칙에서 인간과 자연 세계 사이에 새로운 계약을 맺기 위해 환경 교육에 대해 다시 생각해 볼 것을 요청한다. 우리는 자연, 동료 인간, 하느님과의 조화를 회복할 수 있는 전체론적인 교육이 필요하다. 교황은 또한 학교, 가정, 미디어, 교리 교육, 수도원 등 생태 교육을 위한 다양한 환경에 대해 이야기한다. 마지막으로 지구의 비상사태라는 이 중요한 순간에 생태 시민 의식을 위한 교육이 얼마나 중요한지 언급하는 것으로 마무리하겠다.

1. 만연한 소비주의에 맞서는 새로운 생활 양식의 도전

오늘날 공동의 집이 처한 위태로운 상황은 우리에게 "반문화적인"(108) 생활 양식을 선택할 용기를 요구한다. 위기의 심각성을 고려할 때, 약간의 재활용이나 가끔 자전거를 타는 것과 같은 단순한 해결책으로는 충분하지 않다. 마크 다우드는 다음과 같이 말한다. "우리는 다음과 같은 '갑판 의자 재배치'* 활동으로 환경 파괴를 막을 수 있다고 스스로를 속여서는 안 된다. 예를 들어, 비닐봉지를 포기하고 전구를 교체하는 것만으로 환경 파괴의 주범인 유조선의 운항을 멈출 수 있다고 생각해서는 안 된다."[1] 우리 자신과 미래 세대를 위해 지구라는 공동의 집을 지키기 위해서는 근본적으로 새로운 생활 양식이 필요하다.

공동의 집을 구하기 위해서는 특히 현재 신자유주의 경제 모델의 세계화와 함께 경제 선진국에 널리 퍼져 있고 전 세계로 들불처럼 번지고 있는 과소비 중독을 극복해야 한다. 특히 사회의 부유한 계층을 중심으로 한 이러한 과소비 생활 방식은 우리 공동체의 천

---

1 Mark Dowd, "For Every Living Creature on Earth," *The Tablet* (13 June 2015), 4.
* 역자 주: 중요하지 않은 일에 시간을 낭비하며 훨씬 심각하고 근본적인 일을 무시하는 태도.

연자원을 고갈시키고 있다. 교황이 회칙에서 아래와 같이 언급했듯이, 우리는 탈근대 인류에게 불안의 주요 원인이기도 한 강박적 소비주의의 희생자이다.

> 시장이 상품 판매를 위하여 강박적 소비주의를 촉진하는 경향이 있기에, 사람들은 과잉 구매와 불필요한 지출의 소용돌이에 빠지기 쉽습니다. 집착적 소비주의는 기술-경제 패러다임이 개인들에게 어떻게 영향을 끼치는지를 보여 주는 사례입니다. … 이러한 패러다임은 모든 사람이 이른바 소비의 자유를 누리는 한 자신이 자유롭다고 믿게 만듭니다. 그러나 현실에서 자유를 누리는 이는 경제적 금전적 힘을 휘두르는 소수에 지나지 않습니다. 이러한 혼란 속에서, 탈근대 세계의 인류는 아직 자신이 나아갈 방향을 정립할 수 있을 만한 새로운 자의식을 갖추지 못하여, 그러한 정체성의 결여를 불안으로 여기게 된 것입니다.(203)

우리의 무분별한 소비 수준이 실제로 지구라는 공동의 집을 약탈하고 있다. 많은 중요한 천연자원의 소비가 재생 능력을 초과하고 있는 것이 분명하다. 어업, 삼림, 생물 다양성, 특히 담수와 같은 중요한 천연자원의 경우, 치명적인 임계점에 빠르게 다다르고 있다. 홀로세 시대 동안, 그리고 문명이 시작된 이후 지난 6천 년 동안 우리는 지구 자연 시스템의 지속 가능한 생산량으로 살아왔다. 하지만 최근 수십 년 동안 우리는 우리를 지탱하는 지구의 천연자원의 용량을 초과 소비하고 있는 것으로 보인다. 실제로 널리 사용되고 있는 생태 발자국 분석 메커니즘은 과소비의 놀라운 추세를 명확하게 보여 준다. 현재 전체 인류는 1년에 1.5개의 지구를 소비, 더 정확하게는 과소비하고 있으며, 현재의 소비 및 폐기물

수준을 고려할 때 앞으로 상황은 더욱 악화될 것으로 예상된다.[2]

더 큰 생태적 맥락을 무시한 채 지구의 천연자원을 빠르게 고갈시키는 것은 전 지구적 재앙의 지름길이다. 숀 맥도나가 지적했듯이 "지구의 장부는 결국 가장 실제적인 거래 장부이며, 이것은 지구가 유한하고 취약하며, 인간이 이러한 생태적 회계 현실에 비추어 삶을 조정하지 않는다면 자연 시스템이 심각하게 고갈되고 붕괴될 수 있음을 알려 준다."[3] 이전의 어떤 세대도 자연의 지속적인 파괴에서 살아남은 적이 없다. 우리도 마찬가지일 것이다.

「찬미받으소서」는 우리 모두가 그 일부분이 된 '쓰고 버리는 문화'에 대해 심오한 비판을 담고 있다.[4] 이 회칙은 우리 시대의 소위 쇼핑 문화로 대표되는 탐욕과 물질주의 문화에 대해 분명하게 비난한다.[5] 프란치스코 교황은 회칙에서 우리의 무분별한 소비 패턴의 뿌리에 대해서도 주의 깊게 진단한다.

> 사람들이 자기중심적이고 자기의식 안에 머물 때 탐욕이 커지기 마련입니다. 마음이 공허할수록, 사람들은 구매하고 소유하고 소비할 대상을 더욱 필요로 합니다. 이러한 상황에서는 그 누구라도 현실의 한계를 받아들이기란 불가능해 보입니다. 이러한 관점에서는 참다운 공동선조차도 존재하지 않습니다. 이러한 태도가

2　Global Footprint Network et al., *Living Planet Report 2014: Species and Spaces, People and Places* (Grand: WWF, 2014) 9 참조.

3　Seán McDonagh, *To Care for the Earth: A Call to a New Theology* (London: Geoffrey Chapman, 1986), 45.

4　John D. Wilsey, "Whose Land?," *America* (November 28, 2016), 20.

5　Susan Jacobson-Bill Weis-Abigail B. Schneider, "*Laudato Si*' and the Consumption Challenge: Giving Students a Visceral Exercise in Saving Our Planet," *Jesuit Higher Education: A Journal* 6 (2017), 88.

한 사회 안에서 만연할수록, 사회 규범들은 개인 욕구와 상충되지 않는 범위 안에서만 존중됩니다. 따라서 우리는 엄청난 기상 이변이나 커다란 자연재해의 위협에만 관심을 기울일 것이 아니라, 사회 위기에서 비롯되는 참사에 대해서도 생각해야만 합니다. 소비 지향적 생활 양식에 대한 집착은, 특히 소수의 사람만이 이를 감당할 수 있을 때, 폭력과 상호 파괴만을 가져올 뿐입니다.(204)

프란치스코 교황은 공동의 집의 물리적, 사회적 기둥을 무너뜨리는 이러한 건강하지 못한 소비 패턴에 맞서, "정치적, 경제적, 사회적 힘을 발휘하고 있는 이들에게 건전한 압력을 행사"할 수 있도록 근본적으로 "생활 양식을 바꾸"기를 촉구한다(206). "환경 훼손의 문제는 우리의 생활 양식을 반성하도록 촉구하고 있습니다"[6](206).

사회에 획기적인 변화를 가져오고 우리의 공동의 지구를 구하기 위해 어떻게 하면 다른 생활 양식을 발전시킬 수 있을까? 프란치스코 교황은 「찬미받으소서」에서 교육이 이 중요한 과제에서 중요한 역할을 한다고 제안한다. 교육은 지금 우리가 향하고 있는 공동의 집과 근본적으로 새롭고 조화로운 관계를 이끌어 내는 역할을 한다.

2. 지구 집과 새로운 계약을 맺기 위한 생태 교육 재고하기

프란치스코 교황에 따르면, 공동의 집의 붕괴가 임박하고 사회적 관계의 붕괴가 점점 더 심해지는 상황에서, "우리는 교육적 도전에 직면하게"(209) 되었다고 한다. 교육은 모든 사람, 특히 젊은

---

6 베네딕토 16세, 2010년 세계 평화의 날 담화, 11항. 이와 관련해서 Daniel R. DiLeo, "Creation Care through Consumption and Life Choices," in *Theological and Ecological Vision of Laudato Si' : Everything Is Connected*, ed. Vincent J. Miller (London: Bloomsbury, 2017), 217-234 참조.

이들이 공동의 집의 책임 있는 관리자가 될 수 있도록 동행하는 길이다. 지구 문명의 이러한 중요한 시기에 희망적인 점은 바로 젊은이들이 점점 더 우리 공동의 지구를 보호하고 보존하려는 노력의 진정한 주인공이 되고 있다는 점이다. 그러나 과도한 소비주의가 만연한 환경 속에서 살고 있는 젊은이들이 보다 지속 가능한 생활 양식을 배양할 수 있도록 도와야 한다. 교황은 이렇게 말한다.

> 소비 습관에 커다란 변화가 필요한 국가들에서, 젊은이들은 새로운 생태 감각과 관용의 정신을 지니며, 그들 가운데 일부는 환경 보호를 위하여 훌륭히 싸우고 있습니다. 그러나 그들은 다른 습관들이 자라나기 힘든 지나치게 많은 소비와 풍요로운 상황 안에서 자랐습니다.(209)

젊은이들은 현대의 소비주의 문화에 가장 취약하지만, 또한 생활 양식 측면에서 책임감 있는 생태적 선택을 하도록 이끌어질 수 있다. 따라서 우리는 환경 교육 분야에서 도전과 기회에 직면해 있다. 프란치스코 교황은 "환경 교육의 목표가 점차 확대되었습니다."(210)라고 말한다. 그러면서 환경 교육의 새로운 경향에 대해서 "초기에는 학문적 정보, 환경 위기에 대한 인식 고취와 예방에 중점을 두었다면, 이제는 도구적 이성(utilitarian mindset)*에 근거한 근대성의 '신화', 곧 개인주의, 무한한 진보, 경쟁, 소비주의, 규제 없는 시장에 대한 비판을 포함하는 경향이 있습니다."(210)라고 언급한다.

---

* 역자 주: utilitarian mindset은 '공리주의적 사고방식'이나 「찬미받으소서」 한글 번역판에는 '도구적 이성'이라고 번역했다.

개인주의와 소비주의가 특징인 공리주의적 사고방식의 더 깊은 근원은 근대 인간 중심주의와 기계론적 자연관에 있다. C. A. 바워스, 데이비드 오르 등 저명한 교육학자들이 지적했듯이, 현재 대부분의 교육 시스템은 근대성, 인간 중심주의, 특히 기계론적 자연관에서 비롯된 이러한 전제에 기반을 두고 있다. 현대의 인간 중심주의는 전 세계 대부분의 교육 커리큘럼에 미묘하게 스며들어 있다.[7] 바워스에 따르면, 현대의 교육 시스템이 전파하는 주요 문화적 메시지는 생명 공동체 내 다른 생명체와의 관계에서 인간에게 독립성과 절대적인 중심성을 부여하는 서구 신화이다. "모든 공교육에서 학생들은 교과서를 통해 사회적, 기술적 활동에 참여하는 자율적 주체로서 개인 이미지를 접하게 된다. '너'라는 대명사는 1학년부터 12학년까지 어디에나 있다."[8] 근대와 현대의 교육 이론과 실천은 대부분 근대성으로부터 물려받은 원자론적이고 환원적인 자아 개념을 중심으로 이루어진다.

현대의 교육 커리큘럼 역시 근대성으로부터 물려받은 자연계에 대한 기계론적 인식을 그대로 전승하고 있으며, 현대 산업 경제의 도구적 합리성에 간접적으로 동조하고 있다. 대부분의 교과서에서 지구는 수많은 다른 생명체와 함께 인류를 수용하고 유지하는 집이라기보다는 인간이 소비할 수 있는 천연자원의 원천으로 묘사되고

---

7 C. A. Bowers는 학교 교과서의 경우처럼 인간 중심주의가 교육 커리큘럼에 어떻게 미묘하게 스며드는지에 대한 훌륭한 고찰을 제공한다. C. A. Bowers, *Education, Cultural Myths and the Ecological Crisis: Toward Deep Changes* (Albany, NY: State University of New York Press,1993), 117-153.

8 윗글, 125.

있다. 교육 커리큘럼과 시스템은 대부분 천연자원의 무한한 풍요로움과 소비자로서의 인간이라는 신화에 기반한 무한한 경제 확장이라는 세계관(Weltbild) 또는 틀 안에서 계속 운영된다.[9] 최고 수준의 일부 고등 교육 센터는 지구의 안녕을 희생하고 공동 생태계의 생명 유지 자원을 고갈시키면서까지 경제적 생산량과 이윤의 증가를 기준으로 인생의 성공을 측정하는 엔지니어, 기술자 및 관리자를 계속 배출하고 있다. 데이비드 오르가 지적했듯이, 생태적 위기는 주로 무지한 사람들에 의해 발생하는 것이 아니라, 사회에서 가장 교육을 많이 받은 사람들(BA, BS, LLB, MBA, PhD 등의 학위를 가진 사람들)에 의해 발생한다.[10] 오르에 따르면, 경제 성장이 최고의 목표로 제시되면서 커리큘럼의 주요 초점은 학생들이 세계 경제에서 경쟁할 수 있도록 준비하는 데 맞춰져 있는 듯하다.[11]

대부분의 환경 교육 커리큘럼은 우리의 현재 사고방식에 근본적으로 의문을 제기하고 소비주의적 생활 양식을 철저하게 바꾸는 게 아니라 약간의 재활용, 유기 농업, 재생 가능한 형태의 에너지의 일부 사용으로 생태 위기를 막을 수 있다고 전제하고 있다. 존 힐코트와 유레타 얀스 반 렌스버그는 '환경교육에서 악성 소비(malconsumption)에 대한 침묵'이 확실하게 보이고 있다고 지적한다.[12]

---

9 윗글, 3, 127-130 참조.
10 David W. Orr, *Earth in Mind: On Education, Environment and the Human Prospect* (Washington, DC: Island Press, 1994), 7.
11 윗글, 16.
12 John Hilcoat and Eureta Janse van Rensburg, "Consuming Passions: Educating the Empty Self," *Australian Journal of Environmental Education* 30/1 (2014), 88.

프란치스코 교황은 우리 공동의 집을 돌보는 데 필요한 새로운 생태 문화는 "환경 훼손, 천연자원의 고갈, 오염과 관련된 문제에 대한 일련의 신속한 부분적 해답들로 축소될 수 없습니다."(111)라고 말한다. 그보다 훨씬 더 광범위하고 지대한 영향을 미치는 변화가 요청된다. "지난 수 세기 동안 전개된 그릇된 주장을 극복할 새로운 종합이 이루어져야 합니다"(121). "우리는 경제학을 포함한 다양한 학문 분야를 아우르는 인본주의가 절실히 필요합니다"(141). 필요한 것은 현실에 대한 새로운 비전, 즉 우리와 공동의 집과의 관계를 생각하는 새로운 방식이다. 교황은 "기술 지배 패러다임의 공세에 대항하는 다른 시각, 사고방식, 정책, 교육 계획, 생활 양식, 영성이 필요합니다."(111)라고 말한다.

3. 생태 교육에 있어서의 전체론적인(holistic) 이해

「찬미받으소서」에서 프란치스코 교황은 자연, 타인, 하느님과의 조화를 재건할 수 있는 전체론적 생태 교육 모델을 제안한다. "(생태 교육은) 또 다양한 차원의 생태적 균형 회복을 추구합니다. 곧 내적인 차원에서는 우리 자신과, 연대의 차원에서는 다른 이들과, 자연의 차원에서는 모든 살아 있는 것과, 영적으로는 하느님과 조화를 이루는 것입니다"(210).

프란치스코 교황이 「찬미받으소서」에서 제안한 전체론적인 교육 모델을 고찰하는 것이 중요한데 이는 회칙의 통합 생태론에 부합하는 것이다. 교황에 따르면 전체론적 교육은 자연 세계, 우리의 동료인 인간, 그리고 궁극적으로는 창조주와의 평화로운 공존으로 이어지는 것이다. 이제 생태 교육의 이러한 구성 요소 각각에 대해 간략히 살펴보겠다.

생태 교육은 무엇보다도 우리의 공동의 집인 자연 세계와의 친밀한 관계를 회복하는 데 도움이 되어야 한다. 안타깝게도 현재의 교육 커리큘럼은 인간이 자연 세계와 완전히 분리되어 있으며 지구상의 인간을 포함한 모든 생명을 유지하는 생물계와 생태계의 그물망에 의존하지 않는다는 현대 세계관을 강화한다. F. 버크스 등이 지적했듯이, 우리가 자연으로부터 소원해진 것이 환경 파괴의 핵심 요소이다.[13] 우리가 현재의 생태적 위험을 극복하려면, 지속 가능성을 향한 교육은 이러한 "문제가 많은데도 집요하게 계속되는 '인간 대 자연'의 이분법"[14]과 같은 시각을 근본적으로 교정할 필요가 있다.[15] 전체론적 교육 커리큘럼은 학생들이 더 넓은 인류 공동체의 책임 있는 일원이자 생명 공동체의 시민이 되도록 교육한다. 프란치스코 교황은 "작은 일상적 행동으로 피조물 보호의 임무를 수행하는 것은 참으로 고결한 일입니다. 교육이 생활 양식의 참다운 변화를 가져올 수 있다는 사실은 놀랍습니다."(211)라고 말한다. 생태 교육은 우리 공동의 집인 자연을 돌보는 간단하고 구체적인 방법을 수반한다.

---

13 F. Berkes, *Sacred Ecology: Traditional Ecological Knowledge and Resource management* (Philadelphia: Taylor & Francis, 1999) 참조.
14 Giovanna Di Chiro, "Response: Reengaging Environmental Education in the Anthropocene," *Australian Journal of Environmental Education* 30 (2014), 17.
15 Adrienne Cachelin-Jeff Rose-Dan Dustin, "Sustainability in Outdoor Education: Rethinking Root Metaphors," *Journal of Sustainability Education* 2 (2011) 참조.

환경에 대한 책임 교육은 환경 보호에 직접적이고 중요한 영향을 주는 다양한 행동을 고무할 수 있습니다. 예를 들어, 플라스틱이나 종이의 사용을 삼가고, 물 사용을 줄이고, 쓰레기 분리수거를 하고, 적당히 먹을 만큼만 요리하고, 생명체를 사랑으로 돌보며, 대중교통을 이용하거나 승용차 함께 타기를 실천하고, 나무를 심고, 불필요한 전등을 끄는 것입니다.(211)

둘째, 전체론적인 생태 교육은 또한 인류 가족, 특히 더 취약한 구성원과의 연대를 강화하는 방향으로 나아가야 한다. 프란치스코 교황은 "생태 윤리 교육 과정을 재정립할 역량이 있는 교육자들도 있습니다. 그들은 사람들이 연대와 책임을, 그리고 함께 아파하는 마음에 바탕을 둔 배려를 길러 나가도록 효과적으로 도와줄 수 있습니다."(210)라고 말한다.

현대의 생태적 위기는 지구라는 집이 물리적으로 지속 불가능한 상태일 뿐만 아니라 우리 공동의 가정도 마찬가지라는 점을 지적한다. 지속 가능성을 향한 교육은 보다 평등하고 정의로운 세상을 건설하기 위해 어린 학생들에게 친절과 연대의 미덕을 신중하게 심어줄 필요가 있다. 현재의 교육 상황은 인간 공동체와 생태계에 큰 타격을 입히고 있는 자유 시장이라는 신자유주의 의제에 크게 좌우되는 것으로 보인다. 이러한 상황에 맞서 우리는 사랑과 친절의 문명을 만들어야 하며, 권력과 돈이 지배하고 독점하는 이 세상 안에서 매일매일 작은 연대의 행동을 실천해야 한다.[16] 연대는 우리의 집 지구를 황폐하게 만들고 있는 신자유주의 경제 제국주의에

---

16 프란치스코 교황, 「복음의 기쁨」, 188항 참조.

맞서서 완벽한 해독제가 될 수 있다. 연민과 연대는 지구라는 집과 우리 공동 가정의 미래를 위해 정말 중요하다.

셋째, 전체론적 생태 교육은 프란치스코 교황이 회칙에서 강조했듯이 다음과 같아야 한다. "환경 교육은 신비이신 분을 향한 도약을 이루도록 해 주어야 합니다. 신비이신 분께서는 생태 윤리에 가장 깊은 의미를 주십니다"(210). 교육은 자연 세계와 사람들의 삶에 하느님께서 현존하신다는 깊은 인식을 심어주는 데 성공할 때 비로소 완성된다.

창조주는 물질 우주 전체를 존재하게 하시고 모든 형태의 생명체와 함께 그것을 사랑으로 유지하시는 모든 존재의 근원이신데, 우리의 공동의 집과 공동 가정의 지속 불가능한 상황은 궁극적으로 그런 창조주와의 관계에 심각한 파열이 생겼기 때문이다. 인류가 창조주와 평화를 이루지 않는다면 창조 세계와 조화롭게 살기를 기대할 수 없다. 베네딕토 16세 교황은 이와 관련하여 매우 가슴 아픈 성찰을 보여 준다.

> 하느님이 사라진 곳, 물질이 우리에게 단순한 물질이 된 곳, 우리 자신이 궁극적인 척도가 된 곳, 모든 것이 단순히 우리의 소유물이 된 곳에서 창조물의 잔인한 소비가 시작됩니다. … 창조 세계의 잔인한 소비는 더 이상 우리가 우리 자신을 넘어서는 어떤 주장도 인정하지 않고 오직 우리 자신만을 보는 곳에서 시작됩니다.[17]

---

17 Pope Benedict XVI, *Meeting with Priests, Deacons, and Seminarians of the Diocese of Bolzano-Bressanone* (6 August 2008).

생태 위기는 바로 우리가 단순한 효용과 소비를 넘어서서 물리적 세계를 하느님의 창조물로 인식하지도, 그 완전성을 존중하지도, 그 본질적인 선과 아름다움을 인식하지도 못하는 무능력에서 비롯된다. 지속 가능성을 향한 교육은 자연계와 인류 역사 안에 있는 하느님의 선하심과 그분의 사랑의 현존에 대한 심오한 종교적 감각에 기반을 두어야 한다.

「찬미받으소서」는 오늘날 생태 교육의 방향을 자연계, 동료 인간, 창조주와의 조화를 재정립하는 데 맞추도록 한다. 교육에 대한 이러한 전체론적 접근 방식은 현대 생태 위기의 맥락에서 우리 공동의 지구를 보호하는 데 필수적이다.

4. 생태 교육을 위한 환경 설정

「찬미받으소서」에서 프란치스코 교황은 학교, 가정, 미디어, 교리 교육, 종교 교육 기관 등 생태 교육을 위한 다양한 환경에 대해 이야기한다. 교황은 "어릴 때에 좋은 학교 교육이 이루어지면 씨가 뿌려져 평생 그 효과를 거두게 됩니다."(213)라면서 어릴 때부터 이러한 교육을 실시할 것을 강조한다. 생태 교육은 우리 삶의 전 영역을 포괄해야 한다.

프란치스코 교황은 생태 교육에서 가족의 역할을 특별히 강조한다. 가족은 통합적인 교육이 배태되는 곳이다. 이와 관련한 교황의 아름다운 성찰을 소개한다.

> 저는 여기에서 가정의 커다란 중요성을 강조하고자 합니다. 가정은 "하느님의 선물인 생명을 적합하게 받아들일 수 있고, 당면

한 많은 침해로부터 보호를 받을 수 있고, 진정한 인간 성장이 요구하듯이 발달할 수 있는 장소"이기 때문입니다. "가정은 죽음의 문화라고 불리는 것에 반대하여 생명 문화의 중심을 이룹니다."[18] 가정에서 우리는 생명을 사랑하고 돌보는 습관을 처음 기르게 됩니다. 예를 들어, 사물의 올바른 사용, 질서, 청결, 지역 생태계 존중, 모든 피조물 보호를 배웁니다. 가정은 서로 밀접하게 연결된 다양한 측면의 인격 성숙이 이루어지는 온전한 교육의 자리입니다. 가정에서 우리는 겸손하게 부탁하고, 우리가 받은 것에 대하여 진심으로 감사하는 마음을 나타내어 "감사합니다." 하고 말하는 법을 배웁니다. 또한 공격성이나 욕심을 통제하며, 해를 끼쳤을 때 용서를 청하는 법을 배웁니다. 이러한 진심 어린 작은 친절한 행동이 더불어 사는 문화와 우리 주변을 존중하는 문화의 건설에 도움이 됩니다.(213)

프란치스코 교황은 우리 공동의 지구를 돌보고 보호할 필요성에 대해 "정치와 여러 사회단체들도 양심의 형성을 위한 노력을 기울여야"(214) 한다고 강조한다. 교황은 문제의 중요성을 감안하여, 정치 기관에 "환경 훼손을 제재할 권력"(214)을 부여할 것을 제안한다. 그는 이러한 조치만으로는 충분하지 않다는 것을 알고 있다. 그래서 궁극적으로 "우리 스스로 절제하고 서로 가르치는 것도 필요"(214)하다고 말한다.

프란치스코 교황은 가톨릭 교회와 모든 그리스도인 공동체 안에서 창조 세계에 대한 책임 있는 관리자가 되기 위한 교육이 중요

---

18 요한 바오로 2세, 「백주년」, 39항.

하다고 강조한다. 레오나르도 프란치에 따르면 「찬미받으소서」는 가톨릭 교육의 어휘집에 새로운 용어를 도입했다. 바로 '생태 교육'이다.[19] 교황은 "모든 그리스도인 공동체는 이러한 (생태) 교육에서 중요한 역할을 맡고 있습니다."(214)라고 말한다. 중요한 점은 교황이 교황 문서로서는 처음으로 회칙에서 신학교와 양성 기관이 생태 교육에서 그 어디보다 중요한 역할을 해야 한다고 명시하고 있다는 것이다.[20] 교황은 전 세계 성직자와 종교 지도자 양성에 있어 생태적 문제가 충분한 관심을 받지 못하고 있으며, 이는 그들이 사목직을 수행할 때 창조 세계의 관리자로서의 문제에 있어서 해로운 결과를 초래하고 있다고 지적했다. 이러한 배경에서 프란치스코 교황은 「찬미받으소서」에서 생태 교육의 맥락에서 다음과 같이 말한다.

> 저는 또한 우리의 신학교와 수도회의 교육 기관에서 사람들이 책임 있는 소박한 삶을 살고, 감사하는 눈으로 세상을 바라보며, 가난한 이들과 환경의 취약함을 배려하는 교육이 이루어지기를 바랍니다.(214)

프란치스코 교황은 생태 교육의 관점을 넓히면서 요한 바오로 2세 교황을 인용하여 미적인 교육의 중요성을 언급한다. "훌륭한 미적 교육과 건강한 환경 유지 사이의 관계는 결코 간과될 수 없습

---

19 Leonardo Franchi, "*Laudato Si*' and Ecological Education: Implications for Catholic Education," *Pensamiento Educativo: Journal of Latin American Educational Research* 53 (2016), 1.
20 Yonatan Neril and Joy Auciello, *Report on Faith and Ecology Courses in North American Seminaries* (Jerusalem: The Interfaith Centre for Sustainable Development, 2015), 3 참조.

니다"²¹(215). 프란치스코 교황은 "아름다운 것을 경탄하며 음미하는 법을 배우지 못하면 우리에게 모든 것이 멋대로 사용하고 착취할 대상으로 변질되어 버린다는 사실은 당연합니다."라고 통찰력 있게 말한다. 그에 따르면 "아름다움에 대한 관심과 사랑은 우리가 공리적인 실용주의에서 벗어나도록 해 줍니다"(215). 이와 관련하여 우리는 표도르 도스토예프스키가 "오직 아름다움만이 세상을 구할 것이다."라고 한 말을 떠올릴 수 있을 것이다. 우리 자신과 다음 세대를 위해 자연을 보존하려면 우리 주변 자연계의 아름다움을 인식할 수 있도록 스스로를 교육해야 한다.

프란치스코 교황은 회칙을 통해 공동의 집을 지키기 위해 구체적인 삶의 현장에서 작지만 소중한 기여를 하도록 독려한다. 교황은 생태 교육의 맥락에서 다음과 같이 말한다.

> 이러한 노력으로 세상을 바꿀 수 없다고 생각하지 말아야 합니다. 이러한 행동은 사회에 선을 퍼뜨려 우리가 가늠할 수 있는 것보다 훨씬 더 많은 결실을 가져옵니다. 이러한 행동은, 때로 눈에 잘 뜨이지 않지만 늘 확산되는 경향이 있는 선을 이 세상에 불러일으키기 때문입니다. 더 나아가, 그러한 행동의 실천으로 우리는 자존감을 회복할 수 있게 됩니다. 또한 우리 삶의 깊이를 더하고 이 세상이 살 만한 곳이라는 사실을 체험하게 해 줍니다.(212)

---

21 요한 바오로 2세, 1990년 세계 평화의 날 담화, 14항.

5. 생태 시민 의식을 위한 교육의 중요성

현대의 생태 위기 때문에 인류는 공동의 집인 지구의 미래에서 기로에 서 있다. 앞으로 몇 년은 매우 중요한 시기가 될 것이다. 지구라는 공동의 집을 보호하고 치유하기 위해 우리의 자원과 에너지를 모을 수 있는 소중한 시간이 얼마 남지 않았다. 지속 가능성을 향한 교육은 우리 시대의 가장 시급한 요구 중 하나이다. 스티븐 멀키는 다음과 같이 경고한다.

> 지속 가능성을 진지하게 택할 수 있는 시간이 10년 정도밖에 남지 않았으며, 그렇게 하지 않으면 우리 자녀와 후손을 위해 살기 좋은 지구를 구할 수 있는 기회의 창을 잃게 될 것이다. 인류는 중대한 선택에 직면해 있다. 이 지구에서 더 지속 가능한 삶을 살 것인가, 아니면 문명과 양립할 수 없는 결과에 직면할 것인가. 선택은 정말 극명하다.[22]

현재 지구가 처한 심각한 상황은 우리가 지구에서 지속 가능한 삶을 살기에는 아직 멀었다는 것을, 그리고 이를 위해 갈 길이 멀다는 것을 단적으로 보여 주는 증거이다. 동시에 생태 교육 분야에서는 몇 가지 희망적인 징후가 나타나고 있다.

중요한 점은 「찬미받으소서」에 대한 가장 빠른 반응 중 하나가 미국에서만 백여 명의 대학 총장을 비롯하여 전 세계 학술 기관의 중요 관계자들이 가톨릭 고등 교육의 리더들의 성명서에 서명하였

---

22 Stephen Mulkey, "Sustainability Science as a Foundation for Higher Education in the Environmental Century," *Sustainability* 5/6 (2012), 356.

다는 것이다. '전 세계 가톨릭 고등 교육 지도자 성명서'는 회칙을 "시의적절하고 포괄적이며 영감을 주는" 문서라고 평가하며, "지구를 위협하는 기후와 정의의 위기를 해결하기 위한 긴급한 행동 촉구"를 환영한다.[23] 위 성명서 서문에서 특히 생태 교육이라는 주제와 관련하여 몇 단락을 인용해 보겠다.

> 전 세계 고등 교육 기관은 기후 변화, 사회적 배제, 극심한 빈곤 등의 긴급 상황을 해결하기 위해 새롭고 생명을 주는 길을 찾는 데 영향력 있는 리더십을 제공하려고 노력해야 한다. 또한 그들이 온 인류 가족과 피조물 가족을 위한 평화, 정의, 환경적 지속 가능성을 달성하기 위해 새로운 길을 제시하도록 노력해야 한다.
>
> 우리는 가톨릭 고등 교육의 지도자로서 우리 대학이 이용할 수 있는 적절한 모든 수단을 동원하여 프란치스코 교황이 제시한 통합 생태론에 대한 약속과 비전을 연구하고, 홍보하고, 실천하기 위해 지역적으로나 전 세계적으로 함께 일할 것을 약속한다.
>
> 보다 구체적으로, 우리는 전 세계 가톨릭 고등 교육의 리더로서 우리의 연구 프로젝트, 교육 커리큘럼 및 공공 프로그램, 제도적 인프라, 정책 및 관행, 대학으로서의 정치 및 사회적 참여에 지구에 대한 돌봄, 통합적 인간 개발, 가난한 사람들에 대한 관심을 통합할 것을 약속한다.[24]

「찬미받으소서」에서 프란치스코 교황이 역설한 생태 교육에 대한 요청이 위에서 인용한 것처럼 열광적이고 높은 수준의 지지를

---

23 *Laudato Si'* : *On Care for Our Common Home. Statement of Leaders in Catholic Higher Education Globally.* 성명서 및 서명자 목록은 다음 링크를 참조할 것: http://ignatiansolidarity.net/catholic-higher-ed-encyclical-sign-on/

24 윗글.

받고 있다는 사실을 깨닫게 되어 가슴이 벅차다. 생태 교육 분야에서 전 세계 학계, 교회와 종교, 그리고 광범위한 시민 사회로부터 더 큰 반응이 일어나기를 기대해 마지 않는다. 점점 더 위태로워지는 공동의 집을 돌보는 데 있어 교육의 역할은 정말 중요하고 필수불가결하다.

녹색 계명 IX
생태 영성을 받아들여라

프란치스코 교황은 공동의 집에 사는 방식에 근본적인 변화를 일으키기 위해 생태 교육과 함께 참다운 창조 영성을 제안한다. 창조 영성은 하느님의 창조 세계 전체에 대한 존중과 사랑을 중심으로 하는 영성이다. 교황은 "그리스도인들이 하느님께서 교회에 주신 보화를 언제나 받아들여 증진시켜 온 것은 아니라는 사실을 인정해야 합니다. 교회 안에서 영성은 육체나 자연, 또는 세상의 실재에서 분리되지 않고, 오히려 우리를 둘러싼 모든 것과 일치를 이루며 그 안에서 그와 더불어 살아가는 것"(216항)이라고 말한다. 동시에 교황은 "그리스도교 영성의 풍요로운 유산은 이천 년에 걸친 개인과 공동체 체험의 결실로 인류를 쇄신하려는 노력에 값진 도움이 될 수"(216) 있다고 확신하며, 우리 시대의 창조 영성에 대해서도 공헌하는 바가 클 것이라고 말한다. 교황은 회칙에서 공동의 집을 지키기 위한 우리의 행동에 동기를 부여하고 자양분이 될 수 있는 생태 영성에 대한 몇 가지 제안을 한다.

> 저는 그리스도인들에게 우리 신앙의 확신에서 솟아나는 생태 영성에 관한 몇 가지 제안을 하고 싶습니다. 복음의 가르침은 우리가 생각하고 느끼고 살아가는 방식에 직접적 영향을 주기 때문입니다. 여기에서는 관념에 대하여 말하는 것보다, 더욱 열정적으로 세상을 돌보도록 영성이 불어넣어 주는 동기 부여에 대하여 말하는 것이 무엇보다 중요합니다.(216)

아홉 번째 녹색 계명은 「찬미받으소서」의 생태 영성에 관한 것이다. 우리는 프란치스코 교황의 회칙에 따라 창조 영성의 개요를 다음과 같이 그릴 것이다. 창조 영성은 깊은 생태적 회개에서 시작되며 창조주와 피조물 전체에 대해 저지른 우리의 죄에 대한 진지한 회개를 수반한다. 창조 영성은 공동의 집과 공동의 가족 구성원에 대한 관심과 돌봄의 구체적인 태도와 몸짓으로 표현되기 때문에 매우 육화적이다. 또한 자연 세계에 대한 성사적 비전을 제시하여 '모든 것 안에 계신 하느님'을 인식하도록 이끈다. 프란치스코 교황이 회칙에서 강조한 것처럼, 모든 피조물은 삼위일체의 각인을 지니고 있는데, 하느님의 무한한 사랑에 의해 창조되고 끊임없이 유지된 궁극적으로 하느님의 작품이기 때문이다. 창조는 또한 숭고한 종말론적 운명, 즉 때가 찼을 때 그리스도를 통해서 재창조되는 운명을 가지고 있다.

1. 생태적 회개에 대한 요청

앞서 네 번째 녹색 계명에서 살펴본 바와 같이, 우리 공동의 집의 위기는 우리의 죄의 행동에서 비롯된다. 「찬미받으소서」에서 프란치스코 교황은 위기의 근본 원인에 대해 언급하고 그 치료법으로 마음의 변화를 촉구한다.[1] 따라서 생태적 위기는 "깊은 내적 회개를 요청"(217)한다. 회칙은 "'문제 해결'이라는 측면에서 변화를 요구하는 것이 아니라 '마음의 전환'을 요청한다."[2] 우리가 어떻게 해서든지 "나락에 떨어지기 전에 마침내 멈추고자 한다면" 오늘날 우리는 요한 바오로 2세가 말한 "생태적 회개"가 필요하다.[3] 교황은 일부 그리스도인들이 이러한 생태적 회개에 저항하는 것을 잘 알고 있다.

> 신심이 깊고 기도하는 그리스도인들 가운데 일부는 현실주의와 실용주의를 내세워 환경에 대한 관심을 우습게 여기고 있음도 인정해야 합니다. 또 일부는 수동적이어서 자신의 습관을 바꾸려는 결심을 하지 않고 일관성도 없습니다. 따라서 이들 모두에게 필요한 것이 생태적 회개입니다. 이는 예수님과의 만남의 결실이 그들을 둘러싼 세상과의 관계에서 온전히 드러나도록 하는 것을 의미합니다.(217)

회칙에서 교황은 "자신의 잘못이나 죄, 악습, 태만의 인정, 그리고 참된 회개와 내적 변화"(218)를 갈망하는 생태적 회개의 모델로 아시시의 프란치스코 성인의 모습을 제시한다. 교황은 또한 모든 피조물과 화해를 이루라는 호주 주교들의 초대를 상기한다. "이러한 화해를 이루려면 우리의 삶을 성찰하여 우리의 행위와 방관으로 어떻게 우리가 하느님의 피조물에 해를 끼쳐 왔는지 깨달아야 합니

---

1 Venugopalan Ittekkot and Eleanor Milne, "Encyclical Letter *Laudato Si'*: A Gentle But Firm Nudge from Pope Francis," *Environmental Development* 17 (2016), 2.
2 Clemens Sedmark, "Traditional Concerns, New Language? Reflections on *Laudato Si'*", *The Heythrop Journal* 58(2017), 949.
3 Pope John Paul II, General Audience Address (January 17, 2001).

다. 우리는 회개, 곧 마음을 바꾸는 경험이 필요합니다."⁴(218) 이런 점에서 다른 생명 공동체와 더불어 우리의 생존 문제는 인류의 회개에 달려 있다. 존 하트는 "인류는 자신의 생존과 안녕은 물론 지구와 전체 생명 공동체의 생존과 안녕을 위해 사회 경제적, 사회 생태적 회개를 겪어내야 한다."고 말한다.⁵

1990년 요한 바오로 2세 교황의 표현을 빌리자면, 요청되는 "진정한 마음과 행동의 회개"⁶는 우리 공동의 집인 지구에서 창조주 하느님과 인간을 비롯한 동료 피조물과 함께 사는 법을 배우는 것이다. 생태적 회개는 바로 창조주, 그리고 인간 이외의 창조물과 평화를 이루는 것에 관한 것이다.⁷

우선, 생태적 회개에 필요한 것은 창조주께로 돌아가는 것이다. 가장 깊은 수준에서 보면, 생태 위기는 "모든 피조물의 근원이자 신비이신 하느님께 대한 반역이며, 하느님의 창조물을 고의적으로 오용하는 것이다."⁸ 이러한 맥락에서 세예드 호세인 나스르는 거의 반세기 전에 깊은 통찰력으로 다음과 같이 언급했다. "자연을 초월하면서 인간 존재의 중심에도 있는 신의 현현의 근원을 의식하지 못하고 무관심하면서, 원시 자연인 위대한 신성과 조화를 이루며

---

4 호주 주교회의, '새로운 지구, 환경적 도전'(*A New Earth-The Environmental Challenge*), 2002.
5 John Hart, "Common Commons: Social and Sacred Space" in *The Wiley Blackwell Companion to Religion and Ecology*, ed. John Hart (Oxford: Wiley Blackwell, 2017), 472.
6 Pope John Paul II, *Peace with God the Creator, Peace with All of Creation*, n. 13.
7 Joshtrom Isaac Kureethadam, *Creation in Crisis : Science, Ethics, Theology* (New York: Orbis Books, 2014), 359-362 참조.
8 Frederick Quinn, *To Heal the Earth: A Theology of Ecology* (Nashville: Upper Room Books, 1994), 26.

살아가기를 기대하는 것은 절망적이다."[9] 사실 신앙 전통은 자연 세계와 평화와 조화를 이루기 위해서는 천국, 그리고 궁극적으로는 만물의 근원이자 기원과 조화와 균형을 이루어야 한다는 점을 항상 강조해 왔다.[10] 베네딕토 16세 교황은 이에 관하여 통렬하게 말한다.

> 무책임한 피조물 사용은 바로 하느님이 소외되거나 심지어 부정되는 곳에서 시작되지 않을까요? 피조물인 인간과 창조주와의 관계가 망각된다면 물질은 이기적인 소유물로 전락하고, 인간은 '최후의 말씀'이 되며, 인간 존재의 목적은 가능한 한 많은 것을 소유하기 위한 투쟁으로 축소됩니다.[11]

인간의 죄의 결과가 땅에 떨어져서 인간 공동체와 하느님의 관계를 멀어지게 만든 것처럼, 하느님의 백성의 회개는 또한 땅의 치유로 이어질 것이며 또 이어질 수 있다. 이것은 우리가 성경에서 발견하는 심오한 생태적 진리이다. 사람들이 하느님께로 돌아와 그분의 계약을 지키면 하느님께서 그 땅을 치유하실 것이다. 역대기의 하권에는 다음과 같이 쓰여 있다. "내 이름으로 불리는 내 백성이 자신들을 낮추고 기도하며 나를 찾고 악한 길에서 돌아서면, 내가 하늘에서 듣고 그들의 죄를 용서하며 그들의 땅을 회복시켜 주겠다"(2역대 7,14). 데이브 북리스는 다음과 같이 말한다.

---

9 Seyyed Hossein Nasr, *Man and Nature: The Spiritual Crisis of Modern Man* (Boston: Unwin, 1990), 9. 첫 판본은 1968년임.
10 윗글, 136 참조.
11 Pope Benedict XVI, General Audience (26 August 2009).

중요한 것은 환경을 치유하는 것은 재활용이나 규모 축소나 자원 관리를 통해서가 아니라 회개하고 하느님께로 돌아갈 때 이뤄진다는 것이다. 땅은 주민들이 그 땅이 누구의 땅인지 인식하고 하느님과 서로의 깨어진 관계를 회복할 때만 치유될 수 있다. 생태계의 위기가 궁극적으로 영적인 위기라면, 치유 역시 영적인 것이다.[12]

이 땅과 우리 자신을 치유하기 위해서는 겸손하고 진심 어린 회개의 정신으로 창조주께로 회심하는 것이 근본이다.

두 번째로, 생태적 회개에 필요한 것은 피조물 자신에게로 '돌아가는 것'이다. 「찬미받으소서」에서 프란치스코 교황은 아시시의 프란치스코 성인의 예를 들어 "피조물과 맺는 건전한 관계가 인간의 온전한 회개의 한 차원"(218)이라고 밝힌다. 그러므로 생태적 회개는 궁극적으로 인간의 기원이자 관리자의 임무가 맡겨진 바로 그 지구, 바로 그 흙(Humus)에 대한 것이다. 인류 최초의 부모가 지은 원죄의 여파로 공동의 집이 위기에 직면했을 때, 창조주께서 인간에게 주신 명령은 흙으로 돌아가 자신이 원래 생겨 나온 바로 그 흙을 일구라는 것이다.

> 너는 흙에서 나왔으니
> 흙으로 돌아갈 때까지
> …
> 너는 먼지이니
> 먼지로 돌아가리라.

---

12 Dave Bookless, *Planet wise: Dare to Care for God's World* (Nottingham: Inter-Varsity Press, 2008), 58.

> ...
> 그래서 주 하느님께서는 그를 에덴동산에서 내치시어,
> 그가 생겨 나온 흙을 일구게 하셨다.(창세 3,19.23)

참회하는 마음으로 지구로 돌아가는 것은 진정한 생태적 회개의 핵심이다. 지구의 구원은 우리가 겸손하게 흙으로 돌아가는 것과 밀접하게 연관된다. 성서학자 브릿지 칼은 다음과 같이 통찰한다.

> **네가 흙으로 돌아갈 때까지. 네가 땅으로부터 빼앗은 것을 위하여.** 창세기 3장 19절의 '흙으로 돌아간다'는 말씀은 수 세기 동안 거의 독점적으로 망자의 무덤에서 기억되어 왔다. 그리스도인이 이렇게 살아야 한다고 말하는 경우는 거의 들어본 적이 없다. 그러나 히브리어로 '돌아간다'는 말은 회개, 즉 하느님께로 돌아가는 신학적 차원도 내포하고 있기 때문에 본문은 방향 전환에 대해 매우 분명하게 이야기하고 있다. 선악과를 따먹은 것은 하느님과 아담의 관계뿐만 아니라 가시덤불과 엉겅퀴가 묘사하는 것처럼 아담과 아다마* 사이의 관계도 손상시켰다. 아담이 동산에서 쫓겨났을 때, 땅을 섬기라는 하느님의 명령이 반복된다.[13]

생태적 회개는 무엇보다도 개인적인 차원에서 이루어진다. 사실, 때로는 한 사람이 결정적인 차이를 만들 수 있다. 프란치스코 교황은 이와 관련하여 구약성경에 나오는 노아의 교훈적인 이야기

13　Brigitte Kahl, "Fratricide and Ecocide: Rereading Genesis 2-4," *in Earth Habitat: Eco-Injustice and the Church's Response*, eds. Dieter Hessel and Larry Rasmussen (Minneapolis: Fortress Press, 2001), 57.

* 역자 주: 아다마(אדמה)는 히브리어로 땅 또는 흙을 의미하며, 창세기의 천지 창조 이야기에서 아담이 흙에서 창조되었다는 내용에 연결된다.

를 떠올리며, 개인의 의로움으로 자신과 친족뿐만 아니라 나머지 생명 공동체를 파괴적인 홍수로부터 구한 노아의 이야기를 대표적 사례로 들었다. 교황은 다음과 같이 서술한다. "'사람들의 악이 세상에 많아지자'(창세 6,5) 하느님께서 '세상에 사람을 만드신 것을 후회'(창세 6,6)하셨지만, 하느님께서는 의롭고 흠 없는 노아를 통하여 구원의 길을 열기로 결정하셨습니다. 이렇게 하여 하느님께서는 인류에게 다시 시작할 수 있는 기회를 주신 것입니다. 희망을 되찾는 데에는 의로운 한 사람으로 충분합니다!"(71).

그러나 프란치스코 교황은 공동의 집이 처한 위태로운 상황의 심각성과 전 지구적 특성을 고려할 때 개인의 노력만으로는 충분하지 않다는 점을 바로 지적하고 있다. 집단적 또는 공동체적 생태적 회개 또한 똑같이 중요하다.

> 그러나 개인이 더 좋은 사람이 되는 것만으로는 현대 세계가 직면한 매우 복잡한 상황의 해결에 충분하지 않습니다. 개인은 도구적 이성의 논리를 극복할 수 있는 능력과 자유를 상실하여 결국 윤리 없이 그리고 사회와 환경에 대한 인식 없이 소비주의에 굴복하게 됩니다. 사회 문제들은 단순히 개인적 선행의 총합이 아니라 공동체의 협력망을 통하여 해결해야 합니다. … 지속적인 변화를 이루는 데에 필요한 생태적 회개는 공동체의 회개이기도 합니다.(219)

프란치스코 교황은 "모든 그리스도인이 [생태적] 회개의 이 차원을 분명히 드러내"기를 요청한다. "우리가 받은 은총의 힘과 빛이 다른 피조물과 우리를 둘러싼 세상과 맺는 관계에서도 펼쳐지기를 바랍니다. 이렇게 하여 우리는 아시시의 프란치스코 성인이 그토록 훌륭하게 실천한 모든 피조물과 이루는 숭고한 형제애의 증진에 이바지할 것입니다"(221). 따라서 참된 생태적 회개는 참된 창조 영성의 핵심이다.

2. 육화의 영성

참된 영성은 삶 속으로 흘러들어올 수밖에 없다. 우리가 공동의 집에서 책임감을 가지고 즐겁게 살아가는 법을 배우는 생태 영성의 경우에는 더욱 그러하다. 중세의 신비주의자 빙엔의 힐데가르트가 말했듯이, 하느님은 우리가 "지상의 것을 가꾸어 천상의 것을 창조"[14]하도록 인류를 창조하셨다.

생태 영성의 기본은 다른 피조물과의 깊은 친교와 동료 피조물에 대한 우리의 공동 책임에 대한 자각이다. 프란치스코 교황은 다음과 같이 말한다.

> 이러한 회개는 우리가 다른 피조물들과 분리되어 있지 않고 우주의 다른 존재들과 더불어 커다란 우주적 친교를 이루고 있다는 사랑에 넘치는 인식을 포함합니다. 우리 신앙인들은 세상을 밖에서가 아니라 안에서 바라보면서, 하느님 아버지께서 우리를 모든 존재와 결합시켜 주신 유대를 깨닫습니다. … 인간은 자신의 탁월함을 개인적 영광이나 무책임한 지배의 근거로 이해하는 것이 아니라, 오히려 신앙에서 비롯된 막중한 책임감을 부여하는 특별한 능력으로 이해합니다. (220)

---

14 *Meditations with Hildegard of Bingen*, ed. and trans. Gabriele Uhlein (Rochester, VT: Bear, 1983), 88.

생태 영성은 본질적으로 마음의 태도로, "차분한 태도로 살아가고, 앞으로 일어날 일을 걱정하지 않고 지금 누군가와 온전히 함께 할 수 있으며, 순간순간을 하느님의 선물로 여겨 충만하게 살아가려는 마음가짐"(226)을 말한다. 교황에 따르면, 이것이 바로 예수님 자신의 태도였다.

> 예수님께서 우리에게 들에 핀 나리꽃과 하늘의 새들을 바라보라고 권유하셨을 때나, 당신께 질문하는 부자 청년을 "사랑스럽게 바라보시며"(마르 10,21) 말씀하셨을 때에 예수님께서는 그러한 자세를 가르쳐 주신 것입니다. 예수님께서는 모든 인간과 피조물과 온전히 함께 계시면서, 우리를 피상적이고 공격적이며 충동적인 소비자로 만드는 병적인 불안을 극복하는 방법을 우리에게 보여 주셨습니다.(226)

프란치스코 교황이 회칙에서 강조했듯이, 그리스도교 영성은 대안적인 삶의 방식을 제안하고 "소비에 집착하지 않고 깊은 기쁨을 누릴 수 있는 예언적이고 관상적인 생활 방식을 독려"(222)한다. 특히 무자비한 소비주의가 우리의 공동의 집과 그 생명을 유지하는 생태계를 서서히 잠식하고 있는 오늘날의 시대에는 더욱 그렇다. 그리스도교 영성은 이 점에서 진정한 대안이다. "이러한 검소함은 우리가 작은 것들의 진가를 차근차근 알아볼 수 있게 하고, 삶이 우리에게 주는 기회들에 감사하면서 내 것에 집착하지 않고 가지지 못한 것에 대하여 탄식하지도 않게 합니다"(222). 참된 창조 영성은 절제하는 생활 방식을 통해서 드러난다.

프란치스코 교황은 "어느 누구도 스스로 평화롭지 않고서는 절제하면서도 만족한 삶을 이룩할 수 없"(225)다고 말한다. 프란치스코 교황에게 생태적 영성은 또한 각자의 내면에 더 깊은 내적 평화를 기르는 것이다. "내적 평화는 생태계 보호와 공동선과 밀접한 관련이 있습니다. 제대로 이루어진 내적 평화는, 삶의 깊이로 이끄는 경탄의 능력이 함께하는 조화로운 생활 양식에 반영됩니다"(225). 정신없이 바쁘게 돌아가는 세상에서 이러한 깊은 내면의 평화만이 나머지 피조물과의 조화를 보장할 수 있다. 교황은 다음과 같이 말한다.

> 자연은 사랑의 언어로 넘치지만, 소음이 계속되고 근심과 혼란이 이어지며 겉모습만이 숭배된다면 어떻게 우리가 그에 귀를 기울일 수 있겠습니까? 오늘날 많은 사람은 부조화를 느낍니다. 그래서 사람들은 늘 서두르면서 마치 자신이 뭔가를 이룩하고 있다고 느끼고자 일을 최대한 빨리 처리합니다. 그런데 이러다 보면 사람들은 다시 주변을 엉망으로 만들어 버립니다. 이는 환경의 태도에도 영향을 미칩니다. 통합 생태론에는 피조물과 평온한 조화를 되찾고, 우리의 생활 양식과 이상에 대하여 성찰하며, 우리 가운데 그리고 우리를 둘러싼 것들 안에 살아 계신 창조주를 바라보는 데에 시간을 할애하는 것이 포함됩니다. 그분의 현존은 "만들어지는 것이 아니라 발견되고 드러나야 하는 것입니다."[15](225)

육화의 본성을 지닌 창조 영성은 장소와 시간을 통해 실천되어야 한다. 이와 관련하여 우리는 수천 년의 오랜 전통을 지닌 두 가

---

15 「복음의 기쁨」, 71항.

지 중요한 제도를 강조할 텐데, 곧 유다교의 안식일과 그리스도교의 주일이다.

프란치스코 교황은 회칙에서 안식일에 대해 언급한다. 교황은 안식일 제도가 하느님 백성의 역사에서 확실한 윤곽을 잡아가면서 일주일의 리듬, 7년의 주기, 9년의 대희년 주기를 아우르는 시간적 질서 속에서 안식일이 어떻게 실현되었는지를 상기한다. 프란치스코 교황은 "이러한 율법의 전개는 인간이 다른 이들과 맺은 관계와 그들이 살고 일하는 땅과 맺은 관계에 균형과 공정을 보장하고자 하는 것"(71)이었다고 지적한다. 구약성경에서 안식일 준수는 탈출기에 나오는 안식일 계명에서 알 수 있듯이 매우 구체적이고 현실적인 의미를 지닌다. 계명에는 야훼의 주권에 대한 존중, 땅을 돌보는 일, 가난한 사람들에 대한 배려, 야생 동물과 가축의 요구에 대한 민감성 등이 복잡하게 얽혀 있다.[16] 교황의 말처럼 안식일은 "땅의 결실을 포함하여 땅이 주는 것은 모든 이에게 속해 있다는 사실을 인정하는 것"(71)이었다. "땅을 경작하고 돌보는 이들은 그 결실을 특히 가난한 이들, 과부, 고아, 그리고 그들 가운데 있는 이방인들과 공유해야 하였습니다"(71). 안식일을 지킨다는 것은 동료 인간, 특히 야훼의 아나임(anawim)인 가난한 사람들, 그리고 모든 피조물과 함께 평화롭게 지내는 것이다.

그리스도인이 일요일을 주님의 날인 주일로 지킨다는 것은 깊

---

16 Seán McDonagh, *The Greening of the Church* (New York: Orbis Books, 1990), 127.

은 생태적 의미를 지닌다. 무엇보다도 "주일은 부활의 날, 새 창조의 '첫날'입니다. 이 새 창조의 맏배는 주님의 부활하신 인성으로 피조 세계 전체의 결정적 변모에 대한 약속입니다"(237). 프란치스코 교황은 다음과 같이 말한다. "주일은 유다교의 안식일처럼, 우리가 하느님과의 관계, 우리 자신과의 관계, 다른 피조물과의 관계, 세상과의 관계를 치유하는 날로 지내야 합니다. … 나아가 주일은 '인간이 하느님 안에서 누릴 영원한 안식'"을 선포합니다"(237). 교황은 주일을 기념하는 것이 어떻게 휴식과 일, 휴식과 축제를 통합하여 생태적 영성을 진정으로 구현할 수 있는지에 대해 다음과 같이 말한다.

> 그리스도교 영성은 안식의 가치와 축제의 가치를 결합시킵니다. 관상적인 안식이 비생산적이며 불필요한 것으로 폄하되는 경향이 있는데, 이는 우리가 수행하는 노동에서 가장 중요한 것, 곧 그 의미를 없애 버리는 것입니다. 우리는 수용성과 무상성의 차원을 우리의 노동 안에 포함시키라는 요청을 받습니다. 이는 단순히 아무런 활동을 하지 않는 것과는 다릅니다. 오히려 또 다른 방식의 활동으로서, 우리 본질의 일부를 이루는 것입니다. 이는 인간의 활동을 공허한 행동주의로부터 보호합니다. 또한 우리가 배타적 개인적 이득만을 추구하도록 이끄는 끝없는 탐욕과 고립감을 막아 줍니다. … 안식은 우리가 더 넓은 시각으로 다른 이들의 권리를 새롭게 인식할 수 있게 해 줍니다. 이처럼 성찬례를 중심으로 하는 안식일은 주간 전체에 빛을 비추고 우리가 자연과 가난한 이에게 더 큰 관심을 기울이도록 고무합니다.(237)

---

17 『가톨릭 교회 교리서』, 2175항.

교황은 우리가 "피조물과 평온한 조화를 되찾고, 우리의 생활양식과 이상에 대하여 성찰하며, 우리 가운데 그리고 우리를 둘러싼 것들 안에 살아 계신 창조주를 바라보는 데"(225) 영성이 도움이 된다고 말한다. 앞으로 살펴보게 될 내용과 같이 그것은 하느님의 현존에 스며든 자연 세계에 대한 성사적 전망을 제공한다.

3. 자연 세계 안에 있는 성사적 전망

생태 영성은 프란치스코 교황이 회칙에서 밝힌 것처럼 "모든 사물 안에서 하느님을 만나는 데에 도움을 주기"(233) 때문에 매우 성사적인 것이다. "세상은 모든 것을 완전히 다 채워 주시는 하느님 안에서 펼쳐집니다. 따라서 나뭇잎, 길, 이슬, 가난한 이의 얼굴에 신비가 담겨 있습니다"(233). 교황은 이에 대한 각주에서 수피 영성가 알리 알카하바스의 말을 인용한다.

> 수피 영성가 알카하바스(Ali al-Khawas)는 자신의 체험을 통하여, 하느님에 대한 내적 체험을 세상의 피조물과 지나치게 분리시키지 말아야 할 필요가 있다고 강조하며 다음과 같이 말하였다. "우리는 음악이나 시에서 황홀경을 찾는 사람들을 편견을 갖고 비판하지 말아야 합니다. 이 세상의 모든 움직임과 소리에는 미묘한 신비가 담겨 있습니다. 초심자들도 불어오는 바람과 흔들리는 나뭇가지, 흐르는 물과 윙윙대는 파리들, 삐걱거리는 문과 새들의 지저귐 안에서, 또 울리는 현악기와 피리 소리, 병자의 탄식과 고통받는 이의 신음 안에서 그 신비를 간파하게 됩니다."[18]

---

18 비트라이 마이에로비치(Eva De Vitray-Meyerovitch) 편집, 『수피즘 선집』(*Anthologie du soufisme*), 파리, 1978, 200면.

영성은 무엇보다도 우리가 신의 현존이 깃든 자연 세계를 다르게 인식하게 한다. 프란치스코 교황은 "우리가 하느님을 만난다고 해서 세상을 도피하거나 자연을 부인하는 것이 아닙니다."(235)라고 강조한다. 성인들과 영성가들은 자연계에 가려져 있는 하느님의 현존에 가장 주의를 기울여 왔다. 프란치스코 교황은 이와 관련하여 "우리 마음속에서 이루어지는 하느님 은총의 활동을 더 깊이 느끼고 외부의 피조물들에서 하느님을 만나는 법을 더 잘 이해하면 관상이 더 완전해집니다."[19](233)라고 가르친 보나벤투라 성인의 말을 인용한다. 교황은 가톨릭 영성의 위대한 성인인 십자가의 요한 성인을 특별히 언급한다. 그분은 "이 세상 실재들과 경험들 안에 있는 모든 선함은 '하느님 안에 탁월하게 무한히 현존합니다.'[20]"(234)라고 가르쳤다. 교황은 계속해서 "이 세상의 유한한 것들이 실제로 신적이기 때문이 아니라, 그 영성가는 하느님과 모든 존재 사이의 그 긴밀한 유대를 체험하고 이로써 '그에게는 모든 것이 하느님'[21] 이라고 느껴지기 때문"(234)이라고 분명히 밝힌다. 그는 피조물이 실제로 우리에게 어떻게 신성을 나타낼 수 있는지 보여 주기 위해 십자가의 요한 성인이 쓴 글에서 아름다운 구절을 인용한다.

"산들마다 정상이 있고, 높고 장엄하며 아름답고 매력적이며 꽃이 만발하고 향기가 넘칩니다. 이 산들은 제가 사랑하는 그분과

---

19 보나벤투라, 「제2명제집」(*In II Sent.*), 23, 2, 3.
20 십자가의 요한, 「영혼의 노래」, *Cántico Espiritual*, XIV, 5.
21 윗글.

같습니다. 외딴 계곡들은 고요하고 아늑하며 시원하고 그늘져 신선한 물이 흘러넘칩니다. 그곳은 다채로운 식물과 아름다운 새소리로 인간의 감각에 깊은 휴식과 아늑함을 주고, 우리가 고독과 고요 안에서 기운을 북돋우고 휴식하도록 해 줍니다. 이 계곡들은 제가 사랑하는 그분과 같습니다."[22](234)

창조된 실재가 하느님과의 친교의 수단이 되는 성사적 권능의 진리는 지구의 열매가 하느님의 현존을 상징하고 하느님의 현존과 은총의 통로가 될 수 있는 그리스도교 성사의 실천과 신학에서 가장 잘 드러난다. 교회의 성사적 삶은 생명의 그물망에서 풍성하게 길어 올려진다.[23] 프란치스코 교황은 "성사들은 하느님께서 어떻게 자연을 받아들이시어 초자연적 생명을 전달해 주시는 수단으로 삼으시는지를 보여 주는 특권적인 방식"이라고 말한다(235). 따라서 성사는 지금 여기의 시간과 공간 안에서 하느님의 구원 활동의 수단이 된다.

모든 성사 활동의 원형은 그리스도의 강생, 말씀이 사람이 되신 것이다. 즉 영적인 것과 물질적인 것이 긴밀하게 만나고 분리할 수 없게 얽혀 있는 것이다.[24] 한스 우르 폰 발타살에게 "강생은 피조물이 하느님을 계시하는 매개체라는 그리스도교 전통의 성사적 세계관을 집약된 형태로 표현한 것이다."[25] 「찬미받으소서」에서 다시 인용한다.

---

22 윗글, XIV, 6-7.
23 Sandra Yocum, "Liturgy: the Exaltation of Creation," in *The Theological and Ecological Vision of Laudato Si'*: *Everything Is Connected*, ed. Vincent J. Miller (London: Bloomsbury, 2017), 127 참조.
24 Philip Sherrard, *The Rape of Man and Nature: An Enquiry into the Origins and Consequences of Modern Science* (Suffolk: Golgonooza Press, 1987), 92.
25 Matthew T. Eggemeier, "A Sacramental Vision: Environmental Degradation and

그리스도인들에게 물질세계의 모든 피조물은 강생하신 말씀 안에서 그 참된 의미를 찾습니다. 하느님의 아드님께서 몸소 물질세계의 일부를 취하시고 궁극적인 변화의 씨앗을 세상 안에 심어 주셨기 때문입니다. "그리스도교는 물질을 거부하지 않습니다. 오히려 육체성은 전례 행위 안에서 그 가치를 온전히 평가받습니다. 전례에서 인간의 몸은 성령의 성전으로서 그 내적 본질을 드러내며, 세상의 구원을 위하여 육신을 취하신 바로 주 예수님과 결합됩니다."[26](235)

하느님께서 온 피조물 안에 들어오셔서 모든 피조물을 품으시고 그 안에서 모든 피조물을 성화하신 강생의 신비 덕분에 "교회는 전례와 성사 안에서 이 땅의 물질을 축복하고 아낌없이 사용하는 데 주저하지 않는다."[27] 교황은 이와 관련하여 이렇게 말한다. "강복하는 손은 하느님 사랑의 도구로 삶의 여정에 우리와 함께하시고자 오신 예수 그리스도의 친밀함을 반영합니다. 세례 때에 어린이 몸에 붓는 물은 새 생명의 표징입니다"(235). 또한 "물, 기름, 불, 색깔은 그 모든 상징적 힘을 지니게 되어 우리의 찬미에 포함됩니다"(235). 교황은 이는 특히 동방 그리스도교 영성에서 분명히 알 수 있다고 짚어 준다. "동방에서 가장 사랑받는 말의 하나인 아름다움은 하느님의 일치와 변모된 인간의 전형을 표현하기 위해 어

---

the Aesthetics of Creation," *Modern Theology* 29 (2013), 352.
26 요한 바오로 2세, 교황 교서 「동방의 빛」(*Orientale Lumen*), 1995.5.2., 11항, 한국천주교중앙협의회, 『가톨릭 교회의 가르침』 5호(1995), 13면, *AAS* 87(1995), 757면.
27 Canadian Conference of Catholic Bishops, "You Love All That Exists … All Things Are Yours, God, Lover of Life," A Pastoral Letter on the Christian Ecological Imperative from the Social Affairs Commission (4 October 2003), 7.

디서나 나타나고 있습니다. 교회의 모습에서, 소리에서, 색깔에서, 빛에서, 향기에서 그 아름다움이 나타납니다"[28](235).

하느님이 물질적 표징으로 우리에게 현존하시는 육화의 영성은 성체성사에서 그 정점을 이룬다.[29] 프란치스코 교황은 "피조물들은 성찬례 안에서 가장 탁월하게 드높여집니다."(236)라고 말씀하시며 다음 글에서 성체성사의 신비에 대한 깊은 성찰을 보여 준다.

> 감각적인 방식으로 직접 드러나는 경향이 있는 은총은, 하느님께서 몸소 사람이 되시어 피조물들에게 당신 자신을 양식으로 내어주실 때 최상의 표현에 이릅니다. 주님께서는 강생의 신비의 정점에서 작은 물질을 통하여 우리 내면 깊은 곳에 가닿고자 하셨습니다. 그분께서는 위에서가 아니라 안에서 오셔서 우리가 이 세상에서 당신을 만날 수 있게 하십니다. 성찬례 안에서 이미 완성이 이루어지고, 그 안에는 세상의 핵심, 사랑과 생명이 무한히 넘쳐흐르는 중심이 있습니다.(236)

그리스도인들이 성체성사를 위해 모일 때, 그들은 지구와 모든 피조물, 어떤 의미에서는 온 우주를 제대로 모시는 것이다.[30] 성체성사는 참으로 우주적 숭배의 행위이며, 하늘과 땅이 하나로 연결되는 것이다. 프란치스코 교황은 이렇게 말한다.

---

28 「동방의 빛」, 11항.
29 「찬미받으소서」에 비추어 본 성체성사에 관한 훌륭한 참고문헌은 다음을 참조. L. Briola, *The Eucharistic Vision of Laudato Si': Praise, Conversion, and Integral Ecology* (Washington, DC: Catholic Univerty of America Press, 2023).
30 Denis Edwards, "Eucharist and Ecology," *SEDOS Bulletin* 41 (2009), 169.

성찬례 안에 현존하시는 강생하신 하느님의 아드님과 하나 되어 온 우주가 하느님께 감사를 드립니다. 사실 성찬례는 그 자체로 우주적 사랑의 행위입니다. "그렇습니다. 참으로 우주적입니다! 성찬례는 시골 성당의 초라한 제대에서 거행될 때에도 어떤 면에서는 늘 세상의 제대에서 거행되기 때문입니다."[31] 성찬례는 하늘과 땅을 이어 줍니다. 성찬례는 모든 피조물을 품고 그 안에 스며듭니다. 하느님의 손에서 나온 세상이 복되고 온전한 경신례로 하느님께 되돌아갑니다. 성찬의 빵 안에서 "창조는 성화를 향하여, 거룩한 혼인 잔치를 향하여, 바로 창조주와 이루는 일치를 향하여 나아갑니다."[32](236)

4. 삼위일체적 각인과 모든 피조물의 종말론적 운명

「찬미받으소서」에서 프란치스코 교황은 삼위일체 하느님이 어떻게 모든 피조물의 원천이고 배경이자 운명이며 세 위격이 각각 어떻게 피조물 전체에 친밀하고 고유하게 현존하는지를 설명한다.

성부께서는 모든 것의 궁극적 원천이시고, 존재하는 모든 것의 토대가 되시어 당신 자신을 알려 주시는 자애로우신 분이십니다. 성부의 모습을 드러내시는 성자를 통하여 만물이 창조되었으며, 성자께서는 마리아의 태중에서 사람이 되시어 당신 자신을 이 땅과 결합시키셨습니다. 무한한 사랑의 끈이신 성령께서는 세계의 중심 깊이 현존하시면서 새로운 길에 영감과 힘을 불어넣어 주십니다. 세상은 하나의 신적 근원이신 삼위께서 창조하셨는데, 각 위격은 각자의 고유성에 따라 이 공동 사업을 이루셨습니다.(238)

---

31 요한 바오로 2세, 회칙 「교회는 성체로 산다」(*Ecclesia de Eucharistia*), 2003.4.17., 8항, 한국천주교중앙협의회, 『가톨릭 교회의 가르침』 25호(2003), 5면, *AAS* 95 (2003), 438.
32 베네딕토 16세, 그리스도의 성체 성혈 대축일, 미사 강론, 2006.6.15.: *AAS* 98 (2006), 513면.

프란치스코 교황은 "삼위일체의 친교를 이루시는 한 분이신 하느님을 믿는 그리스도인들은 삼위께서 모든 실체 안에 그 표징을 남겨 두셨다고 생각합니다."(239)라고 말하며, 이와 관련하여 보나벤투라 성인을 언급한다.

> "그 [자연이라는] 책이 인간에게 열리고 우리 눈이 아직 어두워지지 않았을 때에는"[33] 자연 안에 삼위일체가 반영되어 있음을 알 수 있었습니다. 프란치스코 수도회의 이 성인은 모든 피조물은 그 안에 고유한 삼위일체 구조를 담고 있으며 실제로 인간의 시야가 그토록 좁고 어둡고 취약하지 않았다면 이를 쉽게 볼 수 있었을 것이라고 우리에게 가르쳐 줍니다. 이렇게 그는 삼위일체의 열쇠로 현실을 읽도록 노력하라고 우리를 채근합니다.(239)

교황은 "거룩한 위격들은 실체적 관계"이고 우리의 세상은 "하느님의 계획에 따라 창조"되었기 때문에 "하나의 관계망"이라고 말한다(240). 창조된 세계의 생태적 상호 관련성에 반영된 삼위일체적인 친교는 또한 일치의 유대를 형성하고 관계를 증진해야 하는 우리의 소명을 드러낸다. 이는 또한 전인적인 인간 성취를 위한 길이기도 하다. "인간은 자신에게서 벗어나 하느님, 타인, 모든 피조물과 친교를 이루어 살면서 관계를 맺을수록 더욱 성장하고 성숙하며 거룩해집니다"(240). 궁극적으로 지구적인 연대로 이끌어지는 생태 영성은 바로 삼위일체적 친교의 신비로부터 흘러나온다. "이러한 방식으로, 인간은 창조되었을 때부터 하느님께서 그 내면에

---

33 보나벤투라(Bonaventure), 「삼위일체의 신비에 관한 논쟁 문제」(Quaest, Disp. de Myst. Trinitatis), 1, 2 concl.

새겨 주신 삼위일체의 역동성을 받아들입니다"(240).

생태 영성은 궁극적으로 그리스도를 통해서 재창조될 모든 피조물의 종말론적 운명에 기초한다. 프란치스코 교황이 「찬미받으소서」에서 쓴 것처럼 하느님은 모든 피조물의 종말론적 도착점이다! "모든 피조물은 부활하신 그리스도께서 모든 것을 품으시고 비추시는 초월적 충만 안에서 우리와 더불어 그리고 우리를 통하여 공동의 도착점, 곧 하느님을 향하여 앞으로 나아가고 있습니다"(83). 그리스도 안에서 구원되고 변화되어야 할 것은 인간뿐만 아니라 물리적 우주 전체라는 것을 기억하는 것이 중요하다.[34] 교황은 회칙에서 다음과 같이 언급한다.

> 마침내 우리는 하느님의 한없는 아름다움을 얼굴을 맞대듯 마주할 것이고(1코린 13,12) 세상의 신비를 경탄하고 기뻐하며 이해하게 될 것입니다. 그때에는 우주도 우리와 함께 그 무한한 충만에 함께할 것입니다. 그렇습니다. 우리는 지금도 영원의 안식일을 향하여, 새 예루살렘을 향하여, 하늘 나라에 있는 공동의 집을 향하여 나아가는 여정에 있습니다. 예수님께서는 이렇게 말씀하십니다. "내가 모든 것을 새롭게 만든다"(묵시 21,5). 영원한 삶은 우리가 함께 나누는 하나의 경이가 될 것입니다. 그 삶 속에서 눈부시게 변모된 피조물들은 자신의 자리를 찾고, 궁극적으로 해방된 가난한 이들에게 어떤 이바지를 하게 될 것입니다.(243)

그리스도 안에서 만물의 우주적 구원에 관한 심오한 진리, 즉 모든 피조물의 궁극적인 텔로스(telos)는 피조물을 종말론적 빛 안

---

[34] Kureethadam, *Creation in Crisis*, 324-325 참조.

에 자리하게 한다. 바르톨로메오 1세 총대주교는 다음과 같이 상기시켜 준다. "창조의 최종 목적은 인류의 개인적 쾌락을 위한 사용이나 남용이 아니라 훨씬 숭고하고 성스러운 어떤 것이다."[35] 피조물의 진정한 운명은 부활하신 그리스도를 통하여 변화되고 다시 새로워지는 것이다. 프란치스코 교황이 회칙에서 밝혔듯이, 인간의 역할은 "모든 피조물을 그들의 창조주께 인도"(83)하는 것이다.

---

35 Ecumenical Patriarch Bartholomew I, "Greeting during the Symposium at Holy Trinity Monastery, Halki, June 1,1992," in *Cosmic Grace, Humble Prayer: The Ecological Vision of the Green Patriarch Bartholomew*, ed. John Chryssavgis (Grand Rapids, MI - Cambridge, UK: William B. Eerdmans, 2009), 84.

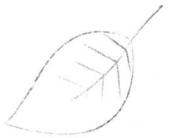

녹색 계명 X
생태적 덕을 함양하라

「찬미받으소서」의 중요한 공헌 중 하나는 공동의 집을 책임감 있게 돌보기 위해 인류가 생태적 덕을 함양해야 한다고 프란치스코 교황이 강조한 것이다. 이 회칙에서 교황은 "생태적 덕목들(88)"을 기르라는 브라질 주교들의 권고를 다시 외치고 있다.[1] 교황에 따르면 우리는 그가 '새로운 습관'이라고 부르는 근본적으로 새로운 생활 양식을 채택하는 것을 배울 때만 우리의 공동의 집을 보호하고 돌볼 수 있다. 프란치스코 교황은 그러한 습관을 기르기가 얼마나 어려운지 잘 알고 있다. 특히 사람들이 "시장이 그들에게 제공하는 것을 포기할 수는 없다고"(209) 여기는 만연한 소비주의와 문화적 상대주의의 맥락에서 이러한 습관을 기르는 것이 얼마나 어려운지 알고 있다. 교황은 특히 젊은이들이 이러한 도전에 직면해 있음을 잘 알고 있다. "(그들은) 새로운 생태적 감각과 관용의 정신을 지니며, 그들 중 일부는 환경 보호를 위하여 훌륭히 싸우고 있습니다.

---

1 브라질 주교회의, '교회와 생태적 문제들'(*A Igreja e a Questão Ecológica*), 1992, 61항 참조.

그러나 그들은 다른 습관들이 자라나기 힘든 지나치게 많은 소비와 풍요로운 상황 안에서 자랐습니다"(209).

프란치스코 교황은 최근 교황 권고 「하느님을 찬미하여라」에서 인류가 자신과 자연계에 대해 전례 없는 힘을 얻었지만 "특히 현재 그러한 힘이 쓰이는 용도를 살펴보면 그 무엇도 그러한 힘이 지혜롭게 잘 사용되리라는 것을 보장하지 않습니다."[2]라고 지적했다. 또한 아이러니하게도 "우리는 인상적이고 놀라운 기술 발전을 이룩하였습니다. 그런데 동시에 매우 위험한 존재가 되었으며 많은 생명체의 생명과 우리 자신의 생존을 위태롭게 할 수 있다는 사실을 알아차리지 못하였습니다."[3]라고 지적한다. 교황이 회칙 「찬미받으소서」의 내용을 다시 언급하며 밝혔듯이, 우리는 우리 자신의 경제력과 기술력의 희생자가 될 수 있다.

"엄청난 기술 발전에 인간의 책임과 가치관과 양심의 발전이 함께하지 못하였기 때문입니다. … 인간은 아무런 통제 수단도 없이 커져만 가는 자기의 힘 앞에 무방비로 노출되는 것입니다. 인간이 형식적인 수단들은 마련해 두었으나, 실제로 한계를 정하고 자제력을 가르쳐 줄 수 있는 건전한 윤리와 문화와 영성을 갖추지 못하였다고 할 수 있습니다."[4] 기술 지배 패러다임의 사고방식이 우리의 눈을 멀게 하고 오늘날 인류에게 놓인 가장 심각한 문제를 보지 못하도록 하는 사이, 다른 사람들의 손에 달린 그토록 큰 힘이 생

---

2 「하느님을 찬미하여라」, 23항.
3 윗글, 28항.
4 「찬미받으소서」, 105항.

명을 파괴할 수 있다는 것은 이상한 일이 아닙니다.[5]

공동의 집을 돌보기 위한 건강한 습관의 형성은 적절한 '생태적 덕'의 함양을 통해서만 이루어질 수 있다. 프란치스코 교황은 「하느님을 찬미하여라」에서 「모든 형제들」을 인용하며 "사랑, 정의, 연대와 함께 선은 한 번에 영원히 이루어지는 것이 아니라 날마다 쟁취하는 것"[6]이라고 말한다. 또한 프란치스코 교황은 "문화적 변화 없이 그리고 삶의 방식과 사회적 공존의 성숙 없이 지속적인 변화는 없으며, 사람들의 변화 없이 문화적 변화는 없다"고 말한다.

프란치스코 교황은 「찬미받으소서」에서 이와 관련하여 법과 규제로는 충분하지 않으며 건전한 생태적 덕의 함양만이 이타적인 생태적 헌신으로 이어질 수 있음을 상기시킨다.

> 법률과 규범이 존재하고 심지어 효과적인 감독이 이루어진다고 하더라도 장기적으로는 그릇된 행위를 규제하기에 불충분합니다. 법규범이 의미 있는 지속적 효과를 거두려면, 사회 구성원 대다수가 적절한 동기 부여로 이를 받아들여 개인적인 변화를 이루도록 해야 합니다. 확고한 덕을 기르는 것에서 시작할 때에 비로소 사람들이 생태적 사명에 헌신할 수 있습니다.(211)

마지막 녹색 계명은 우리가 공동의 집에서 책임감 있는 관리자

---

5 「하느님을 찬미하여라」, 24항.
6 프란치스코 교황, 회칙 「모든 형제들」(*Fratelli Tutti*), 2020, 한국천주교중앙협의회, 2021(제1판), 11항, *AAS* 112(2020): 「하느님을 찬미하여라」, 34항.
7 「하느님을 찬미하여라」, 70항.

가 되기 위해 함양해야 할 생태적 덕에 관한 것이다. 이 생태적 덕은 회칙에 명시되어 있지는 않지만 본문 전체에 걸쳐 반복적으로 언급되어 있다. 이 덕목들은 지구라는 공동의 집을 돌보는 데 있어 우리가 가야 할 길을 알려 주는 이정표와도 같다.

이제 「찬미받으소서」에서 우리가 지구라는 공동의 집을 더욱 사랑스럽고 책임감 있는 방식으로 돌볼 수 있게 해 주는 7가지 생태적 덕목, 즉 찬미, 감사, 배려, 정의, 노동, 절제, 겸손에 대해 자세히 알아보겠다.

1. 찬미

회칙의 제목 자체가 창조주를 찬미하라는 초대장이다. *"Laudato Si' mi' Signore"*, "주님, 찬미받으소서"는 1225년경 아시시의 프란치스코 성인이 움브리아 방언으로 지은 '피조물의 찬가'의 첫 구절로, 역사상 최초로 이탈리아 방언으로 쓰인 시이다. 찬미는 회칙 전체를 아우르는 근본적인 주제이며 문장에서 거의 서른 번이나 등장한다.

프란치스코 교황은 최근 발표한 교황 권고 「하느님을 찬미하여라」에서 아시시의 프란치스코 성인의 삶과 사명은 피조물을 통해 창조주를 찬미하라는 초대로 특징지어진다고 말한다. 교황은 권고의 첫 문단에서 이렇게 쓴다.

> "하느님을 찬미하여라. 모든 피조물을 통하여 그분을 찬미하여라." 이는 아시시의 프란치스코 성인이 그의 생애, 그의 찬가, 그의 몸짓을 통하여 보낸 초대였습니다. 이러한 방식으로 성인은 성

경 시편이 제안하는 바를 받아들였고, 다음과 같이 예수님께서 당신 아버지의 피조물을 향하여 지니셨던 감수성을 보여 주었습니다. "들에 핀 나리꽃들이 어떻게 자라는지 지켜보아라. 그것들은 애쓰지도 않고 길쌈도 하지 않는다. 그러나 내가 너희에게 말한다. 솔로몬도 그 온갖 영화 속에서 이 꽃 하나만큼 차려입지 못하였다"(마태 6,28-29). "참새 다섯 마리가 두 닢에 팔리지 않느냐? 그러나 그 가운데 한 마리도 하느님께서 잊지 않으신다"(루카 12,6).[8]

신학적인 관점에서 보면 창조와 모든 피조물의 존재 자체가 하느님께 영광과 찬미를 드리는 것이다. 창조 세계 자체가 하느님께 대한 찬양이 울려 퍼지는 살아 움직이는 성전이 된다.[9] 다양한 종교 전통의 경전, 특히 성경 전통에는 창조물에 대해 창조주께 바치는 찬미가 끝없이 나온다. 그리스도교의 성경은 창조물에 대한 끊임없는 찬미의 전례로 가득하다. 요한 바오로 2세 교황은 1990년 메시지에서 "성경은 하느님의 영광을 드러내도록 부름받은 피조물과 선과 미를 거듭거듭 이야기하고 있습니다.(창세 1,4; 시편 8,2; 104,1; 지혜 13,3-5; 집회 39,16.33; 43,1.9 참조)"[10]라고 말한다.

우주적인 찬미의 전례는 특히 시편 도처에 나타난다. 프란치스코 교황은 「찬미받으소서」에서 이렇게 말한다. "시편은 창조주 하느님을 찬송하라고 자주 우리에게 권유합니다. 하느님께서는, '땅

---

8 윗글, 1항.
9 Edward Brown, *Our Father's World: Mobilizing the Church to Care for Creation* (South Hadley, MA: Doorlight Publications, 2006), 38-39 참조.
10 요한 바오로 2세, 1990년 세계 평화의 날 담화, 14항.

을 물 위에 펼쳐 놓으신 분'으로, '주님의 자애는 영원'(시편 136,6) 합니다"(72). 또한 시편은 다른 피조물들도 이 찬양에 동참하도록 초대한다. "주님을 찬양하여라, 해와 달아. 주님을 찬양하여라, 반짝이는 모든 별들아. 주님을 찬양하여라, 하늘 위의 하늘아 하늘 위에 있는 물들아. 주님의 이름을 찬양하여라, 그분께서 명령하시자 저들이 창조되었다(시편 148,3-5)"(72). 실제로 시편의 마지막은 "숨 쉬는 것 모두 주님을 찬양하여라."(시편 150,6)라고 권유하며 끝난다.

그러나 우주적 전례에서 인간은 아주 특별한 역할을 한다. 인간은 우주 전례에서 모든 피조물과 함께 기도하고 노래할 뿐만 아니라 창조주를 찬미하는 목소리가 되라는 부름을 받았다.[11] 하느님을 향한 온 피조물의 무언의 경배의 목소리가 되는 것은 인간의 고유한 소명이다. 비잔티움의 레온니우스는 9세기에 "피조물은 직접적으로 그리고 스스로 창조주를 경배하는 것이 아니라, [우리]를 통해서 하늘이 하느님의 영광을 선포하고, [우리]를 통해서 달이 하느님을 경배하며, [우리]를 통해서 물과 소나기, 이슬과 만물이 하느님을 경배하고 하느님께 영광을 돌립니다."[12] 라고 썼다. 아시시의 프란치스코 성인은 이 점에서 아름다운 본보기가 된다. 프란치스코 교황은 회칙에서 프란치스코 성인이 창조의 아름다움 앞에서 기쁨에 찬 찬미를 드렸던 모습을 상기시킨다.

---

11 Daniel Castillo, "'To Praise, Reverence and Serve': The Theological Anthropology of Pope Francis," in *The Theological and Ecological Vision of Laudato Si' : Everything Is Connected*, ed. Vincent J. Miller (London: Bloomsbury, 2017), 95-108 참조.
12 Leontius of Byzantium, *Apologetic Sermon II on the Holy Icons, in Patrologia Graeca*, ed. J. Migne 161 vols. (Paris, 1857-1928), 93:1604.

우리가 누군가와 사랑에 빠질 때와 마찬가지로, 프란치스코 성인은 해와 달 또는 가장 작은 동물들을 바라볼 때마다 모든 피조물과 함께 찬미하며 벅찬 노래를 불렀습니다. 성인은 모든 피조물과 대화를 나누고 심지어 꽃 앞에서 설교하며 "꽃이 마치 이성을 지닌 듯 주님을 찬미하도록"[13] 초대하였습니다. 자신을 둘러싼 세상에 대한 그의 반응은 지적 평가나 경제적 계산을 훨씬 뛰어넘는 것이었습니다. 그에게 모든 피조물은 사랑의 유대로 자신과 하나 되는 누이였습니다.(11)

우리는 창조 세계의 거울에 비친 그분의 형상을 인식할 수 있을 때 창조주를 찬양한다. 프란치스코 교황은 회칙에서 "우리가 존재하는 모든 것이 하느님을 반영하고 있음을 깨닫게 되면 모든 피조물에 대하여 주님께 찬미를 드리고 피조물과 함께 주님을 흠숭하려는 마음을 품게 됩니다."(87)라고 썼다. 이러한 마음은 아시시의 프란치스코 성인의 "피조물의 찬가"에서 탁월하게 표현되어 있음을 볼 수 있다. 프란치스코 교황은 피조물에 대한 경이로움으로 창조주를 찬미하는 이 아름다우면서도 섬세하게 구성된 송가를 인용한다.

> "저의 주님, 찬미받으소서.
> 주님의 모든 피조물과 함께,
> 특히 형제인 태양으로 찬미받으소서.
> 태양은 낮이 되고 주님께서는 태양을 통하여
> 우리에게 빛을 주시나이다.

---

13 첼리노의 토마스, '프란치스코 성인의 생애1'(*Vita Prima di San Francesco*), ⅩⅩⅨ, 81, *FF* 460.

> 태양은 아름답고 찬란한 광채를 내며
> 지극히 높으신 주님의 모습을 담고 있나이다.
>
> 주의 주님, 찬미받으소서.
> 누이인 달과 별들로 찬미받으소서.
> 주님께서는 하늘에 달과 별들을
> 맑고 사랑스럽고 아름답게 지으셨나이다.
>
> 저의 주님, 찬미받으소서.
> 형제인 바람과 공기로,
> 흐리거나 맑은 온갖 날씨로 찬미받으소서.
> 주님께서는 이들을 통하여 피조물들을 길러 주시나이다.
>
> 저의 주님 찬미받으소서.
> 누이인 물로 찬미받으소서.
> 물은 유용하고 겸손하며 귀하고 순결하나이다.
>
> 저의 주님, 찬미받으소서.
> 형제인 불로 찬미받으소서.
> 주님께서는 불로 밤을 밝혀 주시나이다.
> 불은 아름답고 쾌활하며 활발하고 강하나이다."[14](87)

의미심장하게도 프란치스코 교황은 찬미가를 부르는 피조물들의 합창에 동참하라는 즐거운 초대로 회칙을 마무리한다. 교황은 "노래하며 걸어갑시다!"(244)라고 권고한다.[15]

---

14 피조물의 찬가, *FF* 263.
15 Elizabeth T. Groppe, "'The Love that Moves the Sun and the Stars': A Theology

현대인의 근본적인 문제는 피조물이 창조주께 끊임없이 드리는 우주적 찬미의 교향곡에 전혀 귀를 기울이지 않는다는 점이다. 우리는 찬미의 디딤돌인 경이로움이 메마른 세상에 살고 있다. 프란시스 쉐퍼는 다음과 같이 썼다. "경이로움은 모두 사라졌다. 인간은 보편성도 없고 경이로움도 없는 자율적인 '타락한' 세계에 살고 있다. 오만하고 이기적인 방식으로 자연은 인간이 이용하거나 착취할 수 있는 '사물'로 전락했다."[16]

오늘날, 우리 공동의 집이 위기에 직면한 지금, 우리는 창조의 아름다움 앞에서 경이로움과 찬미에 대한 감각을 재발견해야 한다. 프란치스코 교황은 다음과 같이 말한다. "세상은 해결해야 할 문제 이상의 것으로, 감사와 찬미로 관상해야 하는 기쁜 신비입니다"(12). 교황이 강조한 것처럼 "아름다움에 대한 관상을 통하여, 비약적 도약이 일어나 결국 인간 고유의 충만함에 이르게 됩니다"(103). 우리는 창조의 모든 경이로움에 대해 창조주께 드리는 자발적인 찬미에서 솟아오르는 깊은 경이로 우리의 집을 보는 법을 배울 때에만 공동의 집을 구할 수 있다.

2. 감사

찬미와 밀접하게 연관된 생태적 덕은 감사이다. 프란치스코 교황은 오늘날 자연은 안타깝게도 일반적으로 "인간이 분석, 이해,

---

of Creation," in *The Theological and Ecological Vision of Laudato Si': Everything Is Connected*, ed. Vincent J. Miller (London: Bloomsbury, 2017), 91 참조.
16 Francis A. Schaetter, *Pollution and the Death of Man: The Christian View of Ecology* (Wheaton, Ill: Tyndale House,1970), 89.

통제하는 체계로 여겨지는 반면에, 창조는 모든 것의 아버지이신 하느님께서 손을 내미시어 주신 선물로"(76) 이해될 뿐이라고 말한다. 감사는 우리가 "순간순간을 하느님의 선물로 여겨 충만하게 살아가려"(226) 할 때 우리 마음 안에 일어난다. 지구상에 있는 것들에 감사하는 기저에는 세상은 "우리가 거저 받은 선물"(159)로 반드시 다른 이들과 나누어야 하는 것이라는 깊은 깨달음이 있다. 교황은 회칙의 뒷부분에서 "하느님께서 세상을 사랑으로 선물하셨음을 인식하는 것"이 바로 "감사와 무상성의 태도"라고 상기한다(220).

자연에 감사하는 관점은 우리가 창조된 현실을 다루는 방식에 구체적인 영향을 미친다. 교황은 "세상이 우리에게 선사된 것이라면 우리는 더 이상 개인적 유익을 위한 효율과 생산성이라는 공리주의적 원칙으로만 생각할 수 없습니다."(159)라고 쓴다.

프란치스코 교황은 토착 공동체가 땅과 몸을 선물로 받은 것에 대한 원초적인 감사 의식을 보존하고 있음을 높이 산다. "그들에게 땅은 상품이 아니라 하느님과 그곳에 묻힌 조상들의 선물로, 그들의 정체성과 가치를 함양하고자 관계를 맺어야 하는 거룩한 자리입니다"(146).

감사는 오늘날 우리가 빠르게 잃어가고 있는 덕으로, 프란치스코 교황은 이러한 감사의 마음을 회복하자고 초대한다. 우선 우리가 식사 전후에 감사 기도를 드리는 단순한 습관을 회복할 것을 제안한다.

식사 전후에 잠시 하느님께 감사드리는 것이 이러한 태도를 표현하는 한 가지 방법입니다. 저는 모든 신자가 이 소중한 관습을 다시 받아들여 내면화하기를 바랍니다. 비록 짧지만 이러한 축복 받은 시간은 우리의 생명을 하느님께 의존하고 있음을 상기시켜 줍니다. 또한 우리에게 피조물을 선물하신 것에 대하여 더 깊은 감사의 마음을 갖도록 해 주고, 노동을 통하여 이 음식을 우리에게 마련해 준 이들을 떠올리게 하며, 가장 궁핍한 이들과의 연대를 재확인시켜 줍니다.(227)

성체성사는 누구나 하느님께 바칠 수 있는 가장 위대한 찬미와 감사의 행위이다. 그리스어로 '찬미하다'라는 동사 eucharisteo는 정확히 '찬미하고 감사하다'라는 뜻이다. 빵과 포도주의 형태로 상징되는 창조의 선물은 성체성사 안에서 기도와 감사로 바로 그것을 창조하신 분께 들어 올려진다. 바르톨로메오 1세 총대주교는 다음과 같이 말한다.

우리는 세상의 제단 앞에 서 있는 사제로서 성체성사의 빵과 포도주를 통해 창조주께 피조물을 다시 봉헌합니다. … 우리는 창조의 아름다움을 축하하고 세상의 생명을 축성하며 감사로 하느님께 돌려드립니다. … 우리는 성체성사에서 창조의 충만함을 바치고, 그것을 하느님의 현존으로, 축복으로 받습니다.[17]

---

17 Ecumenical Patriarch Bartholomew I, "Address during the Environmental Symposium in Santa Barbara, November 8, 1997," in *Cosmic Grace, Humble Prayer: The Ecological Vision of the Green Patriarch Bartholomew*, ed. John Chryssavgis (Grand Rapids, MI-Cambridge, UK: William B. Eerdmans, 2009), 188.

모든 성체성사는 감사를 기억하는 것으로, 창조는 물론이고 구원 사업에서 하느님이 이루신 놀라운 업적을 기념하는 것이다. 루이 부이에가 지적했듯이, 초기 그리스도교의 성체성사 기도문은 유대교 회당, 특히 가정에서, 그리고 무엇보다도 유월절 식사에서 사용되는 기도문 형식을 모델로 했으며, 항상 창조의 은총, 창조와 구원에 대한 하느님의 위대한 업적을 기억하고 감사하면서 피조물을 축복하는 것으로 시작했다.[18] 페르가몬의 대수도원장이며 정교회의 신학자인 존 지지울라스는 모든 고대 성체성사의 전례가 창조에 대한 감사로 시작하여 그리스도의 구원에 대한 감사로 이어졌으며, 그것들 모두가 창조주께 창조의 선물을 들어 올리는 데 중점을 두었다는 점을 보여 주었다.[19]

성찬례는 참으로 감사와 경배의 우주적 행위이다. 프란치스코 교황은 「찬미받으소서」에서 이렇게 말한다. "성찬례 안에 현존하시는 강생하신 하느님의 아드님과 하나 되어 온 우주가 하느님께 감사를 드립니다"(236). 이와 관련하여 브랜든 갤러허는 다음과 같이 언급한다. "겸손하고 감사하는 삶의 방식에 대한 살아 있는 상징이 바로 성체성사이다. 인간이 하느님의 것을 빵과 포도주의 형태로 하느님께 돌려드리면 시간과 공간이 거룩해진다."[20]

창조 세계의 사제로서 인간은 또한 성찬례의 정신(eucharistic ethos)을 살도록 부름받았다. 즉 "지구의 천연자원을 감사하는 마

---

18 Louis Bouyer, *Life and Liturgy* (London: Sheed and Ward, 1956), 15-28.
19 John Zizioulas, "Preserving God's Creation," *King's Theological Review* 12 (1989), 4.
20 Brandon Gallaher, "Common Themes for Our Common Home," *The tablet* (4 July 2015), 13.

음으로 사용하고 하느님께 다시 바치는 것"[21]이다. 창조의 선물(그리스어로 doron)을 창조주께 감사하는 마음으로 다시 바칠 때 보답의 선물(그리스어로 antidoron)이 된다. "자연은 삼위일체 하느님이 인류에게 주는 선물(doron)이다. 인간이 창조주와 아버지께 드리는 선물(antidoron)은 이 선물을 유익하고 신중하게 사용할 뿐 아니라 이 선물을 존중하고, 창조를 보존하는 것이다."[22] 또한 창조의 선물을 동료 형제자매들과 아낌없이 나누는 것을 의미하기도 한다.

공동의 집의 위기는 찬미와 감사로 창조와 피조물을 드높일 수 없는 우리의 무능을 드러낸다. 창조와 피조물을 남용하는 것은 궁극적으로 창조주에 대한 우리의 배은망덕함을 보여 주는 것이다. 생태적 위기는 성찬례의 정신에 따라 살지 못하는 우리의 무능력을 드러낸다. 우리는 창조의 풍요로운 선물을 당연하게 여길 뿐만 아니라 친교의 정신(코이노니아 koinonia)으로 이웃, 특히 가난한 이들과 나누지 못한다. 우리는 이 땅에서 창조의 선물에 대해 성찬례의 방식으로 하느님께 감사하고 이를 다른 이들과 아낌없이 나누며 감사하는 삶을 살아야 한다.

3. 돌봄

돌봄은 「찬미받으소서」에서 중요시하는 또 다른 생태적 덕이다. 실제로 이 회칙에는 공동의 집을 '돌보는 것'에 관한이라는 부제가

---

21 Ecumenical Patriarch Bartholomew I, "Message for September 1, 1994," in *Cosmic Grace, Humble Prayer*, ed. Chryssavgis, 44.
22 Ecumenical Patriarch Bartholomew I, "Toast during the Banquet in Constanza, Second International Symposium, September 26, 1997," in *Cosmic Grace, Humble Prayer*, ed. Chryssavgis, 179-180.

붙어 있다. 수십 년 동안 그리스도교 창조 신학을 지배하여 자주 사용된 '관리'(stewardship)라는 언어에서 미묘한 패러다임의 전환이 일어난 것이다. 사실, 신앙에 기반하여 환경에 대한 관심을 촉구할 때 종종 등장하던 관리라는 용어는 전체 회칙에서 단 두 번만 나타난다. 프란치스코 교황은 관리보다는 창조 세계의 돌봄을 강조한다. 피터 터크슨 추기경에 따르면, 돌봄은 관리보다 더 큰 의미를 지닌다.

> 훌륭한 관리자는 책임을 지고 관리하고 자신이 맡은 바 의무를 이행한다. 딱히 연결되어 있다는 느낌이 없어도 훌륭한 관리자가 될 수 있다. 그러나 만일 돌보는 것이라면 그것은 연결되어 있는 것이다. 돌본다는 것은 다른 사람의 영향을 받아 자신의 진로와 우선순위가 바뀔 정도로 그 영향을 허용하는 것이다. 좋은 부모는 이를 잘 알고 있다. 그들은 자녀에 대해서 걱정한다. 그리고 자녀의 안전과 번영을 위해 자신의 목숨까지도 희생할 정도로 자녀를 위해 보살핀다. 돌봄을 통해 나와 다른 사람 사이의 딱딱한 경계는 부드러워지고 모호해지며 심지어 사라지기도 한다. 프란치스코 교황은 우리가 우리와 세상, 우리와 모든 사람들과의 관계를 '돌봄'의 관점에서 생각할 것을 제안한다.[23]

교황은 우리 공동의 집의 위기에 직면하여 요청되는 '생태적 회개'에는 여러 가지 태도가 필요한데, "이러한 태도들이 서로 어우러져 관대하고 부드러움이 넘치는 돌봄의 정신을 촉진"(220)한다고 말한다. 돌봄은 참으로 인간적이고 참으로 그리스도교적이다. 존

---

23 Peter K. A. Turkson, "Catholicism and the Environment: Reflections on *Laudato Si*'" International Conference for Catholic Bishops (Lisbon, 22 January 2016).

스위니가 "'돌봄'은 인간의 필수적인 능력이며 행동이 필요한 덕이다."라고 말한 것처럼 돌봄은 복음의 진복팔단과 그리스도교 휴머니즘에 깊이 뿌리를 두고 있다.[24] 우리 공동의 집과 공동 가정의 취약한 구성원을 돌본다는 것은 참으로 우리가 하느님의 모든 피조물에 대한 사랑과 부드러운 보살핌을 본받고 있다는 것이다. 프란치스코 교황이 회칙에서 말하듯이, "모든 피조물은 그 각자의 자리를 세상에 마련해 주신 하느님 아버지의 온유함의 대상"(77)이다. 우리는 "모두 저마다 자신의 문화, 경험, 계획, 재능으로 하느님의 도구가 되어 피조물 보호에 협력"(14)하도록 부름받았다.

피조물 돌봄을 통해 하느님을 반영하는 것은 인간 존재의 근본이다. 그것은 성경에서 분명하게 설명되는 우리의 직무이다.[25] 사실 여기에서 인간이 하느님의 모상(imago Dei)대로 창조되었다는 고유한 정체성이 드러난다. 마크 브레딘이 지적한 바와 같이, "하느님의 모상으로 만들어진 존재의 본질은 하느님이 피조물을 돌보고 양육하시는 것처럼 피조물을 돌보는 것이다."[26] 하느님과 비슷하게 하느님 모습으로 만들어진 인간은 하느님과 같은 보살핌과 연민으로 피조물을 돌보아야 한다. 전 캔터베리 대주교인 로완 윌리엄스는 다음과 같이 말한다. "창세기는 우리가 창조주와의 관계로 부름을 받았을 때 동시에 비인간 세계에 대한 책임을 갖도록 부름

24　Jon M. Sweeney, "A Kinship of Harmony," *The Tablet* (20 June 2015), 4.
25　Dave Bookless, *Planet Wise: Dare to Care for God's World* (Nottingham: Inter-Varty Press, 2008), 90.
26　Mark Bredin, "God the Carer: Revelation and the Environment," *Biblical Theology Bulletin* 38/2 (2008), 85.

을 받았다고 말한다. 이것이 바로 우리가 창조주와의 관계, 즉 하느님의 모습으로 만들어진 우리의 실체를 표현하는 방식이다."[27]

돌봄의 윤리는 관계의 네트워크로 세계를 바라보는 특별한 관점에 뿌리를 두고 있다. 프란치스코 교황은 "우리는 서로를 필요로 하고, 타인과 세상에 대한 책임이 … 있음을 다시 깨달아야"(229)한다고 말한다. 사실 "사람들 간의 연결됨에 대한 인식은 다른 사람에 대한 기본적인 책임을 다시 인식하게 한다."[28] 교황은 회칙에서 "모든 형태의 자기중심성과 자아도취를 거부하는 자기 초월의 근본 자세는 다른 사람들과 환경에 대한 모든 관심의 바탕이 됩니다."(208)라고 말한다. 이와 관련하여 교황은 그리스도교 전통에서 몇 가지 뛰어난 모델을 제시한다. 첫 번째는 교황이 회칙 서문에서 돌봄의 모범으로 이미 언급한 아시시의 프란치스코 성인이다. 그의 말을 인용한다.

> 저는 아시시의 프란치스코 성인이 취약한 이들을 돌보고 통합 생태론을 기쁘고 참되게 실천한 가장 훌륭한 모범이라고 생각합니다. 프란치스코 성인은 생태 분야에서 연구하고 활동하는 모든 이의 수호성인으로서 비그리스도인들의 사랑도 많이 받고 있습니다. 그는 하느님의 피조물과 가난한 이들과 버림받은 이들에게 특별한 관심을 보였습니다. 그는 사랑을 하였고, 또한 기쁨, 관대한 헌신, 열린 마음을 지녔기에 큰 사랑을 받았습니다. 그는 하느님

---

27 Rowan Williams, "The Ark and the Covenant," *The Tablet* (24 October 2009), 10.
28 Carol Gilligan, *In a Different Voice: Psychological Theory and Women's Development* (Cambridge, MA: Harvard Univerty Press, 1982), 30.

과 이웃과 자연과 자기 자신과 멋진 조화를 이루며 소박하게 살았
던 신비주의자이며 순례자입니다. 그는 자연 보호, 가난한 이들을
위한 정의, 사회적 헌신, 내적 평화가 어떠한 불가분의 유대를 맺
고 있는지를 보여 줍니다.(10)

프란치스코 교황은 프란치스코 성인이 모든 피조물을 돌보게
된 진정한 동기는 그들과 하나 됨을 깨달았기 때문이라고 한다.
"그에게 모든 피조물은 사랑의 유대로 자신과 하나 되는 누이였습
니다. … 그의 제자인 보나벤투라 성인은 다음과 같이 말하였습니다.
'그는 만물의 공통 원천에 대한 성찰로 더 큰 경외심에 가득 차 아무
리 작은 피조물이라도 '형제'나 '누이'로 부르고는 하였습니다.'[29] 그
러한 확신은 우리의 행동을 결정하는 선택에 영향을 주기에 순진한
낭만주의로 폄훼될 수 없습니다"(11). 교황은 이어서 돌봄의 태도가
어떻게 이러한 접근의 자연스러운 결과인지를 설명한다.

> 우리가 자연과 환경에 접근하면서 이러한 경탄과 경이에 열려
> 있지 못하고, 세상과의 관계에서 더 이상 형제애와 아름다움의 언
> 어로 말하지 않는다면 우리는 즉각적 욕구를 주체하지 못하는 지
> 배자, 소비자, 무자비한 착취자의 태도를 취하게 될 것입니다. 이
> 와는 반대로 우리가 존재하는 모든 것과 내밀한 일치를 느낀다면
> 절제와 배려가 곧바로 샘솟게 될 것입니다.(11)

회칙에서 프란치스코 교황은 돌봄의 다른 모범도 제시한다. 리
지외의 성녀 데레사는 "평화와 우정의 씨앗을 뿌리는 친절한 말,

---

29 보나벤투라, '프란치스코 성인의 주요 전설'(*Legenda Major*), VIII, 6, *FF* 1145.

미소, 모든 작은 몸짓을 소홀히 하지 말고 사랑의 작은 길로 나아가라고 우리를 초대"(230)한다고 말한다. 교황은 우리의 깨어진 세상을 돌보기 위해서는 이러한 '작은' 조치들이 중요하다고 강조한다. "통합적 생태는 폭력, 착취, 이기주의의 논리를 타파하는 단순한 일상 행위로 이루어집니다"(230).

프란치스코 교황은 회칙에서 공동체적 형태의 돌봄에 대해서도 언급한다. 돌봄은 "또한 사회적 정치적 사랑이 되며, 더 나은 세상을 건설하고자 하는 모든 행동으로 드러납니다."(231)라고 말한다. 돌봄은 참으로 지구에 사랑의 문명을 창조할 수 있다. 교황에게 돌봄은 바로 사랑 또는 그리스도교의 자비의 사회적 표현일 뿐이다. 교황은 가톨릭 사회 교리에서 많은 내용을 인용한다.

> 사회에 대한 사랑과 공동선에 대한 투신은 개인들 간의 관계뿐만 아니라 "사회, 경제, 정치 차원의 거시적 관계"[30]에도 영향을 주는 애덕의 탁월한 표현입니다. 그래서 교회는 세상에 "사랑의 문명"[31]이라는 이상을 제시한 것입니다. 사회적 사랑은 참다운 진보를 위한 열쇠입니다. "더욱 인간답고 더욱 인간에게 걸맞은 사회를 만들려면 사회생활 – 정치, 경제, 문화 – 에서 사랑에 새로운 가치를 부여해야 하며, 사랑이 지속적으로 모든 활동의 최고 규범이 되어야 합니다."[32] 이러한 맥락에서, 일상의 작은 몸짓들의 중요성과 더불어 사회적 사랑이 우리를 이끌어 우리가 환경 훼손을 효과적으로 막고 돌봄의 문화가 온 사회에 스며들도록 장려해야 합니다.(231)

---

30 「진리 안의 사랑」, 2항.
31 바오로 6세, 1977년 세계 평화의 날 담화, AAS 68(1976), 709면.
32 『간추린 사회 교리』, 582항.

프란치스코 교황에 따르면 돌봄의 완벽한 모범은 예수님을 돌보신 성모 마리아이다. 마리아는 이제 "이 상처 입은 세상을 모성애로 함께 아파하며 돌보십니다. 성모님께서는, 꿰찔린 마음으로 예수님의 죽음을 애통해하신 것처럼 핍박받는 가난한 이들과 인간의 힘으로 황폐해진 이 세상의 피조물 때문에 지금도 슬퍼하고 계십니다"(241). 교황은 이와 관련하여 요셉 성인도 언급한다. 성인은 그의 노동과 자애로운 삶으로 마리아와 예수님을 돌보고 보호했으며, 보편 교회의 수호자이기도 하다고 말한다. "성인은 우리에게 돌보는 법을 가르쳐 줄 수 있습니다. 하느님께서 우리에게 맡기신 이 세상을 우리가 자애롭고 온유하게 돌보도록 요셉 성인이 영감을 줄 수 있는 것입니다"(242).

4. 정의

우리 공동의 집의 위기와 궤를 같이하며 이 위기에 크게 영향을 미치고 있는 엄청난 불평등의 맥락에서 정의는 중요한 생태적 덕이 된다. 사실, 오늘날 우리는 '생태 정의'에 대해 이야기해야 한다. 생태 정의를 위한 토대는 모든 물질적 재화의 공통된 목적, 즉 창조된 재화가 모두의 것이라는 점이다. 교황은 다음과 같이 말한다.

> 오늘날 우리는 신앙인이든 아니든 모두, 지구가 본질적으로 공동 유산이므로 그 열매는 모든 이에게 유익이 되어야 한다는 사실에 동의합니다. 신앙인들에게 이는 창조주에 대한 충실의 문제가 됩니다. 하느님께서는 모든 이를 위하여 세상을 창조하셨기 때문입니다. 따라서 모든 생태적 접근은 가장 취약한 이들의 기본권을

배려하는 사회적 관점을 포함해야 합니다.(93)

하지만 "자연 환경은 모든 인류의 유산이며 모든 사람이 책임져야 하는 공공재"임에도 불구하고, "세계 인구의 20퍼센트가 가난한 나라와 미래 세대의 사람들에게서 그들의 생존에 필요한 것을 훔치면서까지 자원을 소비"[33]한다(95). 교황에 따르면, "강자의 자의를 옹호하는 관점은 대부분의 인류에게 엄청난 불평등, 불의, 폭력을 낳습니다. 이 경우에 자원은 먼저 차지하거나 가장 힘이 센 자의 것이 되어 버리고 말기 때문입니다"(82). 교황은 이러한 상황이 "예수님께서 제시하신 조화, 정의, 형제애, 평화의 이상에 크게 어긋나는 것"(82)이라고 지적하는 데 주저하지 않는다.

현재의 생태 위기는 그것이 주로 부유하고 풍족한 사람들에 의해 초래되었고 그들보다 훨씬 많은 수의 희생자들은 가난하고 취약한 이들이라는 비극적인 진실 때문에 불공정의 전형이 된다.[34] 생태 위기는 우리 공동의 집과 일반 가정에 영향을 미치지만, 그 해로운 영향은 주로 우리 사회에서 가장 취약한 계층과 가난한 이들에게 집중된다. 생태 위기는 불평등의 도가니 속에서 빚어지고 있다. 현대의 생태 위기에 의해 초래된 불공정은 기후 변화의 상황에서 가장 두드러지게 드러나며, 인류가 직면한 가장 큰 도전이다. 기후 변화의 영향이 "전 세계에서 가장 가난하고 취약한 사람들"에게 가장 먼저, 그리고 가장 심하게 영향을 미친다는 사실을 강조하

33　뉴질랜드 주교회의, '환경 문제에 관한 성명'(*Statement on Environmental Issues*), 2006.9.1.
34　Joshtrom Isaac Kureethadam, *Creation in Crisis*: 254-257 참조.

는 평가는 넘쳐나게 많다.³⁵ 크리스 쿠오모는 다음과 같이 말한다.

> 기후 변화는 산업 시대와 화석 연료 시대, 착취와 식민주의, '자연'의 거의 제한 없는 도구적 이용에 기반한 역사적 힘의 산물이기 때문에 불평등의 도가니 속에서 만들어졌다. 세계에서 가장 부유한 국가들과 거의 모든 국가의 특권 엘리트 및 산업 소유 부문은 수십 년에 걸친 무분별한 개발과 에너지 소비를 바탕으로 부와 장기적인 경제적 안정을 구축해 왔다. 유해한 폐기물을 대기에 버림으로써 우리는 산업 온실 효과를 가져오는 데 아무런 작용을 하지 않은 주체, 즉 '가장 저개발' 국가들, 자연 세계, 미래 세대까지 모두 위험에 빠뜨렸다.³⁶

가난한 사람들은 그 원인을 제공한 바가 거의 없지만 영향은 그들이 가장 크게 받는 기후 변화와 같은 생태적 문제의 아이러니한 비극을 로버트 헨슨은 다음과 같이 잘 표현하고 있다.

> 지구 온난화가 화석 연료를 가장 많이 소비하는 사람들의 삶을 조금 더 뜨겁게 만든 것이 전부라면, 이는 그들의 업보라고 할 수 있을 것이다. 하지만 안타깝게도 기후 변화는 그 다양한 영향이 한 곳에만 집중되지 않는다. 지구 온난화는 자동차 시동을 걸어본 적도, 대륙 횡단 비행을 해 본 적도 없는 수백만 명의 사람들에게 연쇄적인 영향을 미칠 수 있다.³⁷

---

35 Chris J. Cuomo, "Climate Change, Vulnerability, and Responbility," *Hypatia* 26 (2011), 693.
36 윗글.
37 Robert Henson, *The Rough Guide to Climate Change* (London: Rough Guides Ltd., 2006), 139.

현대의 생태 위기는 소수의 부유한 사회의 생활 방식이 공동의 집의 더 취약한 사람들의 생계를 위협하는 심각한 불공정의 상황을 드러내고 있다. 정의는 발생한 빚을 갚으라고 요구한다. 국제 카리타스가 지적했듯이, 선진국은 더 가난한 나라들로부터 개발 잠재력을 빌려 왔으며 따라서 이러한 '대출'은 반드시 상환되어야 한다.[38] 공동의 집이 위기에 처한 상황에서 오늘날 우리에게 필요한 것은 선행이 아니라 가난한 사람들을 위한 정의이다. 프란치스코 교황은 회칙에서 베네딕토 교황의 말을 인용하여, "'공동의 환경 자원을 이용하는 데에 드는 경제적 사회적 비용을 다른 민족이나 미래 세대가 아니라 그 이용자가 온전히 부담하고 투명하게 공개하도록'[39] 할 때에만 윤리적 행위라고 볼 수 있습니다."(195)라고 말한다.

현대의 생태 위기는 궁극적으로 정의에 관한 것이다. 같은 세대 공동체 사이(세대 내)와 현재와 미래 세대 사이(세대 간)의 정의에 관한 것이다. 프란치스코 교황은 「찬미받으소서」에서 "환경 훼손에 따른 엄청난 비용을 현재와 미래의 인류에게 떠넘긴 채로 상당한 이익만을 얻으려고 생각한다면 우리는 가장 심각한 불의 앞에 침묵하는 사람이 될 수 있습니다."(36)라고 역설한다.

생태 정의는 "이 지구에서 살날이 많지 않고 마냥 기다릴 수 없는"(162) 가난하고 취약한 우리 공동체의 구성원들에 대한 우선적 관심이다. 따라서 "세대 내 연대 의식을 새롭게 하고자 하는 도덕적 요구도 절실"[40](162)하다. 생태 정의를 위해서는 가난한 사람

---

38 Caritas Internationalis, *Climate Justice: Seeking a Global Ethic* (2009), 4.
39 「진리 안의 사랑」, 50항.
40 베네딕토 16세, 2010년 세계 평화의 날 담화, 8항.

들의 개발 권리와 빈곤 완화 문제를 공동의 집의 위기에 대한 진정한 도덕적 대응의 핵심에 두어야 한다. 프란치스코 교황은 또 다시 "최악의 결과를 감수하게 될 이들"(161) 앞에서 우리의 책임을 반성해야 한다고 말한다.

생태 정의는 세대 간 문제이기도 하다. 프란치스코 교황에 따르면, "우리가 미래 세대에 대하여 진지하게 생각하지 못하는 것은 우리 관심의 지평을 넓히지 못하는 것과 발전에서 소외된 많은 이들을 배려하지 못하는 것과도 관련되어"(162) 있다. 세대 간 연대는 궁극적으로 정의의 문제이다.

> 세대 간 연대는 선택의 문제가 아니라 정의의 근본적인 문제입니다. 우리가 받은 지구는 우리 후손들에게도 속하기 때문입니다. 포르투갈 주교들은 우리가 이러한 정의의 의무를 받아들일 것을 요청하였습니다. "환경은 받음의 논리에 속하는 것입니다. 환경은 각 세대가 빌려 쓰는 것으로 다음 세대에 넘겨주어야 하는 것입니다."[41](159)

위태로운 공동의 집을 돌보기 위해서는 우리가 열정적인 생태 정의의 주체가 되어야 한다. 프란치스코 교황이 언급했듯이, 정의를 위한 투쟁에서 우리를 지탱하는 믿음은 다음과 같은 것이다. "무에서 세상을 창조하신 하느님께서는 이 세상에 관여하시고 온갖 악을 물리치실 수 있습니다. 그러므로 불의가 무적은 아닌 것입니다"(74).

---

41 포르투갈 주교회의, 사목 교서 '공동선을 위한 연대 책임'(*Responsabilidade Solidária pelo Bem Comum*), 2003.9.15, 20항.

5. 노동

프란치스코 교황의 공동의 집을 돌보는 것에 관한 회칙 「찬미받으소서」의 현실적 성격은 노동의 생태적 덕에서 가장 잘 드러난다. 교황은 이렇게 말한다. "인류를 배제하지 말아야 하는 통합 생태론에 대한 모든 접근에서 노동의 가치를 포함시키는 것은 필수입니다. 요한 바오로 2세 교황께서 회칙 「노동하는 인간」에서 이를 잘 설명하셨습니다"(124). 프란치스코 교황은 「찬미받으소서」의 여러 단락을 노동과 인간 노동의 존엄성을 주제로 할애하고 있다.

위험에 처한 우리 공동의 집을 돌보는 전반적인 맥락에서, 프란치스코 교황은 인간의 노동을 하느님의 창조의 손길과 협력하는 것으로 이해한다.

> 창조에 관한 성경 이야기에 따르면, 하느님께서는 당신께서 만드신 에덴 동산에 사람을 두시어, 그곳을 보존하게(돌보게) 하셨을 뿐 아니라 열매를 맺도록(일구도록) 하셨습니다(창세 2,15 참조). 그래서 노동자와 장인이 "한 세대의 골격을 유지합니다"(집회 38,34). 현실에서, 피조물의 현명한 발전을 촉진하는 인간의 개입은 세상을 돌보는 최선의 방법입니다. 이는 우리 자신이 하느님의 도구가 되어 하느님께서 사물에 심어 넣으신 가능성이 전개되도록 돕는 것을 의미하기 때문입니다.(124)

창조 이야기에는 창조의 관리 직무가 최초의 인간인 아담에게 부여된 첫 번째이자 주된 임무라고 나온다.[42] 그것은 인류에게 첫

---

42 Kureethadam, *Creation in Crisis*, 329-331 참조.

번째로 주어진 계명이다. 창세기에서 관리 직분의 중요한 특징은 인간이 하느님과 함께 창조 세계를 돌보는 창조의 공동 관리자로 부름받았다는 것이다. 하느님은 이미 그의 창조물을 돌보고 계신다. 인간은 단지 그분을 도와서 세상의 관리자로서 하느님의 관리자 직분을 보조하기만 하면 된다. 바르톨로메오 1세 총대주교가 우리에게 상기시켜 준다. "하느님께서는 인류에게 세상과 세상에 존재하는 모든 것의 단순한 **구경꾼**이나 무책임한 소비자가 되는 것을 허락하지 않으셨습니다. 사실 인류는 창조 세계의 모든 것에 대한 **책임의** 일차적 **참여자**이자 공유자의 임무를 맡도록 부름받았습니다."[43] 여기서 인간의 노동은 공동의 집을 유지하기 위한 하느님의 노동에 참여함으로써 가장 고귀한 이상을 발견한다.

「찬미받으소서」에서 프란치스코 교황은 예수님께서 어떻게 손수 일하셨는지에 대해 이야기하며, 일생의 대부분을 평범한 노동으로 보내셨다고 언급한다. 따라서 예수님은 인간의 노동과 하느님의 모든 창조물에 대한 선한 관리자가 되려는 우리의 겸손한 노력을 거룩하게 하셨다. 회칙의 아름다운 구절을 여기에 인용한다.

> 예수님께서는 하느님께서 창조하신 물질에 당신 손으로 날마다 장인의 기술을 발휘하셨습니다. 예수님께서 당신 생애 대부분을 이러한 일, 전혀 경탄할 것도 없는 단순한 일로 보내셨다는 것은 주목할 만합니다. "저 사람은 목수로서 마리아의 아들이 아닌가?"(마르6,3) 이렇게 하여 예수님께서는 노동을 신성한 것으로

---

[43] Bartholomew I, "Message for September 1, 1992," in *Cosmic Grace, Humble Prayer*, ed. Chryssavgis, 39.

만드시어 우리가 성숙하는 데에 노동이 특별한 가치가 있도록 하셨습니다.(98)

프란치스코 교황은 그리스도교 전통이 어떻게 "노동에 대한 부요하고 건전한 이해를 발전시켜 왔"는지를 짚으며, 최근의 사례로 샤를 드 푸코 복자를 언급한다(125). 또한 수천 년에 걸친 그리스도교 수도원의 전통을 특별히 언급한다. 노동에 관한 수도원의 영적 인식은 오늘날 우리의 공동의 집을 돌보는 일과 특히 관련이 있다.

우리는 수도 생활의 위대한 전통도 참고할 수 있습니다. 본디 수도 생활은 도시의 타락을 피하고자 세속을 벗어나는 것을 선호하였습니다. 그래서 수도승들은 사막을 찾아간 것입니다. 그들은 사막이 하느님의 현존을 깨닫는 데에 가장 적합한 곳이라고 확신하였습니다. 나중에 누르시아의 베네딕토 성인은 그의 수도승들에게 공동체 생활을 하면서 기도와 영적 독서와 더불어 육체노동도 할 것을 제안하였습니다(ora et labora). 영적 의미를 담은 육체노동의 도입은 획기적인 것이었습니다. 사람들은 묵상과 노동의 상호 작용으로 인간의 성숙과 성화를 추구하는 방법을 익혔습니다. 우리가 이러한 방식으로 노동을 실천하면 환경을 더욱 잘 돌보고 존중하게 되어, 세상을 건전한 냉철함으로 대할 수 있게 됩니다.(126)

프란치스코 교황은 회칙에서 인간의 노동에 대한 깊은 성찰을 제시하며, 인간과 우리 주변의 자연 세계 사이의 올바른 관계를 위해서는 "노동의 개념을 바르게 이해"(125)하는 것이 필요하다고 언급한다. 교황은 노동에 대해 훨씬 전체적인 이해를 제안한다. "이는 육체노동이나 농업뿐 아니라 사회 연구 개발부터 기술 개발 계획에 이르기까지 모든 기존 현실의 변화를 포함하는 활동을 말하는 것입니다"(125). 더 나아가 그는 "노동은 이 땅에서 살아가는 의미에 속하며, 성장과 인간 발전과 개인적 성취의 길"(128)이라고 말한다. 노동은 모든 인간의 개인적 성장과 모든 수준에서의 관계를 위한 고귀한 영역이다.

> 인간은 "물질적 복지를 도모하고 윤리적 향상을 추구하며 영신 기능을 계발할 수 있는"[44] 능력을 지니고 있음을 언제나 명심할 필요가 있습니다. 노동은 이렇게 개인의 다양한 성장을 위한 자리가 되어야 합니다. 여기에서 창의력, 미래 설계, 재능 계발, 가치 실현, 타인과의 대화, 경배와 같은 삶의 여러 측면이 나타납니다.(127)

교황은 다음과 같이 말한다. "창조 때부터 우리는 노동하라는 부르심을 받았습니다. 인간의 노동을 점진적인 기술 발전으로 대체하려 해서는 안 됩니다. 이는 인류에게 해악을 끼칠 것입니다."(128) 그러므로 특히 권력을 가진 이들이 사람들에게 "노동을 통하여 존엄한 삶을 누리게"(128) 보장하는 것이 중요하다. 교황은 인간 노동의 존엄성을 인정하지 않고 기술 발전과 자본 축적에만 관심을 기울여 높은 실업률을 양산하는 현 경제 시스템을 비판한다.

> 경제는 일종의 기술 발전을 촉진하여 노동자들을 해고하고 일자리를 기계로 대체한 결과, 생산 비용을 절감하는 방향으로 나아

---

44 바오로 6세, 「민족들의 발전」(*Populorum Progressio*), 1967.3.26., 34항, 『교회와 사회』, 한국천주교중앙협의회, 2003(제1판 2쇄), *AAS* 59(1967), 274면.

갔습니다. 이는 결국 인간이 자기 자신을 거슬러 행동하는 또 다른 길이 될 뿐입니다. 또한 일자리의 감소는 "모든 사회적 공존에 필수적인 신뢰, 의존, 법규 존중의 관계를 연결해 주는 '사회 자본'의 점진적인 손실"[45]로 경제에 부정적 영향을 미칩니다.(128)

「찬미받으소서」는 생태 회칙이자 사회 회칙으로 동시에 찬사를 받고 있다. 프란치스코 교황이 우리 공동의 집과 구성원을 돌보는 수단으로서 인간 노동의 존엄성에 대해 깊이 성찰한 내용을 보면 이러한 찬사가 확실히 타당해 보인다.

6. 절제

오늘날 우리 공동의 집은 부유한 소수의 무절제한 소비로 인해 무너지고 있다. 지구를 파괴하는 것은 수많은 가난한 사람들이 아니라 부자들의 소비다. 사실 오늘날 우리는 부자들은 과소비하고 가난한 사람들은 생계를 유지하기 위해 고군분투하는 매우 아이러니한 상황에 살고 있다. 프란치스코 교황은 이와 관련하여 솔직하게 말한다. "우리는 여전히 다음과 같은 사실을 모르고 있습니다. 어떤 이들은 비참한 곤경에 빠져 거기에서 헤어 나올 방법이 없는 반면에, 또 다른 이들은 자기의 재산을 주체할 수 없어 하며, 허영에 빠져 잘난 척합니다. 그리고 만약 이런 일이 모든 곳에서 일어난다면 지구를 파괴하는 엄청난 쓰레기를 만들어 냅니다"(90).

천연자원의 과소비로 인해 지구라는 집이 붕괴 위기에 처한 지금, 우리의 생활 양식에서 절제를 재발견하는 것이 중요하다. 따라

---

45 「진리 안의 사랑」, 32항.

서 프란치스코 교황은 우리 시대에 절제의 "대담한 문화 혁명"을 촉구한다. 우리 공동의 집의 위기는 인류가 부유함과 낭비적인 풍요에서 자족과 절제로 근본적으로 전환할 것을 요구한다.[46] 생태적으로 지속 가능한 생활 양식을 위해서는 어느 정도의 금욕주의가 필요하며, 이는 소비주의 사회의 병폐에 대한 확실한 해독제이다. 이는 소비주의 문화에서 완전히 가려져 있는 미덕이며, 지구라는 집을 구하고 인류 공동체의 취약한 구성원들을 보호하려면 우리가 재발견해야 할 덕목이다. 교황은 우리가 기꺼이 금욕주의자가 될 때 진정으로 우리 자신을 "하느님 마음에 드는 거룩한 산 제물"(로마 12,1)(220)로 봉헌할 수 있다고 말한다.

동방 정교회의 전통에는 금욕주의 신학이 풍부하다. 따라서 프란치스코 교황은 이와 관련하여 바르톨로메오 1세 총대주교의 생태적 가르침에 귀를 기울이도록 우리를 초대한다.

> 총대주교께서는 우리가 소비 대신 희생을, 탐욕 대신 관용을, 낭비 대신 나눔의 정신을 "단순한 포기가 아니라 주는 법을 배우는 것을 의미하는" 금욕주의로 실천할 것을 요청하십니다. "이는 사랑의 방법, 점차로 내가 바라는 것에서 벗어나 하느님의 세상에 필요한 것으로 나아가는 방법입니다. 이는 공포와 욕망과 충동에서 해방되는 것입니다."[47](9)

---

46 과소비에 대응하는 자족의 개념에 대해서는 Hélène Gorge et al., "What Do We Really Need? Questioning Consumption Through Sufficiency," *Journal of Macromarketing* 35 (2015), 11-22 참조.
47 바르톨로메오 1세 총대주교, 노르웨이 우트슈타인 수도원에서 한 강의, 2003.6.23.

공동의 집의 위기에 대한 근본적이고 장기적인 해결책은 낭비하는 생활 방식을 바꾸려는 우리의 의지가 전제되어야 한다. 쉬운 일은 아니다. 하지만 대안이 없다. 총대주교는 "미래 세대와 가난한 이들을 위해 자원이 보존될 수 있도록 인간의 소비를 줄이고 단순한 삶의 방식을 추구하는 것이 필요합니다."[48]라고 말한다. 우리가 생태적으로 지속 가능한 생활 양식을 통해 우리의 가난한 이웃 형제자매들과 자원을 나누려 하지 않는다면 우리에게 공동의 미래는 없다. 이와 관련하여 앞서 나왔던 1990년 요한 바오로 2세의 예언자적 경고를 상기해 보자.

> 현대 사회는 자신의 생활 양식을 진지하게 돌아보지 않는 한 생태적 문제에 대한 해결책을 찾지 못할 것입니다. 전 세계 많은 지역에서 사회는 즉각적인 만족과 소비주의에 빠져 있으며, 이로 인한 피해에는 무관심합니다. … 소수의 부주의한 습관으로 인해 모두가 부정적인 결과를 겪지 않도록 단순함, 절제, 희생정신이 일상생활의 일부가 되어야 합니다.[49]

프란치스코 교황은 현재의 무한 경제 성장 신화에 맞서 성장에 제한을 두거나 부유한 선진국의 성장을 감소시킬 것을 요청한다. "이제 세계의 일부 지역이 불경기를 어느 정도 감수하면서 다른 지역이 건전하게 성장하도록 지원해야 할 시점에 이르렀습니다"(193). 프란치스코 교황은 교황 권고 「하느님을 찬미하여라」에서 전 세계적으로 점점 더 세계화되고 있는 서구의 방식과 관련된

---

48 윗글.
49 Pope John Paul II, *Peace with God the Creator, Peace with All of Creation*, no. 13.

탐욕스럽고 무책임한 생활 양식을 비난한다. 교황은 이렇게 썼다.

> 미국의 1인당 탄소 배출량이 중국 주민 한 사람이 배출하는 양의 거의 두 배이고 최빈국 주민들의 1인당 탄소 배출량 평균값의 거의 일곱 배에 이른다는[50] 점을 고려한다면, 우리는 서구의 방식과 연관된 무책임한 생활 양식을 폭넓게 변화시키는 것이 장기적으로 의미 있는 결과를 가져올 것임을 확신할 수 있습니다.[51]

절제하고 단순한 생활 방식을 채택하여 '지구를 배려하고 소중히 대하라'는 초대는 그리스도교 영성의 핵심이다. 프란치스코 교황은 이와 관련하여 이렇게 말한다.

> 그리스도교 영성은 삶의 질을 이해하는 다른 방식을 제안하고, 소비에 집착하지 않고 깊은 기쁨을 누릴 수 있는 예언적이고 관상적인 생활 방식을 독려합니다. 우리는 성경을 포함하여 다양한 종교 전통들 안에 담겨 있는 오래된 가르침을 받아들일 필요가 있습니다. 곧 "적은 것이 많은 것이다."라는 확신입니다. 소비의 기회가 끊임없이 생겨나 분심이 들고 모든 것과 모든 순간을 소중히 여기지 못하게 됩니다. 이와는 반대로 아무리 사소한 것이라도 모든 실재 안에서 차분히 머무르는 행위는 우리 이해의 폭을 넓히고 인간의 실현에 이르는 더 많은 가능성을 열어 줍니다. (222)

프란치스코 교황은 이렇게 강조한다. "어디에도 얽매이지 않고 의식적으로 실천하는 절제는 우리를 해방시킵니다. 이는 부족한 삶

---

50 United Nations Environment Program, *The Emisons Gap Report 2022*: https://www.unep.org/resources/emisons-gap-report-2022. 배출 격차 보고서 2022 참조.
51 「하느님을 찬미하여라」, 72항.

도 아니고 열정이 없는 삶도 아닙니다. 오히려 정반대입니다. … 행복하려면 우리를 마비시키는 특정한 욕구들을 억제하는 법을 알고, 삶이 주는 많은 다른 가능성들에 마음을 열어야 합니다"(223). 교황은 절제는 하느님의 눈으로 그리고 가난한 이들의 관점에서 보는 것이라고 말한다. 교황은 2015년 연례 성탄절 연설에서 로마 교황청 관계자들에게 다음과 같이 말했다.

> 절제는 불필요한 것을 버리고 지배적인 소비주의적 사고방식에 저항하는 능력입니다. 절제는 신중함, 단순함, 솔직함, 균형감, 자제입니다. 절제는 하느님의 눈으로, 그리고 가난한 사람들의 편에서 세상을 보는 것입니다. 절제는 위계적 원칙으로서 타인을 우선시하는 삶의 방식이며, 타인에 대한 관심과 봉사의 삶에서 나타납니다. 절제하는 사람은 모든 일에 일관되고 정직합니다. 왜냐하면 줄이고, 회수하고, 재활용하고, 수리하고, 절제의 삶을 살 수 있기 때문입니다.[52]

오늘날 우리 공동의 집의 위기 상황에서 우리의 집 지구와 미래 세대를 구하려면 우리는 현재의 사고방식과 낭비하는 소비주의 생활 방식에 도전해야 한다. 자족, 절제, 만족의 미덕을 중시하는 인류의 지혜로운 전통을 회복해야 할 때이다. 탐욕으로부터의 자유와 단순함의 기쁨은 거의 모든 종교의 핵심 교리이다.[53] 마하트마 간디가 말했듯이, 단순한 삶으로 돌아가는 것은 모든 사람의 필요를

---

52 Pope Francis, *Presentation of the Christmas Greetings to the Roman Curia* (21 December 2015), no. 12.
53 Tim O'Riordan et al., "The Legacy of the Papal Encyclical," *Environment: Science and Policy for Sustainable Development* 57/6 (2015), 3.

충족시키되 모든 사람의 욕심을 채우지 않는 어머니 지구의 무릎으로 돌아가는 것이다. "다른 사람들이 단지 살 수 있도록 단순하게 살라."는 간디의 호소는 「찬미받으소서」에서 교황이 궁극적으로 권고한 내용이다.[54] 절제된 생활 방식만이 무분별한 소비주의 생활로 파괴된 우리의 공동의 지구 집을 구할 수 있다. 프란치스코 교황은 최근 교황 권고 「하느님을 찬미하여라」에서 소비와 오염 측면에서 더욱 절제하는 삶이 질적으로 새로운 문화를 만들어 가고 있다고 언급한다. 그는 이렇게 썼다.

> 덜 오염시키고 쓰레기를 줄이며 현명하게 소비하려는 가정들의 노력은 새로운 문화를 창조하고 있습니다. 개인의 습관, 가족과 공동체의 습관을 변화시키는 단순한 사실은 정치 영역에서 이행되지 않은 책임성에 대한 염려와 힘 있는 자들의 무관심에 대한 분노를 불러일으킵니다. 따라서 정량적 관점에서 볼 때는 당장 대단히 의미 있는 결과가 나오지는 않는다 하더라도, 사회 깊숙한 곳에서 작동하는 중요한 변화의 과정을 실현하는 데에 이바지하고 있다는 점에 주목하여야 합니다.[55]

7. 겸손

겸손은 모든 생태적 덕의 어머니이다. 프란치스코 교황은 "지난 세기에는 절제와 겸손이 긍정적으로 여겨지지 않았습니다. 그러나 개인 생활과 사회생활에서 특정한 덕의 실천이 전반적으로 약화될

---

54 Susan Jacobson-Bill Weis-Abigail B. Schneider, "*Laudato Si*' and the Consumption Challenge: Giving Students a Visceral Exercise in Saving Our Planet," *Jesuit Higher Education: A Journal 6* (2017), 87.
55 「하느님을 찬미하여라」, 71항.

때, 환경의 불균형을 비롯하여 많은 불균형이 일어납니다."(224)라고 말한다. 교황에 따르면 겸손의 결여는 지구에 대한 무분별한 지배로 이어진다.

> 우리가 겸손하지 못하고 인간이 아무런 제한 없이 모든 것을 지배할 수 있는 능력을 과신하게 되면 결국 사회와 환경에 해를 입히게 될 뿐입니다. 우리가 우리 자신을 자립적 존재로 여기고, 우리의 삶에서 하느님을 배제하고 우리의 자아를 그 자리에 앉히면, 그리고 무엇이 선한지 무엇이 악한지를 규정하는 우리의 주관을 믿는다면, 앞에서 말한 건전한 겸손이나 행복한 절제의 증진이 쉽지 않을 것입니다.(224)

현대의 생태 위기는 궁극적으로 우리가 피조물이라는 소박한 자아 정체성을 인정하지 않는 데서 비롯된다. 사실 하느님의 창조 세계와 공동의 집에 대한 우리의 무책임한 관리 책임의 근저에는 인간의 오만(hubris)이 자리 잡고 있다. 마이클 S. 노스콧이 올바르게 지적했듯이, 우리 공동의 집의 위기는 궁극적으로 우리 자신을 피조물로 보지 않는 데서 비롯된다. "생태 위기의 병리의 핵심은 현대인이 자신을 다른 피조물과의, 그리고 창조주와의 관계망에 우연히 자리 잡은 피조물로 보는 것을 거부하는 것이다."[56]

생태 위기는 창조주에 대한 우리의 근본적인 의존을 부정하고, "피조물이라는 지위 때문에 인류에게 부과된 한계를 받아들이지 않

---

56 Michael S. Northcott, *A Moral Climate: The Ethics of Global Warming* (London: D.L.T.- Christian Aid, 2007), 14. 또한 5와 16쪽도 참조.

는"데서 비롯된다.⁵⁷ 현재의 생태적 곤경은 개인, 지역사회 및 국가의 '생태 발자국'이나 앞서 살펴본 것처럼 기후 변화와 직결된 '탄소 발자국'의 경우 지구의 수용 능력에 관한 한계를 고집스럽게 받아들이지 않는 데서 기인한다. 더 깊은 차원에서 이러한 거부는 하느님이 부여한 창조 질서에 대한 반역이며 궁극적으로 창조주에 대한 반란이다. 사실 창세기 3장에서 읽은 것처럼, 피조물이라는 우리의 지위에서 비롯된 어떤 한계를 받아들이기를 거부한 것이 인류의 '원죄'였다. 이러한 오만한 태도는 또한 모든 피조물을 지배하려는 인간의 무절제한 욕망을 가리고 하느님의 피조물에 대한 그분의 독점적인 주권을 무시하는 것이다.

고대 그리스인들은 오만(hubris)을 '신보다 더 위대해지려는 욕망'(에우리피데스 Euripides)이라고 정확하게 묘사했다. 피조물을 주관하는 하느님의 주권에 대항하는 인간의 도전과 창조주의 권력과 특권을 빼앗으려는 인간의 충동은 바벨탑을 쌓는 이야기(창세 11,1)에서도 분명하게 드러난다. 알리스터 맥그래스가 지적했듯이, "그것은 자연적인 것이든 인위적인 것이든 한계를 받아들이지 않고 지배와 변화를 추구하는 인간의 강력한 상징이다. 생태 위기의 진정한 뿌리는 바로 이러한 사고방식의 탄생에 있다."⁵⁸ 시편 8편에서 생생하게 표현된 것처럼, 우리가 완전히 보잘것없음에도 불구하고 전적인 은혜로 우리에게 부여된 피조물을 다스리는 왕으

57　Alister McGrath, *The Reenchantment of Nature: The Denial of Religion and the Ecological Crisis* (New York- London: Doubleday, 2002), 79.
58　McGrath, *The Reenchantment of Nature*, 79.

로서의 역할은 "우리 스스로 행사할 수 없으며 창조주이자 유지자, 구세주이신 우리 주님께 의존할 때만 가능하다."[59] 우리는 이마고 데이(imago Dei)이며 우리 자신의 이미지가 아니다. 베네딕토 16세 교황은 이에 관하여 다음과 같이 말한다. "우리 주변 세계와 올바른 관계를 맺기 위한 첫걸음은 인간이 피조물로서의 지위를 인정하는 것입니다. 인간은 하느님이 아니라 하느님의 형상입니다."[60] 안나 로우랜드에 따르면, "생태 위기의 근원은 한계에 대해 생각하지 않고 창조자와 피조물의 관계에 대한 진실을 받아들이지 않는 데 있다."는 것이 「찬미받으소서」의 핵심 통찰 중 하나라고 한다.[61]

공동의 집의 위기는 우리가 모든 피조물과 마찬가지로 지구의 먼지, 즉 겸손(humus)이라는 용어의 어원적 뿌리에서 창조된 이마고 문디(imago mundi)라는 피조물로서의 정체성이 어떻게 부인되었는지를 드러낸다. 오늘날 우리는 지구의 먼지에서 창조된 이마고 문디로서 우리의 자기 정체성을 재발견해야 한다. 이마고 문디라는 우리의 창조물로서의 정체성과 나머지 피조물과의 친밀한 친교, 그에 따른 상호의존성은 성경의 첫 부분, 특히 오래된 야훼계 문헌의 창조 이야기에서 분명하게 드러난다. 야훼계 작가에게 인간의 생명과 정체성은 경작할 수 있는 땅에서 비롯된다. 아담이라는 이름은 히브리어로 '흙' 또는 '땅'을 뜻하는 아다마(adamah)에

---

59 Dave Bookless, *Planet Wise: Dare to Care for God's World* (Nottingham: Inter-Varsity Press, 2008), 95.
60 Pope Benedict XVI, General Audience (9 March 2011).
61 Anna Rowlands, "*Laudato Si'*: Rethinking Politics"(Guest Editorial), *Political Theology* 16/5 (2015), 418.

서 유래했다. 따라서 우리는 기본적으로 '흙의 피조물'이며, 진흙의 발을 가진 땅의 피조물이다.[62] 이러한 '흙에서 온' 기원에 대해 인식한다면 창조주와 나머지 피조물 앞에서 진정한 겸손을 회복할 수 있을 것이다. 중요한 것은, 겸손을 뜻하는 라틴어인 후밀리타스(humilitas)는 문자 그대로 '땅을 디딘'이라는 뜻이다. 이러한 창조물로서의 겸손은 우리 공동의 집 위기의 주요 뿌리가 되는 근대 인간 중심주의의 오만에 대해 확실한 해독제가 될 것이다.

프란치스코 교황은 회칙에서 요셉 성인을 의롭고, 근면하고 강인한 사람, 그러나 동시에 자애를 보여 준 사람이라고 언급한다. 교황은 이어서 자애는 "약한 사람이 아니라 참으로 강한 사람", "현실에 주의를 기울이면서 겸손하게 사랑하고 봉사"(242)하는 사람의 표식이라고 통찰력 있게 지적한다. 우리의 위태로운 공동의 집에는 겸손하게 섬기려는 헌신적인 사람들이 필요하다. 생태적 겸손은 오늘날 지구와 인류의 구원을 위해 참으로 필수적이다. 복음의 진복팔단 중 하나가 말하듯이 "행복하여라, 온유한 사람들! 그들은 땅을 차지할 것이다"(마태 5,5).

---

[62] Bookless, *Planet Wise*, 31-32.

나가는 말

"당신 집에 대한 열정이 저를 집어삼킬 것입니다"

요한복음 2장에는 예수님이 예루살렘 성전에서 고리대금업자와 양과 소를 파는 사람들을 쫓아내실 때 제자들이 예수님께 적용한 구절이 있다. "당신 집에 대한 열정이 저를 집어삼킬 것입니다"(요한 2,17). 그 구절에 앞서 예수님은 성전을 더럽히는 사람들에게 이렇게 말한다. "내 아버지의 집을 장사하는 집으로 만들지 마라"(요한 2,16).

위의 복음 구절에서 예수님께서 열정을 불태우셨던 '집'에 대한 해석이 다양하다. 유대인들은 그것을 성전으로 이해했다. 예수님이 부활하신 후 제자들은 그것을 예수님의 몸이라고 이해했다. 오늘날 우리는 이 집을 우리 공동의 행성인 지구로 이해할 수 있으며, 아마도 그렇게 이해해야 할 것이다. 이 공동의 집이 오늘날 훼손되고 더럽혀지고 있다.

중요한 것은, 우리 공동의 집은 하느님의 집이며 창조의 새벽부터 하느님의 영이 스며들고, 하느님의 아들이 강생이라는 최고의 사건에서 그분의 장막을 치는 곳이라는 것이다. 창세기에서 읽은 것처럼 이 공동의 집에서 하느님은 인류와 함께 거하시며 우리에게 관리를 맡기셨다. 사실 현대의 생태적 위기는 신적 현존이 깃든 물리적 세계를 인식하지 못하는 우리의 무능력을 적나라하게 드러내고 있다. 우리는 하느님의 거처이자 성자의 강생으로 거룩해진 물리적 세계에 대한 고귀한 비전을 근대의 1차원적인 기계론적 관점으로 바꾸어 버렸다. 따라서 물리적 세계는 인간의 소비를 위한 단순한 자원의 저장고, 시장 투기를 위한 부동산으로 축소된다. 물리적 세계에 대한 이러한 환원적 인식은 현대 기술의 도움을 받은 물질주의와 신자유주의 경제 시스템이 우리의 집인 지구를 황폐하게 만들게 했다. 지구의 땅, 공기, 물을 오염시킴으로써 우리는 하느님의 집이기도 한 우리의 공동의 집을 황폐화시켰다. 우리는 이 신성한 보금자리를 시장으로 바꾸어 놓았다.

우리의 거처인 지구가 붕괴되는 것과 같은 지구의 비상 상황에서 우리는 공동의 집에 대한 열정으로 다시 한번 불타올라야 한다.

프란치스코 교황의 회칙 「찬미받으소서」는 바로 우리 공동의 집을 돌보려는 열정으로 불타오르자는 내용이다. 특히 공동의 집이 훼손되는 과정에서 가장 먼저 그리고 불균형하게 희생되는 취약한 구성원들에게 우리가 져야 할 막중한 책임이 있다. 우리는 미래 세대에도 빚을 지고 있다. 프란치스코 교황이 회칙에서 제기한 가장 강력한 질문 중 하나는 글을 다 읽은 후에도 우리 마음에 큰 울림을 준다. "우리 후손들, 지금 자라나는 어린이들에게 어떤 세상을 물려주고 싶습니까?"(160) 이어서 교황은 우리에게 경고한다. "미래 세대에게 살 만한 지구를 물려주는 것은 그 무엇보다도 우리 손에 달려 있습니다. 이는 우리가 지상에서 살아가는 것의 의미를 묻는 것이기에 우리 자신에게 매우 중요한 일입니다"(160).

공동의 지구에서 거주하는 가능성 자체를 위태롭게 하는 현대의 생태적 위기는 인류가 직면한 도전 중 가장 큰 과제이다. 프란치스코 교황이 회칙에서 직접 인정한 것처럼 오늘날 "많은 과학자들, 철학자들, 신학자들과 시민 단체들"(7)의 기여 덕분에 우리는 위기의 심각성을 인식하고 있다. 역사는 또한 이 점에서 「찬미받으소서」가 중요한 공헌을 했다고 평가할 것이다.

한 가지 희망적인 점은 공동의 집의 위기에 대한 우리의 인식이 이를 더 책임감 있게 돌보고 더 정의롭고 형제애 넘치는 공동의 가정으로 만들 수 있는 기회가 될 수 있다는 것이다. 프란치스코 교황은 회칙에서 "후기 산업 사회 시대의 인류는 아마도 역사상 가장 무책임한 세대로 기억될 것이지만, 21세기 초의 인류는 자기의 막중한 책임을 기꺼이 떠맡았다고 기억되었으면 합니다."(165)라고 썼다.

그리스어에서 위기(crisis)라는 단어는 어원적으로 영어 등의 현대 언어에서 가지고 있는 부정적인 의미를 가지고 있지 않은데, 이는 매우 중요한 점이다.[1] 원래 이 말은 심각한 장애물을 만나면 잠시 멈추고 지금까지의 여정을 돌아보며 근본적으로 새로운 방향을

---

[1] Joshtrom Isaac Kureethadam, *Creation in Crisis: Science, Ethics*, Theology (New York: Orbis Books, 2014), 373.

제시할 수 있는 좋은 '기회'를 의미했다. 사실 위기만이 진정한 변화를 가져온다. 이런 맥락에서 볼 때, 암울한 전망을 안고 있는 우리 공동체의 위기는 인류가 새로운 카이로스로 나아갈 수 있는 희망의 등불이 될 수 있다. 이 위기는 동시에 지구라는 공동의 집을 재건하고 인류 전체와 다른 생명 공동체와의 파열된 유대를 치유할 수 있는 역사적인 기회를 제공할 수도 있다. 옥스퍼드 대학교의 마일스 앨런 교수가 이 책의 서문에 쓴 것처럼, 프란치스코 교황은 「찬미받으소서」에서 우리에게 이 여정을 함께 시작할 수 있는 영감과 도덕적 나침반을 제공한다.

우리 공동의 집의 위기에 대응하는 것은 참으로 전 인류를 위한 '하나의 집'(oikos + monos)을 다시 만들 수 있는 진정한 '에큐메니칼'의 경험이 될 수 있다. 중요한 점은 지금 문제가 매우 시급한 만큼 우리가 함께 행동한다는 것이다. 우리 공동의 집이 위기에 직면한 지금이야말로 '새로운 시작'을 해야 할 때이다. 프란치스코 교황은 새 밀레니엄의 시작과 함께 「지구헌장」이 제시했던 용기 있는 도전을 다시 한번 되새긴다.

> 역사적으로 유례없는 공동 운명이 우리에게 새로운 시작의 추구를 요청합니다. … 우리 시대가 생명에 대한 새로운 경외를 일깨우고 지속 가능성을 이룩하려는 확고한 결심을 하며, 정의와 평화를 위하여 투쟁하고 삶의 흥겨운 축제를 위하여 노력한 때로 기억되도록 합시다.[2](207)

---

2 국제 연합, 「지구헌장」(*Earth Charter*), 헤이그, 2000.6.29.

프란치스코 교황은 이렇게 말한다. "인류는 여전히 우리의 공동의 집을 건설하는 데에 협력할 능력이 있습니다"(13). "모든 이가 여전히 긍정적으로 관여할 수 있다는 것을 보여 줍니다"(58). 그리고 "아직 모든 것을 잃지는 않았습니다. 인간은 최악의 것을 자행할 수 있지만, 또한 자신을 억압하는 모든 정신적 사회적 제약을 극복하여 자신에게서 벗어나 다시 선을 선택하며 새롭게 시작할 수 있기 때문입니다"(205).

우리 희망의 진정한 토대는 우리가 공동의 집을 재건할 때에 주님께서 사랑과 힘으로 도와주실 것을 믿는 우리의 믿음에 있다.

> 우리 자신을 온전히 바치고 아낌없이 내어 주라고 권유하시는 하느님께서 우리가 앞으로 나아가는 데에 필요한 힘과 빛을 주십니다. 우리를 매우 사랑하시는 생명의 주님께서는 늘 이 세상 중심에 현존하십니다. 그분께서는 우리를 버리지 않으시고, 우리를 홀로 두지 않으십니다. 그분께서 몸소 이 땅과 궁극적으로 결합하셨고, 그분의 사랑은 우리가 새로운 길을 찾게 언제나 우리를 이끌기 때문입니다. 주님, 찬미받으소서!(245)

전 세계 그리스도인들이 창조와 구원에 있어서 하느님의 성령의 역사를 기념하는 날인 2015년 오순절의 엄숙한 날에 회칙 「찬미받으소서」가 발표된 것은 매우 뜻깊은 일이다. 수 세기 동안 수많은 신자들이 기도해 온 것처럼, 오늘날 우리도 기도할 수 있다. "당신의 숨을 내보내시면 그들은 창조되고 당신께서는 땅의 얼굴을 새롭게 하십니다"(시편 104,30). 우리는 창조의 새벽에 태초의 물 위를 맴돌던 성령, 강생 당시 마리아 위에 맴돌던 성령, 예수님을 죽음의 발톱에서 일으키신 성령, 그 동일한 성령이 우리 공동의 지구 집을 돌보려는 열정으로 많은 마음에도 불을 지피기를 기도한다. 따라서 우리는 프란치스코 교황이 2013년 부활 첫 번째 우르비 에트 오르비(Urbi et Orbi)*에서 인류를 초대한 대로 "하느님께서 그것을 통해 지구에 물을 주고, 모든 피조물을 보호하며, 정의와 평화가 번성할 수 있게 하는 통로"가 될 수 있다. 프란치스코 교황의 회칙 서한을 마무리하는 바로 그 기도로 이 글을 마무리한다.

> 하느님 아버지,
> 모든 피조물과 함께 찬미하나이다.
> 전능하신 성부께서 손수 빚으신
> 모든 피조물은 아버지의 것이고
> 아버지의 현존과 자애로 충만하나이다.
> 찬미받으소서!
>
> 하느님의 아드님이신 예수님,
> 만물이 당신을 통하여 창조되었나이다.
> 성자께서는 성모 마리아께 잉태되시어
> 이 땅에 속하셨으며
> 인간의 눈으로 이 세상을 바라보셨나이다.
> 성자께서는 오늘도 당신 부활의 영광 안에서
> 모든 피조물 안에 살아 계시나이다.
> 찬미받으소서!

---

* 역자 주: 우르비 에트 오르비(Urbi et Orbi)는 '로마와 온 세상에게'라는 뜻으로 부활절과 성탄절에 성 베드로 대성당 중앙 발코니에서 교황이 선포하는 메시지와 강복을 말한다.

성령님, 성령께서는 당신의 빛으로
이 세상을 아버지의 사랑으로 이끄시며
고통 가운데 신음하는 피조물과 함께하시나이다.
성령께서는 또한 저희 마음 안에 머무르시며
저희를 선으로 이끄시나이다.
찬미받으소서!

삼위일체이신 주 하느님,
무한한 사랑의 놀라운 공동체를 이루시니
만물이 하느님을 이야기하는 세상의 아름다움 안에서
저희가 하느님을 바라보도록 가르쳐 주소서.
하느님께서 창조하신 모든 존재를 통하여
저희의 찬미와 감사를 일깨워 주소서.
존재하는 모든 것과 친밀한 일치를 느끼도록
저희에게 은총을 내려 주소서.

사랑의 하느님,
이 세상에 저희에게 맞갖은 자리를 보여 주시어
저희가 이 땅에 있는 모든 것을 위한
하느님 사랑의 도구가 되게 하소서.
하느님께서 기억하지 않으시는 존재는
하나도 없기 때문이옵니다.
권력과 재물을 가진 이들을 깨우치시어
무관심의 죄에 떨어지지 않게 하시고
공동선을 사랑하며 약한 이들을 도와주고
저희가 살아가는 이 세상을 돌보게 하소서.
가난한 이들과 지구가 부르짖고 있나이다.

주님,
주님의 힘과 빛으로 저희를 붙잡아 주시어
저희가 모든 생명을 보호하며
더 나은 미래를 마련하여
정의와 평화와 사랑과 아름다움의
하느님 나라가 오게 하소서.
찬미받으소서!
아멘.

「찬미받으소서」의 녹색 십계명

발행일	2025. 4. 25.
글쓴이	조슈트롬 아이작 쿠레타담
옮긴이	하유경
펴낸이	이재돈
펴낸곳	파스카
주소	서울 중구 명동길 80 가톨릭회관 408호 (명동2가)
등록번호	제2022-000142호 2016. 10. 28
이메일	pascha.korea@gmail.com

ⓒ **파스카**
파스카는 천주교 서울대교구 환경사목위원회 생태영성연구소 부설 출판사입니다.

보급　기쁜소식 (전화 02-762-1194, 팩스 02-741-7673)

값　15,000원
ISBN　979-11-982840-1-3
교회인가　서울대교구 2025. 2. 27

성경 · 교회 문헌 ⓒ 한국천주교중앙협의회, 2025.

재생지로 인쇄

이 책은 저작권법에 의해 보호를 받는 저작물이므로 무단 복제를 금합니다.